延吉统计年鉴

YANJI STATISTICAL YEARBOOK

2008

（总第18期No.18）

延吉市统计局 编

Compiled By Statistical Bureau of Yanji

中国统计出版社

China Statistics Press

（京）新登字 041 号

图书在版编目（CIP）数据

延吉统计年鉴. 2008/延吉市统计局编. —北京:
中国统计出版社，2008.5
ISBN 978-7-5037-5420-3
I. 延...
II. 延...
III. 统计资料－延吉市－2008 － 年鉴
IV. C832. 343-54

中国版本图书馆 CIP 数据核字（2008）第 063208 号

延吉统计年鉴－2008

作　　者／延吉市统计局
责任编辑／郑淼淼　费勇智
E - mail／yearbook@stats.gov.cn
责任校对／陈艳丽　许菲菲
出版发行／中国统计出版社
通信地址／北京市西城区三里河月坛南街 57 号　中国统计出版社
邮　　编／100826
电　　话／(010)63376907
印　　刷／山东雅正印刷有限公司
经　　销／新华书店
开　　本／890 × 1240 毫米 1/16
字　　数／95 万字
印　　张／23
印　　数／1 － 1000 册
版　　别／2008 年 6 月第 1 版
版　　次／2008 年 6 月第 1 次印刷
书　　号／ISBN 978-7-5037-5420-3 / F·2661
定　　价／150.00 元

《延吉统计年鉴》编委会和编辑部工作人员

延边天宇房地产开发有限公司

◎ 总经理：车鸿益

延边天宇房地产开发有限公司前身为延边建筑总公司房地产开发公司，成立于一九九四年，为适应股份制改革需要，二零零一年改制为现在的延边天宇房地产开发有限公司，开发资质为叁级。

公司以拥有五千万注册资金的吉林天宇建设股份有限公司为依托，拥有雄厚的资金实力，优秀的员工队伍,更拥有着现代化企业的品质与风范。

公司成立以来，取得了一系列骄人的业绩。几年来公司先后成功开发了国贸大厦扩建工程、天宇大厦、天宇综合楼、天宇生态家园等一系列开发项目，总开发面积近五十万平方米，赢得了社会各界的广泛赞誉。

延边天宇房地产开发有限公司在把房地产做大、做强的战略思想的指导下本着“以诚待人，以质求存，以信求胜”的经营理念，着眼未来，推进天宇开发的“品牌”效应。几年来，天宇开发已经取得了延边人的广泛认可，确立了自己的“品牌”。

企业荣誉

随着社会的发展，人们对地产文化、居住文化、精神文化的追求越来越丰富，我们房地产企业有责任将人们对精神生活的需求、对人们回归自然的渴求有机的融为一体。

以此为己任，天宇开发公司二零零三年开始启动了天宇生态家园工程。小区占地67682平方米，总建筑面积为13万平方米。由13栋带阁楼多层公寓，6栋高层公寓，1栋商业餐饮，物业服务大楼构成。拥有3700平方米的大型中央广场，14个休闲场地，13处停车场及1处垃圾中转站。小区绿化率达到了45%，总投资2亿多元，目前小区已全部完工。

整个小区依山傍水、温馨优雅的多层建筑和气势恢弘的高层建筑高矮错落，曲线优美。在这里阳光、山水、花草的芬芳和树木的青翠使你的心与大自然完美的融合在一起，尽情享受家的温馨和宁静。天宇生态家园现已成为延吉河西岸一颗最耀眼的明珠，并以它独特的美，征服了人们，获得了多项荣誉，得到了广泛的社会认可，同时也使我们信心倍增。

今后，希望社会各界仍一如既往的支持我们，使我们不断完善自己的产品，让我们一起携手共建理想居所，共创美好的明天！

2004年 公司获得延吉秋季房地产展示交易消费者评选的“十佳诚信开发企业奖”；

2005年 “天宇生态家园”荣获延吉市房地产“十佳最佳楼盘”；

2006年 总经理车鸿益同志荣获延吉市房地产年度盛会“新锐人物”奖；

2007年 荣获延吉市房地产“最佳精品楼盘”奖；

2007年 荣获延吉市房地产“诚信开发企业”奖。

延吉市丰茂餐饮有限公司

◎ 餐厅一角

延吉市丰茂餐饮有限公司的前身是丰茂串城，成立于1991年。从当初30平方米的简易租房、一千元的简单设备、本着以“亲切、诚心、准确、快捷、创意、一流”的精神，经过十七年的艰苦努力、拼搏进取，现已发展成为延边州内同行业中服务最优、规模最大的串城！

公司现有以延吉丰茂总店为支柱，下属5个分店，在韩国汉城也设立了分店；龙井、和龙、安图3个加盟店。

公司于2000年正式注册为延吉市丰茂餐饮有限公司；于2005年成立了加工部，所有分店产品统一加工、统一配送。于2005年成立了工会及团支部；2005年8月份成立了公司人力资源部，作为员工招聘和员工定期的培训，提升了员工的管理能力和自身素质。2006年5月22日成立了公司党支部。

公司被评为“全国绿色餐饮企业”；

中国烹饪协会团体会员；

吉林省延边自治州物价局监制的“一级饭店”企业称号；

2004年初在中、日、韩三国串店的评选中，“丰茂串城”又被评为中国的代表串店；

◎ 吧台

2005年，公司被评为延吉市诚信单位；

2006年，公司被评为延边朝鲜族自治州诚信单位等各项荣誉称号！

2007年，公司评为延边唯一一家全国餐饮业“吃遍中国万里行”考察单位；

公司现有员工360多名，其中部分是下岗职工，这不仅解决了他们就业难的问题，同时也响应了政府的4050工程，为政府排忧解难；每年公司都多次派出各店店长、领班及有发展前途的员工到北京管理公司学习更细致的管理知识培训，这一举措在同行业成为首例！同时还进行野外拓展训练、在公司内部举行各种娱乐活动。这些活动都为公司注入了新的活力！

公司为员工免费提供食宿及被褥，每个宿舍都配有电视机、VCD、饮水机、淋浴器等各项生活配套设施；同时为了保证员工有一个良好的休息环境，公司对员工寝室实施严格、统一的五常管理。

丰茂餐饮有限公司以一流的环境、一流的价格、一流的服务、热情接待广大新老顾客的光临！

연변체육스케트관
延边
全年招生随到随学
吉祥驾校
2763888 2052999
以人为本
诚心服务
让您满意
长年招生
报名电话：2759077

延吉市富元房地产开发有限公司

◎ 总经理：李元国

延吉市富元房地产开发有限公司，成立于2004年8月，现有职工56人，注册资金500万元，总资产3000万元，经过十几年的发展，现拥有3家子公司，形成了以房产开发为龙头，以城市房屋拆迁、小区物业管理为两翼的产业格局。

近几年来所取得的业绩：

2004年，在金达莱广场西侧承建了政府回迁楼，总建筑面积3万多平方米，总户数400多户，安置动迁户200多户，及时的解决了延吉市被拆迁人回迁难的问题，受到了政府的表扬。

2005年，公司积极响应市政府号召，先期在铁南、朝阳街等棚户区改造地段进行了开发，总拆迁面积近5.8万平方米，拆迁1300多户，需安置回迁户700多户，总建筑面积16万多平方米，总户数近2300户，29栋楼，目前，小区已经建设完毕，在小区公共设施、工程质量等方面都得到了社会各界的好评。

2007年，继续开发建设棚户区改造工程，在新丰标段建设11栋住宅楼，总拆迁面积为1.6万平方米，动迁200户，总建设面积为6.7万平方米。几年来，公司建设的项目得到所有住户的认可，销售量占延吉市所有开发销售量的20%--30%，公司将积极投身于延龙图一体化，预计明年将开发15万平方米的工程项目。

富元公司的稳健、快速的发展得到了省、州、市党委和人民政府的关注，几年来，连续多次被房产系统评为“先进集体”、2004年被延边州委评为“青年安全生产示范岗”、2004——2005年度被延边州委、州人民政府评为“文明单位”、2006年被评为“省青年文明号”、2007年被评为“州文明单位”、公司管理的小区被评为：2003年省优秀小区、2004年绿色生态小区、全省物业管理优秀住宅小区、2005年延吉市房地产“十佳”最佳物业管理小区。

公司坚持以人为本、以服务为中心的理念，以优秀的企业文化促进企业精神文明建设向前发展，与此同时，公司以社会责任为己任，积极回报社会，先后累计投入约500万元用于扶贫救灾、城市解困等社会公益事业建设。

企业荣誉

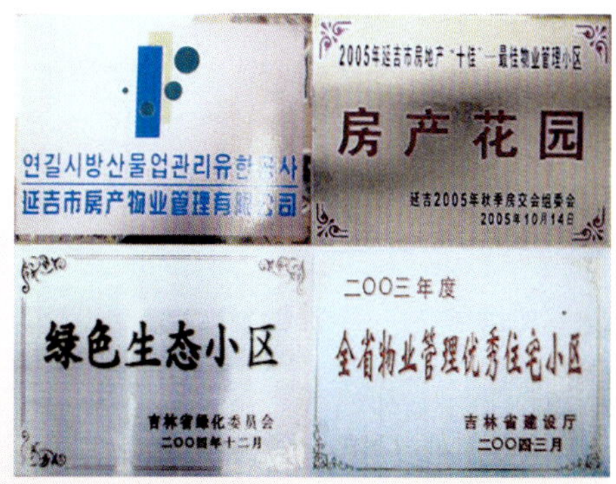

志远驾驶培训学校

志远机动车驾驶培训学校，创建于2003年，位于延吉市工业学校院内，并与工业学校联合办学。学校教学训练设施雄厚，保证让各行各业的您学习工作两不误。也是延边州三十余家知名驾驶学校之一。学校拥有大型货车、小型汽车，捷达车、长城皮卡车、中兴皮卡车，中型客车等20余辆教练车，是延边地区有限几家驾驶机构；具有合法资质的机动车驾驶员培训学校，是您理想的驾车学习环境，学校拥有宽阔的练车场地，先进的电教化教室，技术过硬的教练员队伍。外地学员免费安排住宿，同时为下岗职工和特困市民及大学生提供优惠服务；规范的培训，优质的服务；坚持以诚信为本，守法经营，质量第一，学员至上的经营理念；能使您掌握坚实的理论基础和过硬的驾驶技术。驾驶员培训机构硬件设施齐全，场地训练面积20000平方米，教学楼、餐厅、招待所等总面积达500平方米，并且拥有红外线教学设备两套，学校有近100平方米的教室两个，无纸化模拟电脑50台，学校师资力量雄厚，共有教职员工30余人，其中大专学历5人，驾驶操作教练员20人，驾驶理论教学人员2人，教练员中有技师2人，高级1人，中级6人。

学校成立以来，坚持严格管理，严格训练，逐步加强和完善硬件设施，提倡“双优”（优质的服务理念，优良的培训质量），特别是近年来，在州、市两级行业主管部门的大力支持下，完善了各类管理制度，设施，廉政执教，学校教学严谨，校长担任延边州驾驶协会会长，通过全体员工的共同努力，取得了较好成绩，被评为2005年延吉市驾驶培训优秀单位和信息化建设优秀单位，在2006年全州驾驶机构信用质量考核中，成绩优秀，名列前茅（并列第二名）的好成绩，现有三级教练员5名，四级教练员2名，五级教练员1名。学校培训收费合理，严格执行物价部门的标准规定，教练员廉政执教，优质服务，受到广大学员的好评，有较高的信誉，学员不仅延边地区，遍布东北三省各地，其它省份也纷纷报名学习，培训各类驾驶学员近上万名。并且根据学员的需要和学员的工作实际，分别设有早、中、晚三个时间学习，实行了弹性培训时间和上门服务的原则，采取理科报名，技术科训练一条龙服务的办法，深受广大学员的欢迎。

◎ 多媒体模拟坐仓

学校保证让每一位来学校学习的学员，都能学到坚实的理论基础和过硬的驾驶技术，为社会培养优秀的驾驶人才。真诚的欢迎各职各类人员到志远驾驶学校学习。

经纬集团

◎ 董事长：曲元东

经纬集团是由吉林经纬资产评估有限责任公司、吉林经纬资产评估有限责任公司延边分公司、吉林经纬拍卖有限公司、延边经纬会计事务有限责任公司、延边经纬房地产估价有限公司、延边诚信旧机动车鉴定评估有限公司、延边旧机动车交易中心、延边经纬税务师事务所有限责任公司、延边经纬房地产开发有限公司、延边绿源大酒店有限公司、珲春经纬会计师事务所有限责任公司、吉林永泉税务师事务所有限责任公司珲春分公司、延边经纬清算服务有限责任公司共十三个单位组成。

吉林经纬资产评估有限责任公司是2007年5月由原延边经纬资产评估有限责任公司变更而成，并以吉林经纬资产评估有限责任公司为主体，吸收合并了白山建元资产评估有限责任公司、白城天隆资产评估有限责任公司，暨由吉林省三个较大的资产评估机构强强联合组建而成。经营范围：各类单项资产评估、企业整体价值评估、市场所需的其他资产评估或者项目评估等。公司人员结构和各项指标在全省同行业中据领先地位，是我省目前规模最大、实力最强的资产评估机构。主要评估资料实现了全国联网，综合实力在吉林省专业评估行业中名列前茅。吉林经纬资产评估有限责任公司延边分公司的前身延边州资产评估事务所，该公司经过几年来扎实有效的工作，业绩突出，信誉好，机构被延边州工商局评为2003-2004年度"守合同、重信用"企业；2005-2006年度被评为省级"守合同、重信用"单位；2006年被延边州司法局评为全州司法行政系统"三争"活动"先进单位"；是吉林省维护市场经济秩序信用承诺单位；是中国资产评估协会团体会员；是中国法学会会员单位；也是吉林省司法厅司法鉴定指定单位。机构已被中国长城资产管理公司；中国华融资产管理公司；中国信达资产管理公司；确定为有资格承担金融不良资产评估的中介机构，也是我省首批具有司法鉴定资格的评估机构。

吉林经纬拍卖有限公司是延边州工商行政管理局核准注册的一家综合性拍卖企业，是吉林省拍卖行业协会会员、吉林省高级人民法院指定拍卖机构、吉林省人民政府指定的公物拍卖单位。2003-2004年度被评为州级"守合同、重信用"单位，2004-2005年度被评为省级"守合同、重信用"单位；2005-2006年度被评为国家级"守合同、重信用"单位。2006年度公司申请加入了中国拍卖行业协会的会员单位，并荣获了国家拍卖企业A级资质证书。

延边经纬会计事务有限责任公司的经营范围有：(1)会计报表审计；(2)新设企业登记验资；(3)企业合并、分力、清算、法人离任、经济纠纷、工程结算等审计；(4)受托代理记账、税务代理；(5)会计咨询、会计顾问。该公司始终坚持以高素质的人才队伍，严谨高效的工作作风，坚持"以质量求生存，以信誉求发展"的方针，为客户提供优质、高效的服务，为客户创造价值。由于信誉好，服务热情周到，公司2003-2004年被延边州工商局授予"守合同、重信用"荣誉称号；2005-2006年度省级"守合同、重信用"荣誉称号；2006年延边州软环境办公室信用单位。

延边绿源大酒店有限公司是集餐饮、住宿、购物、商务、旅游等为一体的涉外三星级宾馆。公司经营范围有客房、正餐、日用百货、桑拿浴、按摩厅、练歌厅、酒吧、咖啡厅、KTV等。延边绿源大酒店自收购以来，整个酒店焕然一新，经营收入稳步提高，各项工作成绩斐然，整个酒店又重新充满了生机和活力，2007年被吉林省个体私营企业诚信资格认定评审委员会评为"诚信资格认定企业"。

总之，在经纬集团曲元东董事长的带领及全体员工的共同努力下，经纬集团定会根据市场的需要，不断开拓进取，推动行业健康发展，更好地为社会经济发展服务，为全州做出更大贡献。

延吉地区资产评估公司、拍卖公司、绿源大酒店、房地产估价公司地址：延吉市站前街28号

综合部电话：2521069

延吉会计公司、税务公司地址：延吉市人民路80号

联系电话：

6063002（会计）

6063009（税务）

◎ 龙子心义拍活动

◎ 经纬厅

延边新延房地产开发有限公司

◎ 董事长：张新功

延边新延房地产开发有限公司是由多个子公司联合组成的跨地区、跨行业的大型企业集团公司。其核心企业是河南省新乡市获嘉建设总公司新延建安公司，是全民所有制贰级总承包建筑安装企业。它成立于1980年。为了谋求企业发展，在公司经理张新功同志的带领下，率先加入延边建筑市场。经过二十多年的风雨历程，它已发展成为集房地产开发、工程建设、物业管理、建材贸易、建筑材料加工制造及汽车运输为一体的大型集团公司。为适应市场经济的发展，加强工程管理，公司全部实行微机化管理，进一步实现了企业管理现代化。同时，2002年率先通过了ISO9001:2000国际质量体系认证。

经过二十多年的发展，延边新延房地产开发有限公司已发展成为拥有固定资产叁千多万元，现有职工一千多人，年平均施工面积十多万平方米的建筑业骨干企业。这些年来，公司的经营范围日益增多，生产规模逐年扩大，拥有雄厚的各类施工技术人员和齐全的施工设备，以满足各类工程建设的要求。特别是，近几年来，新延公司凭借着先进的管理技术和诚信的经营理念，先后承建了延吉市翔宇大酒店、新国贸购物广场等一批高层商业网点；延边交通银行营业大楼、延边电业局试验大楼和延吉市房地产交易中心大楼等高层框架办公建筑；延边革命烈士陵园等一批纪念性建筑物；延吉市铝厂厂房等一批大跨度钢结构建筑和警察公寓、朝阳小区、林海小区等一大批中高档居民住宅小区。其中，多项工程被评为优良工程，许多工程还被评为吉林省优质工程和省优良工程，不仅取得了较高的社会信誉，也赢得了社会各界的广泛赞誉。

延边新延房地产开发有限公司，是与2001年成立的集团公司下属股份制子公司。自从它成立以来，以建设延边，发展地方经济为己任，开拓进取，与时俱进，以质量求生存，以信誉谋发展，成功地塑造了菊花苑住宅小区和旭阳住宅小区的上千户经典小户型民居，不仅取得了良好的经济效益，也受到了社会各界人士的广泛认可和信赖。

二十多年来，延边新延房地产开发有限公司在市场经济的大潮中，不断探索，开拓进取，想用户之所想，急用户之所急，全心全意为用户服务，取得了骄人的业绩。今后，新延公司将凭借着雄厚的经济实力和精湛的技术，将一如既往地坚持"诚实守信，质优价廉"的经营宗旨和"勤奋务实，开拓进取"的工作作风，努力同社会各界精诚合作，携手共进，共创美好的明天。

小区实景

◎ 旭阳小区 15# 楼

◎ 旭阳小区 14# 楼

◎ 旭阳小区 12# 楼

◎ 旭阳全景图

吉林博森律师事务所

吉林博森律师事务所（前身延吉市律师事务所、吉林延川律师事务所）于1978年开始组建，1980年2月经批准成立，2000年10月成功转型为合伙制律师事务所。1986年被吉林省司法厅授予集体二等功，2000年被评为省级文明律师事务所，2002年被吉林省律师协会评为全省优秀会员，2003年、2004年、2005年、2006年连续四年，被评为省、州司法行政系统"三争活动"先进律师事务所，2007年被评为吉林省"AAA"级律师事务所。执业律师丰富的经验，现代化的管理制度及办公环境，和以追求当事人的最大利益为目标的理念，使博森律师事务所成为了延边朝鲜族自治州乃至吉林省最具发展潜力的律师事务所之一。

见证着中国法制发展的历程，目睹了延边律师界的起承转合，20多年来，博森人以千里跬步的敬业态度，海纳百川的博大胸怀，不仅获得了当事人的赞誉，也把博森事务所建设成为了延边一流的律师事务所。一路走来，博森人深知，对正义与公平的追求是一个法律人始终的信仰。在合法的前提下为当事人获得最大的利益，为此我们全力拼争。"傲强而不侮弱，善谋而不失道"，博森人专业的精神和高超的运作技巧是我们多年来立足于延边律师界的支点所在。

现在的博森，得益于对客户目标、期望和商业哲学的深刻理解，我所针对不同的法律领域设立了专门负责人制度，在强调专业化分工的同时亦可随时为客户召集不同领域的律师，以团队的方式提供各种法律服务。并且，我们制定了案件集体讨论制度，将律师个人的优势和集体的智慧结合起来，以更好地维护当事人的合法权益。"预防争议发生于先，解决已发争议于后"，全面考量，步步为营，是我们为客户设计方案的理念。

◎ 主任：金哲健

作为延边州一流的律师事务所，我们有着广泛的业务范围。包括房地产、建筑、金融、保险、公司、劳动、婚姻家庭、知识产权、海商、交通、刑事、行政、涉外等诸领域。

博森人深知，欲成大事，不仅需成大事之心，亦需成大事之人。拥握济济人才，是博森的理想与追求。现在所内有执业律师8名，实习律师4人，辅助人员3人。其中，有3位律师具有20年以上的律师执业经历。丰富的经验，加之为客户负责的态度，有理由相信，我们可以与客户携手并行，实现双赢的目标。

面对明天，博森人满怀信心。我们将用一言一行，一诉一辩书写延川新的历史，铸就永恒的辉煌。

吉林省芳州对外经济技术合作有限公司
延边芳州经贸有限公司

金亨权董事长

经营理念

合心　合理　合作

经营哲学

智者本位的人事
互惠互利的合作
正法正道的原则
安如磐石的预备

吉林省芳州对外经济技术合作有限公司（英文缩写JLFZ）是建立ISO9001:2000质量管理体系并通过认证，经国家商务主管部门批准具有对外劳务合作经营资格的新型的外经公司，是中国对外承包工程商会会员单位，中国中日研修生协力机构成员。公司在北京、韩国汉城、日本东京、美国洛杉矶设有办事处。职员具有大学本科学历的占90%以上、中级职称的28名。高级职称的12名。

公司已向韩国、日本、美国、加拿大、俄罗斯等国家派出劳务（研修）人员和留学生上千名。公司标志获得2002年中国之星全国包装及标志设计大奖“金手指奖”。

公司已经签订的项目有赴韩国高尔夫球童，经过6个月的培训全部派到韩国就业；利比亚建筑工人项目；日本研修生项目等。

公司以“三合”理念和正确的经营哲学为主导，愿于国内外朋友，互利合作，携手发展。

劳务人员面试

高尔夫球童
培训学校开学

学员培训

地址：吉林省延吉市公园路20号　电话：0433-2907805　传真：0433-2729772
邮编：133002　E-mail: ybfz@fzjm.com　网址：www.fzjm.com

中国移动通信集团吉林有限公司延边州分公司

◎总经理：兰玉莲

中国移动通信集团吉林有限公司延边州分公司（以下简称延边移动公司）自99年剥离独立运营至今，已经走过了9年的历程。期间，延边移动公司始终以"创世界一流通信企业"为奋斗目标，以"创无限通信世界，做信息社会栋梁"为企业使命，不断加大网络投资力度，扩大用户规模，完善服务手段，丰富服务内涵，企业业绩连上新台阶，踏上了规模型、效益型的发展之路。

目前，公司内设五部一室，下辖八个县（市）分公司，共有员工313人。截至2006年底，中国移动已与206个国家和地区的266家通信运营商开通了GSM国际漫游业务，并与111个国家和地区的97家运营商开通了GPRS国际漫游，国际短信通达104个国家和

◎办公楼

地区的206家运营商，在市场竞争极其激烈残酷的今天，中国移动以其绿色环保、计费精确、保密性强等诸多优点迎合着社会发展的需求。

截至2007年底，我公司网上用户已达到115万户，其用户数已超过全州移动用户总数的60%，运营收入以15.42%的速度逐年增长；几年来，先后引进10个亿资金用于通信建设和用户服务，全州已建有651座基站，交换机容量达到100万门，主要交通干线、乡镇覆盖率均达到100%；公司现有固定资产9.2亿，人均劳动生产率达到159万元；2004年7月，公司顺利在美国上市，通过全面推行绩效管理考核机制，企业综合实力显著增强，同年荣获“中国移动集团工会模范职工之家”光荣称号；2005年5月，荣获“全国精神文明建设工作先进单位”光荣称号；2008年3月，荣获“延吉市2007年度经济发展突出贡献奖”；九年来，先后有24个集体和个人荣获省以上荣誉称号……

在加快公司发展的同时，延边移动公司不忘回报社会，关怀社会民生，关注民众福祉，先后为扶贫救灾、希望工程及社会团体等捐款180余万元，公司年均纳税近2000万元，人均纳税6万余元，被延边州红十字会授予“募捐活动荣誉会员”称号。

卓越的企业建筑于卓越的企业文化，围绕“正德厚生，臻于至善”这一企业文化核心价值观的延边移动公司，将以成为“负责任”和“最优秀”的企业和个人作为追求，在通信建设、优质服务工作中永无止境，努力实现从优秀到卓越的新跨越。

◎ 我公司为珲春六小捐助办学费用10万元

◎ 我公司荣获“2007年度经济发展突出贡献奖”

◎ 延边政务信息化既珲春市数字城管项目正式启动

◎ 高考期间为家长发放宣传资料

安华农业保险股份有限公司延边营业部

◎经理：金武

安华保险延边中心支公司营业部成立于2007年4月1日，是我市唯一的专业性农业保险公司，肩负着探索和推进全市农业保险试点工作的重任。公司以“服务三农”为经营理念，致力于社会主义新农村建设和构建和谐社会的宏伟目标，以创新为动力，极探索农业保险经营发展新思路、新模式，立足三农实际，稳步开拓农业保险市场。公司成立以来，得到了各级政府的高度重视，主管领导多次到公司调研，对我州农业保险试点工作和公司的发展方向提出了指导性意见，并组织召开专题会议，研究扶持安华农业保险公司发展的若干问题。延边营业部本着高起点、高标准的原则加强了企业自身建设，拥有一支专业，高效的员工队伍，现代化的办公设备配置为业务发展提供了有力保障。在市委，政府的正确领导和相关部门的大力支持下，公司借助农委部门的服务网络，以代轮廓式面向全市开办农村保险和涉农保险业务，增强了广大农村客户抵御风险的能力。公司共开办家庭财产保险、农村一揽子保险、种（养）两业保险等10个险类32个险种，不断研究符合我市农村经济发展的涉农保险业务。

目前，公司正在进一步探索农业生产其他领域的保险业务，争取为广大客户提供全方位，广覆盖的农业保险服务。在售后服务方面，公司本着致力农业发展、服务农村经济、贴近农民生活的工作原则，努力打造安华农业保险公司的服务品牌，为公司真正成为政府的保险公司、农民的保险公司这一目标而努力奋斗。

◎营业厅

新世纪外国语小学

延吉市新世纪外国语小学校成立于1999年8月，是民办全日制全封闭寄宿制汉语小学、接受外国留学生。学校坐落在风景秀丽的延吉市近郊小河龙，有一至六年级六个教学班。学校占地面积1.5万平方米，建筑面积5千5百平方米，办学条件堪称一流，有灯光操场，高标准专用教室，宾馆式的寝室，是花园式的学校。

办学目标 向世界敞开大门，与国际教育同步，办国际化教育学校。

教育思想 一切孩子都有发展潜力，一切孩子都能获得成功。

培养目标： 培养品质高尚，基础扎实，外语出众，具有创新精神的高素质人才。

发展战略： 现代化、国际化、特色化

校训： 为学必先做人，从教先为人师

校风： 民主、公正、和谐、进取

办学成果： 获得荣誉：2001年市、州社会力量办学先进单位、2002年市、州社会力量办学“管理信得过单位”（全州民办中小学中唯一州级获奖单位）省电化教育示范校（全省民办中小学中唯一的），在办学九年来共获世界、全国、省、州、市级绘画、英语、作文、阅读、数奥、微机、钢琴、电子琴、声乐竞赛奖有一百四十人次。

吉林通汇会计师事务所延边分所

◎所长：崔圣日

吉林通汇会计师事务所有限公司是具有法人资格的社会中介机构。公司成立于1993年，1999年脱钩改制，2004年4月在延边设立了吉林通汇延边分所。总所注册资金100万元，现有职工73人，其中中国注册会计师34名；注册资产评估师15名；注册税务师5名；注册房地产估价师10名；注册土地估价师4名；注册工程造价师7名，高级会计师4名和高级工程师6名；12名执业人员取得司法鉴定会计审计，司法鉴定资产评估资格证书。现总公司下设吉林通汇房地产估价有限公司；吉林通汇工程造价咨询有限公司；吉林通汇税务师事务所；吉林中盛联盟通汇资产评估有限公司。我所主要从事企业年度决算审计，验证企业资本，资产评估，工程造价咨询，税收代理，司法鉴定，会计代理及会计管理咨询服务等项业务。延边分所现有从业人员12名，其中注册会计师8名，注册税务师2名。

延边恒宇文化交流有限公司

YANBIAN HENGYU CULTURAL INTERACTION CO.,LTD

董事长：任英淑

社会职务：

延边青年企业家联合会--------理事

延边中年女性发展促进会------理事

中国朝鲜族科技工作者协会----理事

延边科普作家协会常务理事-兼秘书长

延吉企业交流协会---------副会长

延边韩商协会-------------理事

在北京与中央领导李德洙合影

在北京与延边朝鲜族慈善协会会长吴昌珠合影

延边恒宇文化交流有限公司是一家专门从事文化交流，广告策划、设计、代理、发布国内各类广告，包装装璜，企业画册设计，网页设计，标志设计，宣传海报设计，动画设计，承揽国内各种商务会议，音乐美术，国际语言等各类教育、技能培训集为一体的综合性企业。

企业内设立的恒宇语言培训中心是专门为韩国访问、就业、留学的朝汉族同胞进行语言培训的基地。

延边恒宇文化交流有限公司自成立以来，一直积极探索，努力开拓。公司宗旨是以挖掘和宏扬中国传统文化和民族文化为己任，通过民间的文化交流加强国内各区域间的相互了解及中国人民与世界各国、各地区的相互了解和友好合作，并让国内的其它地区及世界人民深入了解中国和我们美丽的延边。随着交流活动规模的不断扩大，涉及领域已更加广泛，涵盖了文化艺术、科学技术、政治经济和教育管理等。

延边恒宇文化交流有限公司一贯坚持品牌管理，追求市场化、专业化、国际化的企业理念，卓越的产品品质水准和最佳的市场效应。建立一个以“满意”为核心的客户服务体系，在追求公司经济效益的同时，向客户提供优质的产品和优良的服务---是恒宇企业在探索中永恒的目标，也是公司在竞争环境中不败的根本。

延边恒宇文化交流有限公司在今后的日子里，将在我国继续改革开放，全面建设小康社会的进程中，会更加努力地开拓进取，为中外文化交流，宏扬民族文化，促进世界和平和人类进步做贡献。

2005年与韩国首尔市长李明博合影

2005年参加世界妇女学术交流会与加拿大学者合影

2006年在辽宁电视台与韩国世界漫画家合影

欢迎社会各界人士前来洽谈合作 ！

地 址：延吉市朝阳街835-33号(鑫东世纪居一、二楼)　电 话：0433-5086866 13944345653 13943325940　传 真：0433-5088277

部分室内外装饰工程

部分园林绿化工程效果图

部分室外装饰亮化工程

部分水景工程

部分城市园林景观工程

苗圃部分苗木树种

部分公路绿化工程

部分道路铺装工程

部分仿真造景工程

部分户外游泳池工程

部分园林饰品工程

部分民族雕塑工程

延吉市金刚城洗浴休闲中心

金刚城洗浴休闲中心，地处延吉市建工街长白路78号，金山家园5号楼，毗邻美丽的布尔哈通河畔。地理环境优越，门前和地下宽敞的停车场为宾客提供泊车质量保障。中心建筑面积1.6万余平方米，规模宏大，装修考究，是全省最大的一座洗浴、餐饮、客房、休闲、娱乐一体的综合健康会所。

宽敞明亮的男、女桑拿浴，增强体能的神秘石体验场，功能各异的黄土房、宝石宫、水晶房、玛瑙房、冰房……独具民族风味特色的中餐，韩食相结合的绿色生态餐厅；50余间豪华多功能贵宾浴、棋牌室、客房和足疗休息大厅；激情演艺酒吧和歌厅，给您带来尽善尽美的享受—让您的心在自然间游走，度过美好的休闲时光。

“金刚城”全体工作人员以亲情优质的服务恭候社会各界人士的光临。

◎ 5 F 休息大厅

◎ 1 F 吧台

吉林双利工程建设监理有限公司

吉林双利工程建设监理有限公司前身为延吉市工程建设监理中心，成立于1998年3月23日，2005年11月24日经国家建设部审核批准为甲级监理企业。专业从事房屋建筑工程。市政公用工程的建设监理，工程招标代理和工程技术，工程造价咨询等业务。

公司现在国家注册监理工程师25人，国家注册造价师6人，吉林省注册监理工程师49人，公司员工年均稳定在100人左右，公司现在办公面积562平方米，办公环境优雅，公司配备了常规的工程质量检测仪器，已形成专业配套，综合技术实力较强的工程监理企业。

公司每年监理的工程面积均在100万平方米以上，在监理工作中，我们严格按照"守法、诚信、公正、科学"的职业准则开展监理工作。对工程重点部们，关键施工工序实施旁站监理，对在监理过程中发现的质量、安全隐患绝不放过，确保了工程质量和安全施工。多年来，我公司所承担的工程，验收合格率均达100%。、其中：延吉税苑小区2#楼被评为延边州"天池杯"工程；延吉市爱得百货大楼、延吉市新国贸购物广场、延吉市税苑小区1#楼被省建设厅评为优质工程；延吉市长白路西段道路工程，延吉市布尔哈通河截流管道工程等市政工程被吉林省建设厅、吉林省市政工程协会评为"吉林省市政金杯示范工程"

◎董事长兼总经理：郑贤秀

吉林双利将继续奉行"守法、诚信、公正、科学、严格监理、为业主提供优质服务"的质理方针，坚持以"守法、诚信"为立足点，支持以规范化、科学化进行管理，创出更多的精品工程，为建筑业的发展做出更大的贡献。

延边国际贸易大厦有限责任公司

◎河南国贸

延边国际贸易大厦有限责任公司成立于1992年8月28日，座落在全球瞩目的东北亚金三角——延边朝鲜族自治州首府延吉市。公司历经十余年的艰苦创业，已发展成为集商贸、旅游、加工为一体的跨行业、跨地区经营的延边大型商业企业。现有经营板块包括：连锁百货、连锁便利店、民俗旅游度假村、南溪农场、净菜及食品加工厂等。公司在探索、发展的道路上，已构建了自身有着浓郁地域特色和民族风情的企业文化，归结出"创造预想，追求超越"的经营理念。公司全体员工恪守着"公司繁荣，我幸福；公司振兴，我光荣"的服务准则，真诚、热烈地欢迎海内外各界的新老朋友来我公司参观和洽谈业务，共谋发展大计。

◎国贸外景

延吉市
吉泰房地产开发有限公司

延吉市吉泰房地产开发有限公司前身是延边建筑市场驰骋二十余年的资深施工企业，累计施工建筑面积80多万平方米，打造了国贸大厦扩建工程、百货大楼扩建工程、市公安局办公大楼、小营信用社等延吉市标志性建筑，赢得了社会各界的广泛赞誉。

延吉市吉泰房地产开发有限公司现有员工80名，其中中级职称以上工程技术人员，管理人员30名，公司在成立后的短短几年时间里，不断开拓进取，勇于创新，总资产逾1亿元。

在企业不断发展壮大的过程中，先后开发了一个有一个精品工程，2002年公司成功开发建设了参花街综合楼，并取得了当年开，当年竣工、当年销售完毕的优异成绩。2002年开始开发建设北苑花园小区，小区设计立足工薪阶层，突出小户型、多功能、低价位的特点，深受欢迎，预售率达95%，小区以最优雅的园林景观、周到的服务、过硬的质量，赢得了用户的赞誉。

延吉市吉泰房地产开发有限公司建设的楼盘不仅设计独特，户型多样，质理更是让人满意、放心。曾于2002年度被延边州工商管理局评为守合同，重信用企业，于2003年被延边州建设局评为优质工程，于2004年被延吉市消费者协会评为诚信单位。

“开拓、进取、求新、守信”是延吉市吉泰房地产开发有限公司的经营理念，“质量第一、信誉第一、服务第一、”是公司的宗旨，展望新世纪，公司全体员工正在精心打造精品项目，期盼着用户选购理想的家园。

中国农业生产资料集团公司
延吉配送中心

◎ 总经理：那军

中农集团公司是全国专业经营化肥、农药、农膜等农业生产资料的大型批发、零售企业。公司机构网络和业务覆盖全国。中农集团公司的网络品牌（中国农资—）和商品品牌（NAMPGC）在国内国外有很高的权威性和不可替代的独有优势。

中农集团公司吉林省公司在吉林省各地、州、市及粮食生产区共有33个“中国农贸”连锁配送中心。在省内各乡、镇等有500个加盟连锁商。吉林省分公司以务实、开拓、创新的宗旨竭诚为吉林省的农业、农村、农民服务。

中农延吉化肥配送中心隶属中农吉林省公司，下设三个销售平台，十个加盟连锁店，中农延吉化肥配送中心坚持“为农民服务”的宗旨，遵循“用户至上，信誉第一”的方针，并做如下的送重承诺：1. 保证化肥质量达到国家标准。2. 保证经营品种适区对路。3. 保证价格公道合理。4. 保证服务热情周到。

中农延吉化肥配送中心愿为用户提供品种新、质量好、价格公道的优质化肥，热情欢迎新老用户光临。

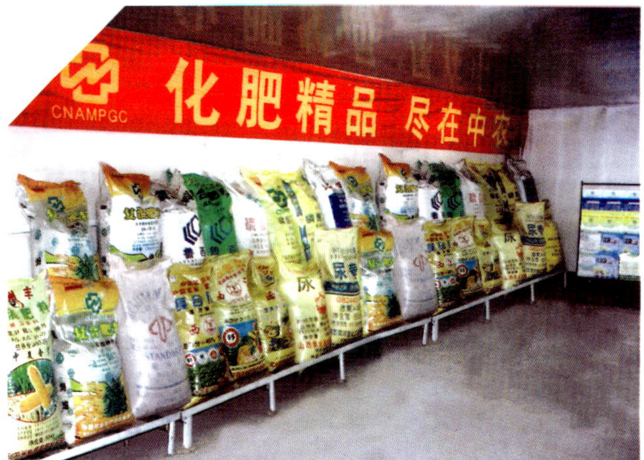

◎ 精品化肥

中国太平洋财产保险股份有限公司延边中心支公司

◎ 公司办公楼

中国太平洋财产保险股份有限公司延边中心支公司是按照产、寿分业经营的要求，经上级批准，在1995年12月成立的中国太平洋保险公司延吉支公司经营财产保险业务的基础上设立的，隶属于中国太平洋保险股份有限公司吉林省分公司。

中国太平洋财产保险股份有限公司延边中心支公司承保人民币和外币的各种财产保险、短期健康险和人身意外伤害保险业务。承保业务涉及电力、汽车、机械、化工、电子、水利、建筑、桥梁、公路等高科技的各个行业、各个领域。公司服务面广，总公司在100多个国家和地区的170多个港口城市聘请了保险检验、理赔和追偿代理人，并与国内外多家保险公司、再保险公司及有关机构建立了代理关系和业务往来关系，有600多个分支机构分布在全国各省、自治区、直辖市，经济发达地区的机构延伸到乡镇，不论客户在任何地区发生保险业务，均有机构代为处理相关事宜。公司按照“集团化管理、专业化经营、市场化运作”的基本要求在“以效益为中心、市场为导向、以客户为基础的经营思想指导下，树立“诚信天下、稳健一生、追求卓越”的企业核心价值观，坚持科学发展观，诚信经营，稳健发展，做对社会负责人的保险公司。公司自1995年自营业务以来，已累计实现各类保险费收入19890万元，向企业和社会个人支付各种赔款10800多万元，为受灾企业恢复生产、重建家园提供了较好的风险保障，凸显了保险这一灵巧的社会稳定器作用。

◎ 客户服务大厅

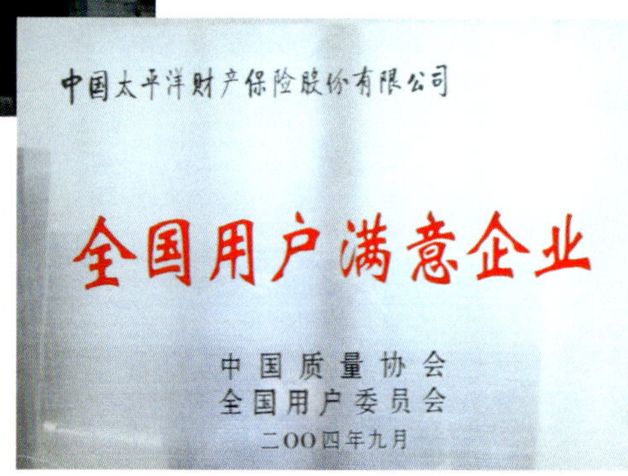

公司大力加强诚信建设，致力于提高员工的综合素质，增强品牌意识，完善和提高服务档次，在延边树立了首家商业保险公司的良好形象。2005年，公司被吉林省分公司评为先进单位和先进工会组织。同时，通过地方有关部门对吉林省的服务行业和品牌两大类的金融保险、商业、公共服务、邮政、通讯等数百家具体单位进行问卷调查活动，荣获“吉林人民口碑金奖单位”，2007年获总公司“风险管控达标单位”。

中国农业银行延吉市支行

◎ 行长：金哲洙

近年来，中国农业银行延吉市支行在行领导的带领下，经过全体员工的辛勤劳动和积极努力，全行各项业务有了较好的发展，资金实力不断壮大，服务功能日趋完善，成为办理工商企业、事业单位和个体工商企业存款，办理城镇储蓄存款、办理结算业务和外币储蓄、西联汇款，办理个人消费贷款、中小企业贷款，办理网上银行、电话银行业务等中间业务和代理保险业务、代理开放式基金业务、代客理财等代理其他业务的综合性多功能的国有商业银行。

◎ 延吉市支行领导班子正在研究2008年工作规划(左起:金仁国副行长、金哲洙行长、金清华副行长、尹一副行长)

◎ 市 行办公楼外景

该行坚持“负重拼搏，知难而进，爱岗敬业，兴行报国”的企业精神，以“管理严谨，效益最佳，高度文明，跻身前列”为发展目标，坚持“拓展领域，抓大择优，审时度势，稳中求进”的经营方略，坚持“信誉至上，形象致胜，领先一步，永争一流”的竞争思路，以价值管理、人力资源管理为核心，坚持股改准备工作和业务经营“两手抓”，调整全行干部和员工的心态，进一步更新经营理念，增强凝聚力和执行力，转换经营机制，全行业务经营状况有了初步的改善，在有效防范操作风险和道德风险、做实收益等方面取得了成效。2006年、2007年连续被吉林省银行业评为“文明规范服务优质单位”。

延吉市农业银行愿与全市各族人民携手共进，为促进延吉市的经济发展，社会安定和人民幸福做出更大贡献。

◎ 市农行营业厅一角

延吉市通达外语培训学校

◎ 院长：李贞子

延吉市通达外语培训学校始创于2000年8月。建校以来，坚持“规范办学、诚信服务、持续稳步发展”的正确的办学思想，始终保持着自我反馈、自我整改、自我完善的过程管理，初步形成了以信任为基础，以规范为本的办学特色，打下了坚实的办学基础，已成为延边地区几所极具威望的、具有知名度和信誉度的民办名校之一。

2004年末，学校投资几百万元兴建了具有容纳1000多名学生的自己的教学校舍。学校每间教室内都已配有空调、室内育人环境良好，一走进教学楼，就能立刻感受到浓浓的文化教育氛围。学校现已配有现代化的教学设施和办公设备。学校以短期培训为主，设有英语、日语、韩国语、汉语、电脑、电算化会计、会计、出纳培训等学科。学校建立了学历达标、专业对口，师德规范、爱岗敬业、稳定而资深的教师队伍。教学中，教师们根据学生实际，面向全体学生，注重实用性，采取灵活、多样的教学方式，培养学生的听、说、读、写能力。严格的管理、良好的学习环境、父母般的关怀，使学生都能在轻松而愉快的学习氛围中完成学业。

通达外语培训学校以“认真贯彻党的教育方针，以全面提高教育教学质量为生命线，诚信服务，办好学员和社会各界满意的民办教育”为办学宗旨，培养出了上万名具有专业知识和实践能力的、实用型人才。通过以“追求一流的教学环境；追求一流的教学质量；追求一流的教师队伍；培养对社会有用的人才”为办学理念的实践中，树立了通达学校的良好形象，以规范的学校管理和良好的教学效果赢得了社会各界和政府的肯定。建校以来，学校连年被评为州、市级《三好先进单位》、《信得过单位》。

通达外国语培训学校以“现代教育理念培养人，以市场观念服务于人，构建以人为本的现代化管理模式与教育模式”，发扬“团结、务实、奉献、创新”的团队精神，为您为我，共创未来。

为创造人生的奇迹和辉煌，让我们携起手来一同奋斗！

◎ 奋发向上、求真务实的领导班子

延吉市投资开发有限公司

◎ 经理：许东日

经营范围：

组织运营现有城市基础设施资产，吸引国内外投资商合作，进行基础设施建设与经营管理，对委托管理的固定资产进行二资开发处用，进行房地产开发，筹建污水处理，中环环路，集中供热、供水工程等大型城市基础设施项目。

公司职能：

1.本公司是独立法人实体。公司通过参股控股全额投资方式重点向城市基础设施投入，确保国有资产的保值增值，承担债权债务，负民事责任。公司是经营人、借贷人和承贷人。在工程建设期间，同建设单位签订投资管理协议，参与项目（集中供热、中环环路、二次供水等工程）管理。

2.公司具有筹集资金功能。公司作为一个经济实体，充分利用各种融资手段，在社会上直接进行或间接融资保证建设资金及时足额到位，筹集资金方式包括抵押贷款、股权转让、置换资产、股权担保引进资金、直至争取股票上市等。

3.公司作为延吉市融资平台，独立承担银行贷款，通过经营活动偿还银行贷款，但考虑到公司经营的城市基础设施，投资大，回报收期长特点，政府财政给予支持，政府用财政几项基金作为质押资金，确保偿还银行贷款本息资金来源。

公司成立后已筹措资金5.5亿元，集中投入延吉市集中供热工程、中环路工程、污水处理工程等城市基础设施建设项目，通过一系列经营活动实现资本积累，投资和偿还债务，以生产经营利润最大化为主要目标，逐步发展成为经营城市资产的企业集团。

◎ 污水处理工程

◎ 集中供热工程

延吉市污水处理有限公司

延吉市污水处理有限公司位于延吉市区东部，溪洞火车站南侧，布尔哈通河下游北岸，是集污水处理、医疗废弃物处理兼城市污水处理管理、收费为一体的国有企业。厂区总占地面积为20.3公顷。

公司始建于2001年7月，污水处理厂总设计能力为日处理城市污水20万吨，一期为10万吨。采用厌氧——好氧活性污泥法（A/O法）处理工艺。2006年11月18日通水调试，2007年8月5日正式投入运行。总投资23.995万元，日处理量达10万吨，出水指标达国家2级排放标准。

医疗废弃物处理厂是覆盖全州的医疗废弃物处理的环保项目，总投资1616万元，目前一期工程已全部完成，并投入试运行，日处理能力为8吨。

近年来，公司以营造精品工程，规范经营管理，建设优美环境，树立良好形象为目标，科学规划，严格管理，文明服务，依法经营，实现了跨越式发展。荣获了省建设系统"安全生产先进单位"，省"重点工程先进单位"，市"先进党支部"、"模范单位"、"民族团结进步模范单位"、"十佳诚信企业"、"先进工会"、"模范工会"、"女职工建功立业岗"，局系统"好班子"、"模范单位"等荣誉称号。

"建碧水蓝天，享温馨家园"是公司不懈追求的目标，目前，公司全体员工正以饱满的热情、昂扬的斗志、无畏的勇气，迎接新的挑战，以崭新的姿态大力弘扬"诚信、敬业、创新、勤俭、自律、和谐"的公司精神，为把延吉市打造成园林生态城、卫生环保城、宜居旅游城而努力奋斗。

◎ 厂区一角

◎ 污水处理设施—初沉池

◎ 污水处理设施—曝气池

◎ 公司角瞰图

新时代购物广场

新时代购物广场成立于2004年4月，由延吉诚信民族企业集团公司斥资2亿元人民币兴建，位于延吉市最繁华、人口最密集的商业中心一解放路商圈，是集百货零售、餐饮、休闲娱乐为一体的现代化百货商场。新时代购物广场大厦外观恢弘大气，体现出现代百货商场的超前风范，广场营业面积近30000平方米，由地下一层至七层组成，内部设自动扶梯14部、货用梯2部、客用电梯4部（包括观光梯2部）。大厦内安装冷暖、干湿可调式空调系统、现代化的音响系统、闭路电视监控系统、烟感报警及自动喷淋系统、远红外线防盗系统，商场全面实行电脑监控管理，在硬件设施上，完全体现了现代商业企业服务管理的思想。

新时代购物广场一切工作以经营为前导，讲求顺畅、协作、高效的运营组织体系并借鉴国内外成熟的百货商场的成功经验，以ERP管理系统为主线，加强同供应商的密切合作，尽力减少供应商经营压力风险。提供一个安全、舒适、宽敞、美观的经营场所和购物环境，使商场真正成为“经营者乐园，消费者天堂”，赢得广大经营户和消费者的广泛赞誉和青睐。

新时代购物广场在多年的发展过程中，建立了一套属于自己的企业文化和发展远景：让顾客百分百满意；让厂家百分百满意；让同事百分百满意；让领导百分百满意。并率先在全市推行了“无障碍退换货”制度，受到社会各界和消费者的一致好评，新时代购物广场凭借良好的商业信誉、科学化的管理、高素质的员工队伍、以“真诚合作，追求卓越”的企业精神，与各地厂家及供应商建立起密切的合作伙伴关系，为广大消费者提供优质商品，满意服务。

延边诚信混凝土有限公司

◎ 总经理：刘冬

延边诚信混凝土有限公司是专业生产各种预拌混凝土生产企业，公司成立于2007年6月，有先进的自动化混凝土生产线及混凝土质量检测、输送、运输设备。配有材料实验室，形成了规范化的管理模式。

公司对企业内部加强管理，提高技术水平，能生产优质的、具有不同性能要求的混凝土，本公司生产混凝土品种有C15和C60不同强度等级的普通混凝土、特种混凝土、高性能混凝土，广泛应用于建筑、道路、桥梁、水利等混凝土工程。公司混凝土生产能力为每小时160立方米。年混凝土生产能力为50立方米。

经营方针：安全生产，保证质量、科学管理、优质服务。

拥有设备：生产用混凝土搅拌设备；混凝土输送设备；混凝土搅拌运输设备；搅拌运输车辆。

延吉市腾跃轻钢彩板有限公司

◎ YX15-205-820 型(820)型

◎ YX15-225-900 型(900)型

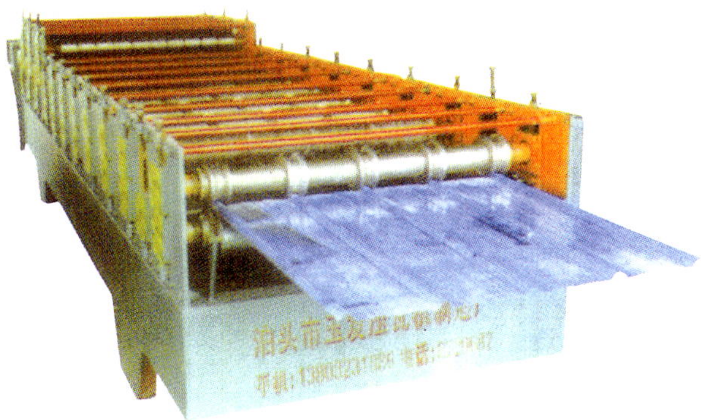

◎ 底板机

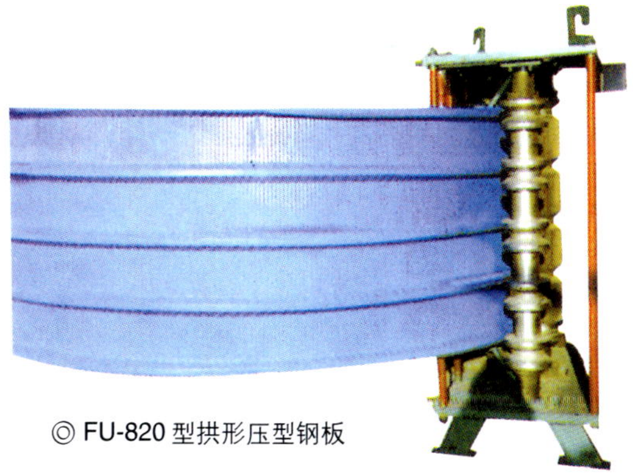

◎ FU-820 型拱形压型钢板

腾跃轻钢彩板有限公司是生产、销售、安装为一体的轻钢彩板专业厂家。

公司拥有国内领先水平的YX25-205-BMF820型（820）型 YX15-225-900 型（900）型 FU-820型压型机组和BMF-Ⅱ型夹芯板机组及配套附件等成套生产线，主要生产彩钢（聚苯岩棉、玻璃丝棉）夹芯板、彩钢琉璃瓦、彩钢瓦、保温板、建筑围挡瓦。

CZ 型钢、轻钢结构等，本公司产品被广泛用于工业厂房、洁净厂户、楼房屋顶、楼顶加层、保温保鲜、空调库、建筑围挡等，公司致力于研究压型刚围护结构体系的新技术、新工艺、新材料，不断开发出新型板，受到了用户的广泛赞誉。

公司拥有高素质的设计、营销、生产、施工及售后服务专业化队伍，放眼未来，我公司将凭借科学的管理，先进设备，依靠科技，勇于探索，以优质的服务和良好的信誉与广大用户携手共创美好的未来。

中国人寿保险公司延吉分公司

◎ 求实务真的领导班子

延吉人寿保险公司下设综合部、中介部、客服部、团险部、培训部等部门，拥有员工200余人，目前主要经营人寿保险、健康保险、意外保险、和分红类保险四大类50余种知名险种，市场份额一直居全州寿险业首位，延吉人寿保险公司本着诚实守信的服务原则和良好的服务品质赢得了社会的广泛赞誉，不仅在寿险市场上发挥着主渠道的作用，更为延边人民提供全方面的保障，为延边的经济建设和稳定做出了巨大的贡献。延吉人寿仍将秉持精细服务的原则，努力提高服务品质，将公司建设成为最值得客户信赖的现代化保险公司。

◎ 办公楼外景

◎ 营业厅一角

延吉市自来水有限公司

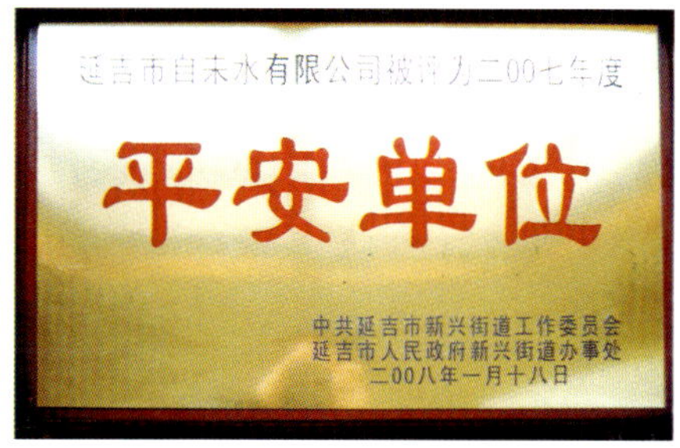

延吉市自来水有限公司前身为延吉市自来水公司，成立于1936年，后经七十多年的历史沿革和发展，目前已达到国家中型Ⅱ类供水企业规模，DN100以上供水管线总长为300公里，日供水能力为10万吨，负责供应全市近40万人口及3000多家企事业单位、营业场所的生产与生活用水。目前公司现有职工423人，专业技术人员84名。经营范围为：自来水的生产、销售、管道输配及安装、维修、二次加压、水质检测、水表检定等。

公司成立七十多年来，经历了多次历史的变革，特别是2007年完成企业产权制度改革后，公司坚持以“让政府放心，让用户满意”的企业宗旨，在大力发展城市供水事业，保障城市供水的同时，精心打造公司服务品牌。曾先后被授予“延吉市十佳诚信窗口单位”、“吉林省节水用水先进单位”、“吉林省建设系统精神文明建设先进单位”、“2007延吉市劳动模范集体”等多项荣誉称号。2007年公司已实现销售收入(含税)：4457万元，税金：277.5万元，其他业务收入：910.5万元，其他销售税金：44.2万元，利润：206.8万元。公司将在2008年计划销售收入（含税）：4200万元，税金：262万元，其他业务收入：980万元，其他销售税金：47万元，利润：318万元。

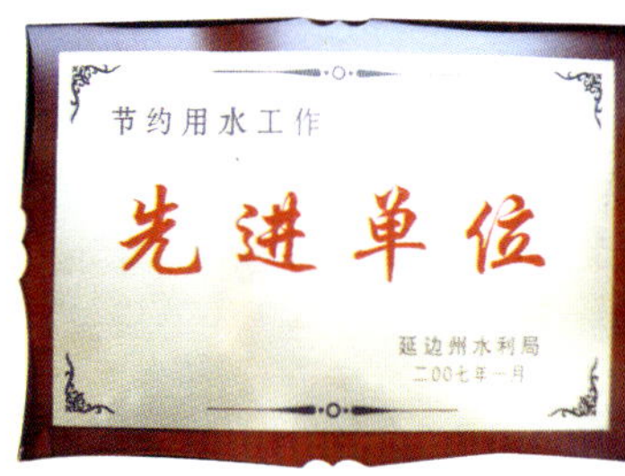

◎ 办公大楼外景

延吉市进学小学

延吉市进学小学始建于1953年9月，有着悠久的历史，辉煌的过去。在半个多世纪的发展史中，不断吸纳时代精神，在长期的实践中积累了丰厚的文化底蕴和人文情怀。一直以来，进学小学在延吉教育百花园中不断进取，为学生成才而奠基、为教师成长而铺路、为学校发展而变革。努力打造“以人为本，创新为魂”的进学品牌，现已形成了鲜明的“科研兴校，以德立校、质量强校”进学特色

学校位于繁华的人民路上，占地面积13208平方米。校园环境优美，布局合理，建有德国进口塑胶操场。截至2008年，在校学生2715人。设有 44个教学班，5个幼儿班。除49个普通教室外，设有计算机房、多媒体教室、计算机网络实验室、美术教室、音乐教室等多种学科专用教室。设有电子图书馆，图书馆藏书49800余册，实现了图书管理的电脑化和资料查询的网络化。

◎ 校长：郭杰

进学一向以治学严谨著称，拥有一支热爱教育事业、师德高尚、业务精湛、富有创新精神和创新能力的教职员工队伍。先后有68位教师成为省、州、市骨干教师，24位教学名师、教学能手及学科带头人。形成了“进学”质朴、务实的教学风格，并取得了高质量的教学成果。学校先后开展了“以主动发展为核心，培养学生创新素质”、“以校为本的综合式师资培养模式”、“营造书香校园，培养人文精神”的课题研究，并承担了全国“网络环境下的课堂教学模式的研究”，形成人人搞科研，议科研，学科研的风气。几年来，学校先后被评为市级一类学校，市科研先进校，州教育质量先进单位，州德育先进校，州红旗大队部，州“课堂十项技能”优秀达标项，省体验教育先进校，省标准化家长学校，省“四项基本功”优秀达标校。

展望未来，任重道远。进学小学将继续坚持“以学生的发展为本，为学生的成长服务”的办学思想，坚持以教师的发展为核心，以教育科研为动力，努力把学校建成教育教学改革的基地，开展教育科研的阵地，培养优秀教师的沃土，培养优秀学生的摇篮，成为基础教育优类校。

延吉市九中

延吉市九中位于吉林省延吉市的东北，始建于1974年8月，历经33载。

现有30个教学班，1879名学生，教职工128名，专任教师111名，学历达标率为100%，具有本科学历109名，占教师总数的85.6%，现有高级教师30人，中学一级教师77人。

学校占地面积为19782.7平方米，实验楼建筑面积3285平方米，新教学楼建筑面积5934.6平方米，建有标准化实验室，微机室，教师阅览室，学生阅览室，藏书室，多功能报告厅。

几年来，学校坚持“科学、务实、创新、争先”的治校方略，坚持“敬业、敬事、敬人，为教师的事业和人生添彩；求真、求善、求美，为学生的发展和幸福奠基”的办学理念，遵循“教学立校、科研强校、特色名校”的方针，各项工作有了长足的进步和发展：

在师资队伍建设上，成效显著，形成了一套有利于教师队伍建设的运行机制，使教师队伍建设步入良性发展态势，培养了一批具有示范带头作用的名教师、学科带头人、骨干教师、教学能手、教学新秀、优秀班主任，并以点带面，以先进来激励和带动学校教师队伍整体素质和能力的全面提高。名优教师总量居同类学校前列，初步形成了由名优教师搭台；学科带头人领衔；省、州级骨干为中坚；市级骨干为主体；青年优秀教师为后备梯队的教师群体。教师队伍由原来的“金字塔”型变成了“橄榄”型。

◎ 艺术节

学校坚持走科研兴校之路，根据九中学生的实际情况，2000年提出“低起点、多层次、严要求、面向全体”的教学模式，让各层次的学生在每一节课中都有收获，教学质量显著提高，缩短了与先进学校的差距。为了健全教师培养机制，促进教师专业成长，2005年我校又实施了课题《新课程实施中教师专业发展策略研究》，并于2006年7月成功申请立项为省级重点课题，成为全州四个省级重点课题之一。

◎ 会议室

学校软硬件建设都有了突飞猛进的发展，在不断完善原有硬件设施的同时，逐步建设和完善了30个教学班的硬件设施，电脑、大屏幕投影仪、卡座、中控、有源音箱、实物展台、DVD等现代化教学设备一应俱全，使每一个班级都成为一个先进的现代化的多媒体教室，办学条件步入省内一流，教学手段的多元化，增加了课堂教学的容量，丰富了学生学习的内容，提高了学生学习的兴趣。校内网络建设完成了电子阅览室、电子图书馆、ftp服务器、成绩管理系统、数理化电子积件库、北大附中网络视频服务器等已联成一个完整的网路系统。建立了基于ASP技术＋ACCESS数据库为架构的校园动态网站系统，建成了校园局域网和学校部外网站，并在国际互联网上发布成功，使学校网站成为向外部世界展示我校的窗口。今年又投入100多万元，建成省级示范图书馆，藏书8万多册，使我校教育教学的硬件设施居于全省领先地位。

◎ 校长：于萍

几年来在全体教职工的共同努力下，学校方方面面工作都取得了长足的进步和发展，社会信誉逐年上升。连续三年被评为校园建设进步先进单位；吉林省教育技术装备先进单位；省继续教育工作先进单位；州优秀科研单位；州师德建设先进单位；州实验室建设及管理先进单位；州电教工作先进单位；省美育先进单位；州课程改革先进单位；市课程改革示范校；市青少年艺术节优秀集体；市科技创新、科普工作先进集体。

社会、家庭、学生、领导、同仁们对九中的赞誉和认同，像生命之星净化着每一位九中人的心灵。“内提素质、外树形象；做人民满意教师、办人民满意学校”，已成为延吉九中人的共识。创“师资一流、管理一流、环境一流、设备一流和质量一流”的优质教育，延吉九中“人的现代化”定会推进九中教育现代化的实现。

延边大学附属中学

◎ 校领导班子

延边大学附属中学是一所省重点高级中学。现有23个教学班级，在校生1048人、教职工127人，其中省科研型名教师1人、省级骨干教师4人、市级名教师1人、高级教师60人、州级骨干教师、教学能手、学科带头人、教学新秀共17人、硕士研究生结业12人。现拥有校园网、信息中心、计算机室、语音室、多媒体教室，学校软件、硬件设备齐全、先进。

2007年在金文成校长的带领下，紧紧围绕“师德”和“师能”两个工作中心，练内功、提高素质、坚持走内涵发展的道路。立足于学校本位，开展“以老带新”、岗位练功、研讨课等活动，促进教师的专业化发展。

始终把德育工作放在学校工作的首位，加强德育队伍建设，不断完善德育工作机制，建立“立体育人网络”，帮助学生树立正确的人生观，价值观。

在科研、教学、教师培训上，与延边大学的合作关系进一步纵深发展。培养科研型教师、营造浓厚的学术氛围，走科研先导之路，把学校发展成为一所学习型学校。2007年我校承担了州级“十一五”规划课题，有50多篇教师论文，在国家、省、州级以上的评比中获奖或不同级别的刊物上公开发表。

◎ 全州优秀教研组——化学组

延吉市延新小学校

◎ 校长：朴松元

延吉市延新小学校建于1988年9月27日。学校位于延吉市河南街林海路，布尔哈通河畔，学校校舍总面积5857.5平方米。首任校长金凤今，时有在校生605人，教员49人。1996年2月2日，首任校长金凤今退休，李贞子同志任第二任校长。1997年在校生2695人，教职工182人。学校建立了三级教科研运行机制，确保学科课程，活动课程，环境课程的实施研究，全方位地推行素质教育。2005年7月李贞子校长退休。8月朴松元同志任校长。现任有36个教学班，在校生1451名。学前班2个。教职工155名。学历达标率100%。本科学历44人，大专学历67人，中专49人。计算机培训达100%；普通话培训并获等级证书的158人，有中学高级教师5人，小学高级教师84人，一级教师71人，省级骨干教师5人，州市级骨干教师25人。

◎ 07春季全市万人长跑

1999年7月，学校动员社会各界人事、家长投资建成校训碑，校训：《纯洁的心、金色的梦》；2000年，学校确立了办学思想—“一切为了孩子”，确立了办学目标—“建成一个学生乐学，家长满意，社会认可的一流学校”。学校落实《十·五》总课题《构建创新教育培养目标体系，教育教学模式，评价体系的研究》，进行整体实验研究。2003年，在新课程理念的指导下，活跃地进行《十·五》总课题的研究。2003年11月，我校被评为延吉市优秀科研单位及科研型名校。2006年7月承担中国教育学会《十一五》科研规划课题《基础教育课程改革发展性评价研究》子课题《101项‘王’‘优秀’教育评价实践研究》的实验并定位实验校。2006年11月我校的课题《民族教育发展前景规划实践研究》列为延边教育科学《十一五》规划课题。2007年3月被延吉市教育局定为心理健康实验校。

◎ 校运会摔跤

◎ 校运会

◎ 校运会领导合影

延吉市延河小学

◎校长：王永权

延河小学，位于延边州首府延吉市天池路国际会展中心路北，是一所绿意盎然的国家级绿色学校。校园占地面积17093平方米，建筑面积6587平方米。学校现有教学班34个，学生1870名，教职工96名，其中在编教师81人，自聘教职工15人。学校教学设施完备，拥有34间媒体教室，一间多功能教室，一间微机室。班班配备了双向闭路控制系统，年组教研室均配置了多媒体电脑，达到了省级电化教学标准。

延河小学在学校特色方面始终把建“绿色学校育绿色文明”定为学校发展方向。紧紧围绕用“绿色思想”培养人、用“绿色观念”教育人、用“绿色校园”熏陶人为主线，倡导绿色文化突出育人品质，打造出了一支100%信仰马克思主义，积极要求加入党组织的优秀团队，从而使“绿色思想”遍开“红花”。

如今，延河小学已被国家环保总局、中国教育部评为国家级绿色学校。学校的理念是：以和谐立校、以质量强校。学校的目标是：“创设激情无限的校园文化，建立群体共同的价值取向，把教师培养成为绿色园丁，把学校建设成绿色庄园，把班级建设成为绿色园林，把学生培养成为绿色精灵”。并通过绿色教育实现学习方式的整和；通过绿色教育实现师生关系的变革；通过绿色教育实现教学环境的重建；通过绿色教育实现教育与社会、自然的和谐发展；通过绿色教育提高师生的生命质量，从而使绿色教育承载起人的心灵生长，以绿色希望托起祖国明天的太阳。

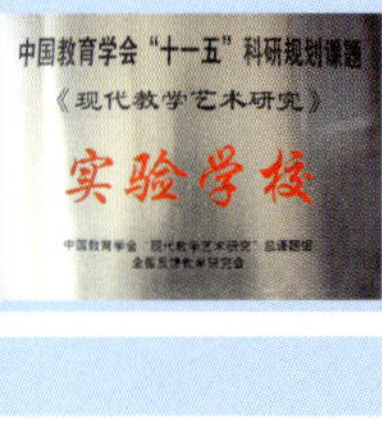

延吉市东山小学

◎校长：崔日男

我校是2007年2月，为合理配置延吉市教育资源，经市教育局决定与延吉市小营小学合并，建立的一所城区唯一的民族联校。学校建筑面积为8900平方米，拥有标准的实验室、计算机室、语言室、多媒体教室、美术教室、音乐教室、舞蹈室、500平方米的室内体育教室，省级示范图书室。现有23个教学班，（其中8个朝鲜族班）960名学生，（其中朝鲜族学生224名）72名教职工。

学校以民族教育为特色，挖掘民族教育资源，"让每一个学生学会学习，学会健康，学会合作，学会发展"为办学理念，以"全面育人，和谐发展"为办学目标，以"质量求生存，以特色求发展"的办学思路，形成了"校以育人为本、师以敬业为乐、生以成材为志"的良好校风。

◎微机室

◎图书室

两校合并后，形成"德育为龙头，教学为中心，民族教育为特色，素质教育为主线"的教育教学思路，确立了五项突破性工作目标。一是扎实推进素质教育，"每一位教师上好每堂课"活动为载体，提高40分钟的课堂效率。在全市小学质量检测中，朝鲜族班努力争取A级目标，汉族班努力争取B级目标，"学困生"转化率达到60%；二是推行"师德责任追究制"和"师德宣誓制"，争取家长、社会对教师的满意率达到100%；三是深化"三讲三爱"内涵，注重心理健康教育和行为养成教育，学生的思想品德良好率达到100%；四是加大校园文化建设的力度，争创市级一类校园环境；五是加快民族特色教育体育建设，为创办民族团结和谐校园打好基础。

延吉市梨花小学

梨花小学座落于风景优美、交通便捷的布尔哈通河畔。学校始建于1966年，建校之初是一所朝汉民族联校，1971年2月民族联校分开，1983年8月，学校更名为"延吉市梨花小学"。2001年7月与延西小学合校。如今学校发生了翻天覆地的变化，焕发出一片盎然生机，学校由最初的6名教师、2个教学班发展成为今天占地9640平方米、82名教师、32个教学班、3个学前班的大规模的全日制小学。

◎校长：张玉梅

四十年来，"梨花人"以理想、激情和信念在教育改革的浪潮中默默耕耘、倾情奉献，特别是在近几年来，梨花小学在市教育局的正确领导下，紧紧围绕"以人为本，全面发展"的办学理念，确立了以提高教师整体素质为根本，以"一切为了学生发展"为中心的办学宗旨，实现了"教育管理科学化、教师队伍时代化、育人环境人文化、教育设施数字化"的办学目标。"和谐、求真、健美、创新"的校风已然形成。

◎团结奋进、和谐进取的校领导班子

四十载风雨兼程，四十载梨花飘香。

四十年不仅仅是一个数据、一段时间，更是一个历史的标签，她记载了梨花小学的历史积淀和历史功绩，同时又是一个驿站，它将为新的征程注入新的力量。在新的世纪中，梨花人将更加全力以赴，去精心培植和修剪，以期更大的丰硕，去回馈社会的关注和家长的信赖！

◎ 崔玉兰馆长和金文玉书记兼副馆长

延吉市少年儿童图书馆

延吉市少年儿童图书馆成立于1982年，是吉林省最早成立，规模较大的公共性质的少年儿童图书馆，也是全州唯一独立建制的专门为少年儿童服务的公共图书馆。在省、州、市各级领导的亲切关怀下，以创建规范化、标准化、现代化图书馆为目标，以为少年儿童服务为中心，25年来克服困难，从无到有，从小到大，从少到多，蓬勃发展。

在各级领导的关怀和支持下，经多次扩建、改造、维修，馆舍面积达2500平方米；馆藏纸质书刊12万册，电子文献近14万册。

现内设信息咨询网络部、信息资源建设部、社会教育部、读者服务部、办公室等5个部室，2个书库，2个活动厅。外设8个分馆，10个图书流通站、16个基层服务站。2005年所有业务工作实现计算机化管理。

全年365天开馆，书刊实行开架借阅。免费接待全市未成年人及市民，免费办证，年接待读者10余万人次，开展活动平均30余次。向乡镇、社区免费提供共享资源信息。

◎ 中文图书借阅室

◎ 电子资源借阅室

◎ 全体馆员合影

在1996年、1999年、2005年三次全国公共图书馆评做定级工作中，连续三次被评为“国家一级少儿图书馆”；曾被文化部评为“读者喜爱的图书馆”；10次被评为“全国青年读书教育活动优秀组织者”；16次被吉林省委、省政府评为先进图书馆及全省精神文明建设先进单位。2007年被省文化厅授予全省文化信息资源共享工作先进单位。多次被省文化厅评为读书活动优秀组织将。被吉林省日报社会信誉百姓评价组委会评为2007年度优秀服务单位。在首届延边读书节活动中，被州政府授予“优秀图书馆”称号。2次被市委市政府评为先进基层党支部。

馆员共发表论文281篇，其中，国家级论文106篇，省级论文181篇，在国家级刊物上发表17篇，省级刊物上发表31篇。专著2部，合著22部。

延吉市第八中学

◎ 校长：全光洙

延吉市第八中学校始建于1999年8月，2006年8月原八中和十一中合并为新八中。在历经八年多的发展变化后，现今已拥有17个教学班，教职工94名，学生625名，校舍占地16，658平方米，建筑面积7，283平方米，校园整体设计美观、新颖，教学设施先进。不但堪称一流，八中现有研究生1人，在读研究生2人，大学本科学历86人，大专学历6人，学历达标为100%。其中，中学高级教师35人，中学一级教师43人，省骨干教师1人，州级骨干教师11人，市级骨干教师20人，州名师1名，州学科带头人2人，州教学新秀1人，州教学能手2人。

我校以"德育为主、以教学为中心、以质量求生存、以特色求发展"的办学思路；以"质量立校、特色兴校、管理强校"为办学目标；以"纯洁的心灵、正直的人格、优美的环境"为校训；"务本求实、创先争优"为校风；"敬业、博学、身正"为教风；以"勤学、深思、创新"为学风。在合作学习与主动发展的新型教学模式中探究摸索发展。学校先后被评为"省交通安全先进学校"、"州师德先进学校"、"州教育局双语教学实验学校"、"2006年度双语教育改革工作先进单位"、荣获市级"半安学校"、"综合治埋先进单位"、"二星级卫生单位"等荣誉称号。

◎ 校教学楼

◎ 庄严肃穆的升旗仪式

◎ 丰富多彩的课外活动

◎ 全体师德宣誓仪式

延吉市实验中学

◎ 校长：崔文日

延吉市实验中学创办于1995年8月23日，是全省唯一的朝鲜族实验中学。学校占地面积19843平方米，校舍建筑面积为8600平方米，现有22个教学班，800多名学生。现有教职工118名，其中专任教师103名，研究生学历9名，学历达标率为100%。

◎ 领导班子

学校教学设施优良，功能齐全。拥有标准化的物理、化学、生物实验室、图书室、阅览室；还有先进的微机室、多功能多媒体教室、艺术美体教室、美术教室、跆拳道室、双向控制闭路电视系统、广播、卫星接收系统。

◎ 实验课

◎ 艺术节

学校本着"教好每一个学生，对每一个家庭负责"的先进办学理念和"以人为本，爱为主线，尊重人格，开发潜能、实践创新、和谐发展"为目标，以"诚实、自律、勤勉、开拓"为校训，始终坚持科研兴校，教研兴校，扎扎实实推进素质教育，全面提高教育教学质量，创办特色学校。

学校先后被评为教育部民族地区师资培训优秀成果奖；东三省美育先进单位；吉林省"九·五"教育科研优秀成果奖；吉林省"绿色学校"；吉林省先进工会；吉林省"五四"红旗团委；延边州文明单位；延边州师德先进学校；延边州课程改革先进单位；延边州教育教学管理先进单位；延吉市诚信单位；2006年延吉市初中毕业考试、中考综合评比先进单位；延吉市校园建设先进单位；延吉市校本培训工作先进学校；延吉市"三防"知识教育标兵单位。

延吉市中央小学

延吉市中央小学是一所具有90多年悠久校史，业绩辉煌的一所朝鲜族实验小学。校园环境优雅别致，洋溢着智慧、充满梦想的教学楼、艺术教育楼、科技楼环抱着宽敞、充满活力的塑胶操场，为实现中央小学的教育理想创造了优越的教育环境。

建一流的师资队伍。学校拥有一支师德高尚、业务精良、肯于钻研、乐于奉献的高素质教师队伍。现有85名教师，其中省特级教师1名；省州优秀教师5名；省教学骨干3名、州学科带头人2名、州教学骨干教师26名；州名师1名，市名师2名，为创办一流的教育质量打下了坚实的后盾。

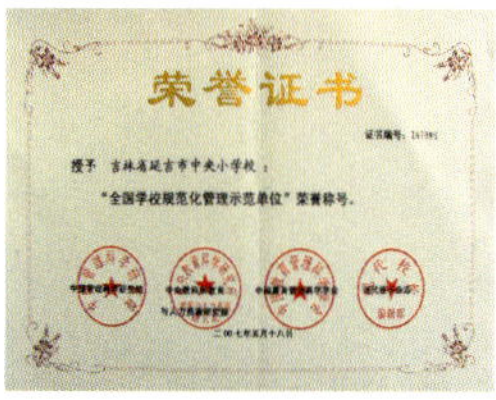

学校教学多年来坚持"自主学习模式的研究"，"教、研、培"有效结合，开展"四个注重"教研活动---"注重教学育人、注重学会学习、注重语言表达能力、注重有效教学"，提高课堂教学为突破口，全面提高了教育教学质量。2006连续两年在延吉市毕业年级统考中成绩名列前茅，于2007年被评为"延边州教学质量年先进单位"。

延吉市中央小学近2006年以来获国际级荣誉1项；荣获"全国学校规范化管理示范单位"、"全国学习型班组"等国家级荣誉5项；荣誉"吉林省素质教育实验单位"等省级1项；获"延边州小学示范校"、"全州教学质量年先进单位"州第五次《读书王》活动读书先进集体，等州级荣誉3项；荣获全市《三讲三爱》知识竞赛集体一等奖、"延吉市办学水平一类一级学校"、"延吉市中小学校培训先进集体"等市级荣誉数项。

面向未来中央小学做出了庄严的承诺—为孩子们的智慧与人格的发展创造出最佳的环境和最优的条件。

延吉市第六中学

◎ 校长：李伟明

延吉市第六中学（以下简称“六中”）是一所汉族学校,位于布尔哈通河的南面，六中的前身原延吉市第八中学（以下简称八中）。建于一九七一年二月二十三日，是由当时的五中分出来的，朝汉联合的完全中学，校舍是日伪遗留下来的只有二十二间教室的破旧平房，其规模只有十来个班，学生不足二百人，教师仅有三十余人。尽管人力物力十分缺乏,但在社会各方面和学生家长的支持下，用了三年时间建起了一千多平方米的二层教学楼。

原八中于一九七八年改为六中,学校领导班子也进行了调整,为了有利于学校领导和管理，有利于教学质量的提高，经上级决定于一九八一年三月将六中的朝族班归入五中，并将五中的汉族班归入六中。任命刘子敏为副校长主持工作。从此，六中便成为只有初中班的汉族中学了。

一九八六年学校正式开始实施校长负责制，任命李竟成为校长。9月施工长达六年之久的新教学楼投入使用。

1993年，学校被评为市先进文明单位和市级一类学校，1998年，被市政府评为综合治理先进单位，被市教委评为“教学扶贫”先进校。12月被市装备处评为语音室使用“先进单位”；同时还被评为延吉市青少年民族团结进步模范集体。

2001年，改善办学环境，学校投资11万余元修建1250平方米的多功能篮球场。学校被市教委、市教科所评为“九五”优秀教育科研单位。

2002年2月，校长罗兴华调到督导室，副校长李伟明主持工作，以“志远 志坚 博学 博爱”为校训，以“文明 友爱 诚实 和谐”为校风，以创新教育为核心，全面实施素质教育，把促进学生发展作为学校教学工作的立足点；成为吉林省创新教育课题校。2005年我校市教科所十五规划课题《初级中学心理健康教育目标和内容的构建》结题。2006年被评为中国教育学会中学教学专业委员会“十一五”重点科研《创新写作教学研究与实验》实验学校。同年底在全州承担了《综合实践活动观摩型研培模式的研究》课题观摩实验任务。

◎ 校园外景

丰富多彩的活动

◎ 体育活动

◎ 纪念12.9运动

延吉市职业高级中学

◎ 校长：金玄哲

延吉市职业高中是一所具有多层次、多形式办学模式和民族特色的、延边朝鲜族自治州规模最大的中等职业技术学校。

建校以来，学校坚持"以人为本，以能力为主线，以就业为导向，以创新为动力，服务于学生、服务于企业、服务于经济"的办学理念，以实现"一流的师资、一流的设备、一流的管理、一流的质量、一流的服务"为办学目标，不断加强建设，现已发展成为占地面积5万平方米、建筑面积26770平方米、在校生2977人、教职工248人、14个专业及70个教学班的国家级重点职业技术学校。2000年被国家教育部认定为国家级重点职业高中。

几年来，学校先后投资1500多万元加强实训基地建设。目前，建有数控实训车间、汽车模拟室、构造实训室、电器实验室、服装裁剪室、服装电机室、烹饪操作室、美容美发操作室等30多个实训室和训练场地。通过全体教职员工几年来的努力奋斗，如今的校园面貌、办学条件等方面都发生了翻天覆地的变化，大大增强了学校发展的后继力，为实现一流的职业技术学校奠定了良好的基础。

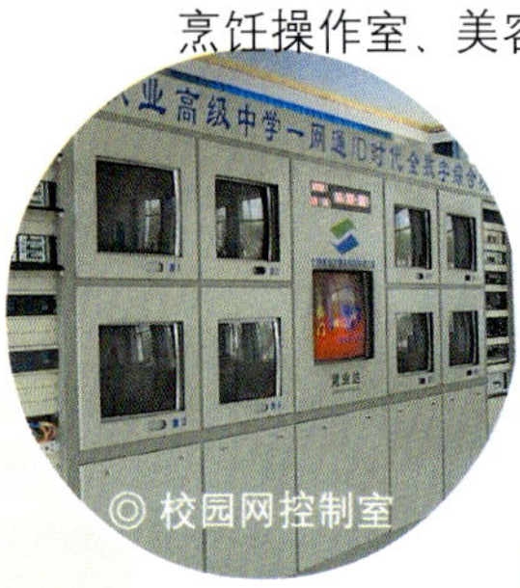

◎ 校园网控制室

◎ 美发实训室

◎ 校门

◎数控实训室

◎服装专业展厅

学校坚持以服务为宗旨，以就业为导向，立足市场，适度超前，发挥优势，扶植重点，辐射和带动其他专业的发展。积极改造老专业，增加专业的适应性；建设基础坚实、适销对路的新型专业；依托优势专业，加强职业培训和订单建设，加强校企合作和国际交流；突出应用，强化实践，努力提高教育教学质量，推进职业教育现代化进程，逐步形成建立以名牌专业为重点，其他精品专业并存的结构合理的专业体系。

学校始终以立足省内，放眼全国为着眼点，不断加强就业工作，扩大就业出路，提高就业质量。毕业生分布在北京、上海、天津、大连、青岛、烟台、苏州、无锡、义乌、昆山等地，并与用人单位建立了长期的合作关系。就业率平均为95%。

建校以来，学校以悠久的办学历史，雄厚的师资力量，丰富的教学经验，现代化的教学设施及良好的社会信誉，赢得了广大学生和家长的青睐。

延边大学师范分院附属小学校

◎校长兼党支部书记：李秀元

延边大学师范分院附属小学校前身是1960年4月成立的延边师范学校附属小学校。"文革"期间，该校被扣上"贵族学校"的帽子而被取消。此后，几经曲折的过程，于1987年8月，经延吉市政府与延边州教委协议，恢复为延边第一师范附属小学校；2000年9月，延边第一师范学校改制为延边大学师范分院时，更名为延吉市延北小学校，2007年9月重新恢复为延边大学师范分院附属小学校。

近十余年来，学校本着"以学生发展为本，以教师发展为先，促师生协同发展。"的办学理念，为实现教师队伍强校、双语教育亮校、民族文化教育特校的特色办学目标，做出了不懈的努力，取得了可喜的成绩。学校先后被评为延吉市首批科研型名校、全国学习型学校、全国红旗大队等荣誉。

学校为锻造强师，自1995年至2001年，坚持开展7年岗位练功，先后被评为州、省级教师"四项基本功"优秀达标单位，2001年起由岗位练功转入校本培训，2003年成功承办吉林省少数民族小学教师继续教育现场会并被评为吉林省少数民族小学教学继续教育先进学校。2004年起将校本培训与校本教研结合起来，实施校本研修，曾3次参加教育部主持的民族贫困地区中小学教师综合素质研讨会交流经验，2005年5月被评为教育部新一轮民族、贫困地区中小学教师综合素质培训项目先进学校和学习型学校。2006年7月承办了国家教育部新一轮民族、贫困地区中小学教师综合素质培训现场会，又被评为先进学校。

近几年，学校在充分发挥课程计划中设置的学科课程的民族文化教育功能的同时，着重开发实施了民族历史、民族风俗、民族艺术等方面的校本课程。学校把民族风俗作为民族文化的一项内容纳入校本课程，并用体验活动和研究性学习的方式开展教育活动。开设民族文化教室，通过"演一演"、"尝一尝"、"试一试"等实践活动、体验和感受，使学生从中受到民族文化人文精神熏陶。2006年12月，学校承办了全州朝鲜族中小学民族文化教育现场研讨会，会上率先拿出了示范活动课和经验，促进了民族文化教育的发展。

◎学校开展岗位练功

延吉市红十字会

延吉市红十字会是从事人道主义事业的社会救助团体。其宗旨是保护人的生命和健康，弘扬人道主义精神，促进和平进步事业。1987年6月份恢复工作，并依法实现了"两个转变"，完成了机构"三列"，目前市红十字会机关设综合科和业务科，全市3个镇、6个街道都成立了红十字会，61个社区、34个村都成立了红十字服务站，红十字服务进社区、村率达100%，全市基层组织已发展到102个，会员10.2万人，现任会长是政府副市长朴峰同志，名誉会长是市长赵哲学同志。我市红十字会自恢复建制以来，牢牢抓住"弘扬人道、救助弱势"这个主题，坚持以组织建设为基础，以宣传工作为先导，以社会募捐为龙头，以人道救助为己任，在全市形成了取之社会、服务于社会的良性循环和先进的红十字文化，仅2003-2007年，市红十字会就募集红十字救助资金520余万元，开展人道救助活动1200余次，发放救助款物累计280.4万元，受益14000人次。年年被上级红十字会评为先进单位，2006年延吉市被中国红十字会评为国家级社区红十字工作示范市，2008年，延吉市三中被中国红十字会总会、国家教育部命名为国家级红十字模范校。

延吉市国家税务局 〉〉〉

◎ 局长：俞秉学

延吉市国家税务局现有在职干部166人，下设7个职能科室、4个税务分局及一个稽查局，主要征收税种有增值税、消费税、企业所得税、储蓄存款利息个人所得税、车辆购置税。

2007年，延吉市国税局在市委、市政府及州国税局的正确领导下，全面贯彻"聚财为国，执法为民"的税收工作宗旨，紧密结合延吉市工作实际，深入贯彻落实税收管理员制度，积极探索有效的征管模式，充分发挥"一窗式"管理高效服务职能，搞好税源分析预测，积极落实各项税收优惠政策，完善重点税源监管体系，加大欠税清缴工作力度，圆满地完成了各项税收任务。2007年，该局共组织税收收入184786万元，比上年同期增长 18.73%，为延吉经济提速快跑提供了强大的财力支持。

该局为了实现征收工作从"监督管理型"向"管理服务型"的转变，大力推广了网络申报、电话申报等现代化征收方式，让纳税人足不出户就可以办理各种涉税事宜。该局积极推行政务公开，全面实施"阳光税务"工程，推行以日常检查和纳税辅导为主的税收管理员制度，对纳税人进行人性化管理，并从社会各界聘请了60名特邀监察员，及时听取社会各界对我局的意见和建议，不断提升服务水平，优化纳税环境。开展"限时服务"、"延时服务"、"预约服务"、"上门服务"等活动，急纳税人之所急，想纳税人之所想，拉近了纳税人和税务干部的距离。

该局把落实税收优惠政策作为服务地方经济，促进地方发展的一项重要政治任务来抓。2007年全市享受到东北老工业基地税收优惠政策、“老少边穷”地区税收优惠政策、西部大开发政策、下岗再就业、福利企业等税收优惠政策的企业就有300多家，减免税额达1.4亿余元，还有近5000户个体工商户享受到提高增值税起征点税收优惠政策，优惠税额达500万元，有力地支持和推动了全民创业活动和地方经济的繁荣。

该局积极开展各项文明创建活动，使精神文明之花处处绽放。2007年先后开展、参与了“双千双联”、“爱我春蕾，捐助女童”、“慈善救助双日捐”、“文化扶贫”、扶助特困户和残疾人等一系列扶贫助学活动，全体干部踊跃捐款捐物达3万余元，在社会上塑造了国税干部的良好形象。该局还充分发挥工、青、妇组织职能，积极组织各项健康有益的文体活动，积极营造延吉国税文化氛围，把每周五下午定为“国税文化活动日”，举办了排球联赛、乒乓球联赛、民族舞排练等活动，极大地调动了全体干部职工的工作热情，增强了集体荣誉感和凝聚力。积极开展双拥工作，与董存瑞生前所在部队结成共建对子，开展了税务干部进军营、八·一慰问子弟兵等活动。该局妇委会率领全体妇女干部积极开展争创“巾帼文明岗”、争当“巾帼建功标兵”活动，取得了显著成效。

成绩属于过去，征途任重道远。延吉市国税局将在改革中促发展，在发展中创新高，为延吉经济稳定发展和社会和谐进步做出新的更大的贡献。

◎ 国税干部在文艺汇演时表演的“农乐舞”

◎ 利用每年全国税收宣传月活动，在时代广场进行集中宣传

◎ 延吉市国税局荣获全国“巾帼文明岗”授牌揭牌仪式

延吉市环境保护局

◎ 局长：林学洙

延吉市环境保护局成立于1979年，现有在职人员63人，是延吉市政府的环境保护行政主管部门，内设办公室、综合计划科、监督管理科、法制科等四个科室，下设环境监察大队、环境保护宣传教育信息中心、环境监测站等三个部门。经过20多年的发展，延吉市环境保护局成为具有先进的管理经验、现代化的仪器分析手段、规范化的执法程序的环境保护主体，为延吉市生态文明建设和可持续发展提供有力的保障。

延吉市环境保护局统一监督管理全市对国家环境保护方针、政策、法律、法规的贯彻执行；拟定并组织实施全市环境保护规划、组织拟定重点流域污染防治规划及生态保护规划；组织实施环境保护目标责任制和城市环境综合整治定量考核工作以及污染减排和污染物总量控制；依照环境保护法规，加强环境执法监督，负责全市的排污费征收并执行排污许可证制度；负责全市基本建设项目和技术改造项目的环境影响报告书（报告表、登记表）的审批，申报及"三同时"项目的审查验收；负责对本市辖区内的水体、空气、声源、放射性、土壤等各种环境要素的质量监测、环境影响评价项目的验收监测、污染源的监督性监测和污染事故应急监测；负责全市环境保护法制、环境宣传教育工作，推动公众和非政府组织参与环境保护。

◎ 团结的领导班子

近年来，在市委、市政府的正确领导下，延吉市环境保护局不断提高环境保护工作水平和能力，加快建设资源节约型、环境友好型延吉，延吉市环境与经济的关系发生了可喜的变化。延吉市城市环境基础设施建设不断得到完善，主要污染物得到有效控制，区域生态环境得到明显改善，市民的环境意识大幅度提升。已建立污水处理、垃圾处理、医疗废弃物处理、集中供热等环境基础设施。饮用水源保护、大气环境治理等重点污染防治工作得到有效成果。水源地环境质量基本达到国家二级标准，能满足居民供水质量要求。大气环境质量达到国家二级标准的天数由2004年250天已增加到280天以上。创建"绿色社区"和"绿色学校"活动为载体的环保文化活动广泛开展，全社会形成有利于作好环境保护工作的良好局面。延吉市环境保护局将站在新的历史起点上，凝聚力量、振奋精神积极发挥其职能，为推动延吉经济与环境协调发展、为实现创建"全国环保模范城"的目标作出不懈的努力！

◎ 环保检测

延吉市建设局

◎ 局长：胡宪君

延吉市建设局是市政府城市建设和管理的综合职能部门，系统共有企业、事业单位25个，现有干部职工6000余人，局机关内设党办、人教科、督察室、安全科、行政科、基础设施建设科、开发办、计财科、综合管理科及团武、工会、纪检等科室和群团组织。

2007年，在市委、市政府和上级主管部门的正确领导下，在全市各界群众的大力支持下，我们坚持"思路求新、体制求活、筹资求广、建设求精、管理求严"工作思路，按照科学发展观的要求，以重点工程建设为核心，继续推进道路、净化、美化、亮化和硬化等城市基础设施建设，进一步提高了城市的承载力和服务功能；以规范化管理为目标，不断强化建筑市场监督与管理，进一步提高施工安全生产水平和工程质量；以优质服务为准则，持续加快城市公用事业发展，进一步扩大公用事业的覆盖面。全年完成城市市政建设投资40,247万元，其中突破性工作22,397万元，重点工作13,284万元，其它工作4,566万元。

通过系统广大干部职工的共同努力，延吉市的城市建设有了长足的发展，日新月异的城市变化，向国内外宾客展示了州府城市的良好形象。城市建设成就受到社会各界的认可和赞赏。局党委先后荣获全省精神文明建设先进单位、省建设系统精神文明建设先进单位、省建设系统职工思想政治工作优秀政研会、州先进基层党组织、州平安延吉创建单位等称号。建设局被州建设局评为"全州建设系统工作目标责任制优秀单位"。

地址：延吉市建工街明河胡同407号

邮编：133001

电话：0433—2815348

◎ 办公大楼

◎ 布尔哈通河

延吉市城市节约用水办公室

延吉市城市节约用水办公室成立于1986年，隶属于延吉市建设局，为财政全额拨款事业单位。主要职责是：宣传、贯彻、执行有关城市节约用水和城市规划区地下水合理开发、利用和保护的法律、法规、规章；编制用水计划及定额，下达城市用水计划，并考核执行情况；负责新建、扩建、改建项目中节约用水设施的设计审查。

几年来，延吉市城市节约用水办公室根据《吉林省城市节约用水管理条例》、《延边州城市自来水超计划用水加价水费征收管理办法》等省州文件规定，在延吉市建设局领导下及有关部门的大力支持下，团结一心，奋发向上，在全市范围内开展了城市用水计划下达及考核工作，通过社区、街路、网络和媒体，大力宣传国家节约用水方针政策，认真抓用水户节水器具检查及推广工作。通过认真细致的工作，不断提高全市人民的节水意识，严格把关用水指标的下达及考核，用经济杠杆，有力地推动延吉市城市节约用水工作。

今后，延吉市城市节约用水办公室继续开拓创新，加强队伍建设，强化服务意识，提高行政执法水平，为加强延吉市城市计划用水管理，保障城市生产和生活用水，早日建设资源节约型社会，将做出应有的贡献。

◎ 主任：金德万

◎ 务实的领导班子

延吉市就业服务局

◎ 局长：全光日

延吉市就业服务局是全市公共就业服务管理经办机构，内设办公室、基层指导科、人力资源市场管理科、劳务市场管理科、劳服企业管理科5个科室，下辖6个街道、4个镇劳动保障事务所和延吉市再就业小额担保贷款服务中心。

2007年延吉市就业服务局在市委市政府的正确领导下，按照“五个突破”和“12+1”工作机制要求，紧紧围绕“两项”突破性工作和“十项”重点工作，提出了突出全民创业促就业这条主线，把握政策落实、资金落实两个重点，夯实人力资源市场建设、街道社区平台建设、金保工程建设三个基础，搞好新老政策、业务流程、就业过程和部门业务四个衔接，强化为民服务、创新进取、调查研究、认真负责和争当一流五个意识，努力实现服务理念、工作机制、活动载体和宣传工作全面创新的“一二三四五”工作思路，全力推进就业再就业工作，全年共创造城镇就业岗位12770个，城镇新增就业9520人，劳务输出40537人，小额贷款发放548.5万元，城镇登记失业率控制在4%，超额完成了全年各项工作任务。2007年先后荣获“吉林省就业工作先进单位”、“吉林省妇女创业就业工作先进单位”、“全省小额担保贷款工作发放超千万元先进集体”、“吉林省一级档案室”四项省级殊荣，“全州就业信息宣传工作先进单位”、“敖东杯《劳动合同法》、《就业促进法》、《劳动争议调解仲裁法》知识竞赛第一名”，两项州级荣誉和“2006-2007年度经济发展软环境建设工作十佳先进集体”、“2007年全市工业提速增效年先进单位”两项市级荣誉，就业再就业工作取得了丰硕成果。

◎ “一站式”服务人力资源市场

◎ 团结、奋进的局领导班子

2008年，我局将以党的十七大精神为指针，认真学习贯彻省州就业和社会保障工作会议精神，结合实际，以落实《就业促进法》和新一轮就业再就业政策为主线，锐意进取，扎实工作，不断开创我市就业再就业工作的新局面。

◎ 宽敞整洁的劳务市场

◎ 开展现场招聘会帮扶活动

延吉市殡葬管理处

◎ 处长：王历坤

延吉市殡葬管理处始建于1968年，是延吉市民政局下属自收自支事业单位，1998殡仪馆为扩大规模，投入1670万元在延吉市依兰镇平安村异地新建了现在的殡仪馆，占地面积65000平方米，建筑面积6700平方米，固定资产达3000万元，是符合国家一级馆标准的新型殡仪馆。新殡仪馆整体布局上将殡仪服务区和办公区分开，结构上把休息室、悼念厅、整容间、冷藏室、瞻仰厅、火化间完全封闭，实行通道贯通，将整个服务区连为一体。延吉市殡葬管理处除完成本市的遗体火化任务，还承担周边县市的遗体火化任务，开展接尸、火化、殡仪服务、骨灰存放和殡葬监察等多项业务工作。为方便群众殡葬管理处先后成立了殡葬服务中心、餐厅和殡葬用品商店等一条龙服务项目，创造了良好的经济效益和社会效益。

延吉市殡葬管理处的组织机构和职责是：

1. 业务科：负责殡葬业务的接线，值班，咨询和出殡、丧事办理、项目计价、填发收殓单等工作；

2. 火化科：负责遗体的防腐、保管、整容、火化等工作；3. 骨灰保管科：负责办理骨灰寄存手续，填收寄存证件和骨灰保管；

◎ 鲜花掩映的追悼大厅

◎ 设施一流的白事餐厅

◎ 团结、务实的处领导班子

4. 车队：负责接运遗体和勤保障工作；

5. 殡葬服务中心：负责丧户的配套服务工作；

6. 机关：负责行政事务工作，分设处长、书记室、副处长、副书记室、副处长、工会主席室，办公室、财务室、保卫科。

延吉市殡葬管理处一手抓基础设施建设，一手抓软环境建设。一是实行"依法行政、承诺服务"，制定了《延吉市殡葬管理处承诺服务及措施》。二是建立监督保障机制。设立举报臬，公开举报电话，建立服务质量跟中学调查制度，经常向丧主发放监督信息反馈单，及时了解和掌握丧户的意见和要求，由丧户为职工的服务质量进行打分，以此作为职工奖惩的依据。为让群众满意我们严格落实岗们责任制，要求职工通过考核持证上岗，实行挂牌服务，要求他们必须做到举止文雅、语言文明、态度和蔼、服务周到热情，自觉接受群众的监督。通过规范服务、严格管理、实行奖惩制度，极大地调动了职工的积极性。1994年以业，延吉市琬葬管理处多次被评为省、州、市民政系统先进单位、殡葬改革先进单位。

◎ 人性化亲情服务窗口

延吉市科技局

◎ 局长：许洪奇

延吉市科技局是市政府主管全市科技工作的职能部门，并加挂了延吉市信息产业局牌子。局内设科技项目科、综合科、国际合作科、信息产业科、办公室，局属事业单位有延吉市生产力促进中心、延吉市地震办办公室。2006年8月，建立了中科院长春技术转移中心延吉分中心。

2007年，科技局在市委、市政府的正确领导下，以党的十七大的精神、市第十三次党代会和市第十六届人大一次会议精神为指针，坚持科学发展观，围绕中心，服务大局，加快发展以信息产业为重点的高新技术产业，进一步加强科技交流与合作，推进科技成果转化，不断提高我市科技自主创新能力。加强项目建设提高技术创新能力，申报了2个国家级科技项目、4个省科技计划项目和8个州科技计划项目；投入240多万元专项资金，支持朝鲜族用品、食品基地及新农村建设；举办了2007中韩（延边）IT论坛，投资400多万元建立了延吉IT产业园，制定优惠政策，进一步宣传和完善信息产业发展环境，到2007年年末全市有IT企业37户，并通过省级“中韩软件园”审核验收；新增科技企业11户，高新技术企业2户，动漫企业1户；融资500多万元支持我市“村村通宽带”工程建设，使延吉成为全州第一个实现“村村通宽带”的县市，使延吉市的农业和农村信息化发展建设跨上了一个新的台阶。科技局连续3年被省科技厅评为“科技管理工作先进集体”。

◎ 求真务实的领导班子

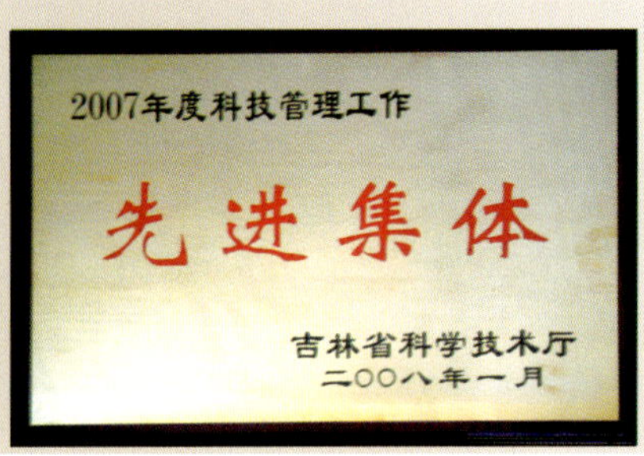

2007年度科技管理工作

先进集体

吉林省科学技术厅

二〇〇八年一月

吉林省（延边延吉）中韩软件园

吉林省信息产业厅

二〇〇八年一月

延吉市农牧局

延吉市农牧局是市政府农业和农村经济工作的职能部门，承担着贯彻落实国家和省州有关农业和农村经济工作的法律法规和政策、研究制定全市农业和农村经济发展中长期规划和年度计划等工作职责。

2007年，在市委、市政府的领导下，延吉市农牧局以社会主义新农村建设为主线，以加快发展都市型农业为重点，进一步调整优化农村经济结构，积极发展蔬菜、高效经济作物、畜牧三大优势产业。2007年全市高效经济作物面积达到5210公顷，粮经比例调整为30:70。其中元葱、甜叶菊等优势产业发展势头良好。"三农"牌元葱以上佳的品质成为国内外畅销产品，获得2007年"吉林省畅销品牌"殊荣，与省内解放牌汽车、红旗牌轿车等53个著名品牌并列方阵。以山葡萄规范化无公害生产基地项目等为代表的现代农业发展项目正加紧建设。同时，自2002年以来开展的农村新居工程建设极大地改善了我市农民的居住环境。市农牧局采取多种措施，在广泛发动农民及非农户建房的基础上，动员全社会力量，积极投身到农村新居工程建设上来。六年来共完成农村泥草房改造3469户，占农村泥草房总户数的85%以上。加快农业科技创新步伐，以"科技之冬"、"科技之春"、"三下乡"等活动为载体，开展了农业科技培训活动，为加快农民增收致富步伐奠定了良好基础。

◎ 局长：金勇峰

◎ 局领导班子

延吉市商务局

◎ 局长：金星

延吉市商务局是市政府组成部门之一，下设党委办公室、外经科、外贸科、招商科、项目科、市场流通科（市场秩序整顿规范办公室）等6个科室，所属实业单位包括市场服务中心、贸易促进会、酒类专卖管理办公室、物资总会、蔬菜办等，是延吉市政府主管全市国内外贸易和对外合作交流等事项的综合经济职能部门。

我们从2006年开始每年组织举办一届国际投资贸易洽谈会，使之成为东北亚地区较有规模和影响的投资贸易、经济论坛、民俗风情观光旅游、信息文化交流的重要平台。在国家、省、州商务部门的大力支持下，延吉市已经成功举办了两届国际投资贸易洽谈会，并取得显著的经济和社会效益。

◎ 投资洽谈会

举行的两届国际投资贸易洽谈会，第二次参展企业数量和参加洽谈会人数明显增多，共有30多个国家和地区800多家企业和1500多人参加了“洽谈会”。在两届“中国延吉国际投资贸易洽谈会”项目签字仪式上共签约51个项目，其中贸易项目6个，贸易合同总额为125.588亿元人民币；投资项目29个，合同投资总额为212.8亿元人民币，其中域外投资191.2亿元人民币。会展期间还与美国纽约韩人经济人协会、华盛顿韩人贸易协会、世界韩民族共同体财团休斯顿支会等团体签订了友好协作协议，为我市今后投资贸易促进工作的开展奠定了良好的基础。

我们多次组织企业参加平壤国际商品展、俄罗斯海参威中俄贸易展洽会、美国旧金山贸易博览会、第一届、第二届、第三届《中国吉林东北亚国际投资贸易博览会》等展会。我局积极组织企业参与会展招商，并按时完成省商务厅下达的各项任务，被东北亚博览会延边州筹备领导小组办公室，连续两届评为先进集体。2007年“第三届中国吉林东北亚博览会”期间，延吉市开发区与韩国喜蜜来工程株式会社签订了年产13台移动式混凝土搅拌机及年产1000吨BIO麦饭石混合添加剂生产项目，投资额为2亿元人民币。延边仁和集团与韩国东方集团签订了45万平方米延吉市新建农副产品批发市场项目合同，投资总额为15亿元人民币，此项目被第三届“东博会”组委会，评为“最具潜力投资合作项目”。

2007年，全市招商引资项目共189项，投资总额830726.2万元，资金到位13.6亿元，完成年计划的136%，同比增长60%。全市外贸进出口总额1.6亿美元，同比增长26%，完成年计划的100%。其中，出口13000万美元，同比增长38%。全市社会消费品零售总额实现62亿元，完成年计划的100.3%，同比增长29.6%。

延吉市残联

◎理事长：王艳玲

多年来，延吉市残联在市委市政府的领导下和上级残联的指导下，以创新的思维、求实的态度、扎实的工作作风，抓住机遇、开拓进取、努力开创延吉市残疾人工作新局面。"十五"期间，延吉市残联不断适应新形势，努力争取市委市政府的重视和支持，将残疾人事业的发展纳入到全市整体发展规划中，强化宣传、内外并举、着力构筑组织建设、法制维权、社会保障、康复医疗、信息网络、对外宣传等六大服务平台，残疾人康复、教育、就业、扶贫解困等工作成效显著，残疾人社会地位明显提高，营造了全社会扶残助残的良好氛围，我市的残疾人事业呈现出蓬勃发展的良好局面。全体残联干部的努力和汗水得到了认可，2005年被确定为"全国社区残疾人工作示范区，"2006年延吉市被民政部、卫生部、中国残联命名为"全国残疾人社区康复示范区"，市残联多次被评为"全州残疾人工作先进集体"，"十五"期间延吉市分别被省、国务院授予"残疾人工作先进市"。

◎ 领导视察社区康复站

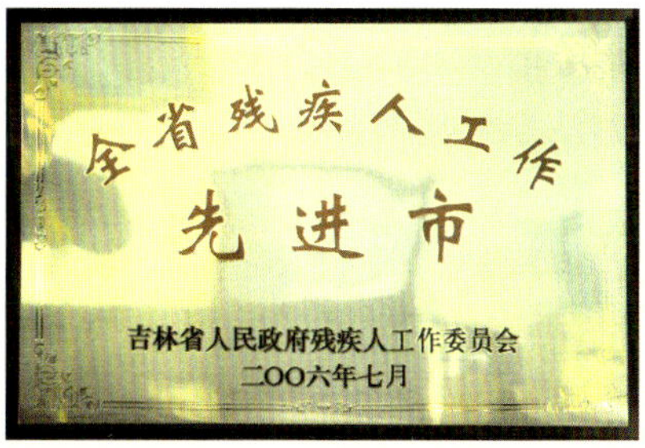

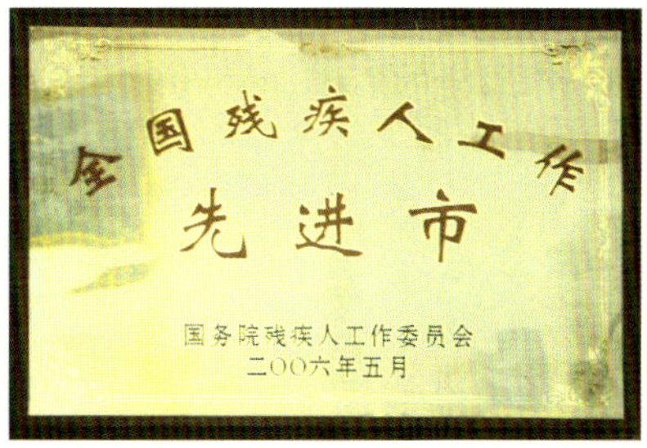

延吉市工商行政管理局

◎ 局长：金京范

延吉市工商行政管理局现有职工365人，下设10个职能科室、10个分局及2个协会。肩负着对全市23387户个体工商户、2474家内资企业、222家外资企业的登记注册、日常监管以及消费者权益保护等行政执法工作。

2007年，延吉市工商局在市委、市政府及州工商局的正确领导下，全面贯彻“以人为本、执政为民”的工商理念，以邓小平理论和“三个代表”重要思想为指针，以科学发展观为统领、以建设“五型系统”为目标，积极建设“服务型工商”。加强班子建设和队伍建设，深入整顿和规范市场经济秩序、推进市场监管执法改革，立足职能、创新思路，不断促进各种经济成份共同发展。他们以“非禁即入”为准则，降低市场准入门槛，扶持全民创业；积极落实优惠政策，为1903户下岗再就业人员减免管理费578万元；同时打破原有在经营场所辖区分局一个窗口办照模式，实行多窗口对外，即可通过分局、局办照大厅、市政府行政审批大厅任意窗口申领执照，对外资企业则全部实行网上年检；制定出台《建设社会主义新农村实施方案》，完善品牌兴农、产业富农、红盾护农等各项措施，扶持特色农业发展；立足合同监管和商标监管职能，开展“守合同重信用”活动，积极帮助企业创建著名商标，以诚信经营获得声誉，以商标战略占领市场；依法查处假冒伪劣商品、虚假广告，打击传销、商业欺诈，切实维护广大消费者的合法权益。

◎ 开展集法办案集中培训

该局还充分发挥“两会”作用，一方面消费者协会通过受理12315热线投诉咨询、组织召开“3.15消费者权益保护日”大型宣传咨询活动、客座延边经济频道等方式，致力于宣传法律知识，提高群众维权意识，保护消费者合法权益;另一方面充分发挥个私协会作用，拓宽服务范围。仅2007年

◎ 延吉市首家农村专业合作社送来锦旗

就为46户会员融资贷款出具有效证明，共贷款410万元；为100余人出国经商提供了有效证明: 并无偿发放《信息快递》20000册，为广大会员提供政策、生产经营信息。该局还通过各种载体活动，深入

开展精神文明创建工作。2007年，以营造“热爱本职、愉快工作”氛围为中心，通过层层动员及开展“人人热爱本职，个个愉快工作”大讨论等，努力建设和谐型系统；通过开展“三讲三爱”、“学雷锋建设和谐工商”等活动，拉近与管理相对人的心理距离；通过开展足球、排球、篮球、乒乓球比赛和准军事化训练，增强全局干部职工的拼搏精神和集体主义观；积极开展双千双联活动，定期对帮扶对象（包括村屯、学校和个人）进行走访，了解实际情况，不仅给予物质上的资助，还从实际出发，帮助其寻找新出路。2007年，被吉林省精神文明建设指导委员会评为“2004-2006年度全省精神文明建设先进单位”，被延吉市委、市政府评为“2006年度支持县域发展先进单位”。

展望未来，新的征程、新的使命，延吉市工商局将迎着十七大的东风，与时俱进、开拓创新，为延吉市能够又好又快地发展做出新的更大的贡献。

◎ 局党组成员

1. 走进军营接受爱国主义教育
2. 红盾护农送法下乡
3. 开展“3.15”消费者权益保护大型宣传咨询活动
4. 集中销毁假冒伪劣商品

延吉市小营镇

◎ 党委书记：尹光淳

◎ 镇长：许传江

延吉市小营镇位于布尔哈通河两侧，环绕延吉城区，东与图们市长安镇相邻，南与龙井市东盛涌镇、石井乡相连，西与龙井市朝阳镇相接，北与延吉市依兰镇接壤。总面积170.53平方公里，辖13个行政村、2个农场。全镇总人口49720人，其中，农业人口16808人。

近年来小营镇以科学发展观为统领，坚持“诚信立镇、产业强镇、依法治镇”的战略方针，以农民增收为主线，以发展新产业、培育新农民、创建新环境为主要目标，加快农业产业化、农村城市化、农民市民化进程，扎实推进了社会主义新农村建设。发挥城郊区位优势，依托城市，大力发展优质、高效农业，重点发展国家绿色食品“三农”牌元葱、特种玉米等；发展反季节、精细菜为支柱的设施农业；大力发展畜牧业，培育畜牧大户；引导富余农民出国劳务和进城打工，多种渠道增加农民收入；开发旅游资源，重点发展河龙、理化等村级旅游经济，全方位、多层次、宽领域的扩大招商引资规模，扩大镇级经济总量，促进镇域经济的发展；培育、扶持、搞活镇域20强小巨人企业和农产品流通企业。目前，元葱、烟叶、果树、精细菜、畜牧业、民俗旅游、餐饮服务业基地初具规模，其中，元葱种植面积650公顷，烟叶101公顷，蔬菜棚膜面积106公顷；全镇拥有民营企业2271个，涉及建材、化工、机械、轻工、食品、建筑、运输、餐饮服务业，延边亚成有限公司、延边引兑利至有限公司、纽考阿旅游餐饮业等重点企业正在蓬勃发展。

2007年小营镇实现社会总产值13.8亿元，其中农业总产值1.22亿元，工业总产值5.61亿元，第三产业总产值6.97亿元，农民人均收入6651元，招商引资到位资金2850万元。

◎ 办公楼

延吉市依兰镇

◎ 书记：张守亮

◎ 镇长：朴哲

延吉市依兰镇位于延吉市北部，东接图们市长安镇，西连龙井市八道镇，北靠汪清县百草沟镇，镇政府距市区5公里。地理坐标为东经120°26'，北纬42°51′－42°58′之间，地处延吉盆地，布尔哈通河两岸地势南低北高，中间低而平坦，南、北、东三面有小丘环绕，西面开阔，成马蹄形小平原，依兰河自西向东流经其间。全镇最低海拔170高度米，最高点帽儿山位于镇西南方，海拔高度517米，相对高度近300米。

现今依兰镇是于2000年底由原延吉市兴安乡、烟集乡、依兰镇合并组成的，行政区域面积655平方公里，耕地面积为3760公顷，林业总面积为28338公顷，草原面积为7600公顷；全镇下辖12个行政村，168个村民小组，84个自然屯；全镇总人口为42464人，其中，常住人口26564人，寄住人口11000人，暂住人口4900人，农业人口20262人，占常住人口的77%，朝鲜族人口占60%，农村劳动力7545人。镇党委下辖41个党支部，2个党委，党员1342名。

全镇全口径企业数1631个，其中，工业企业225个，规模以上企业5个。镇域内长珲高速、延图高速经过，在建的烟集水利枢纽工程座落于我镇辖区。

依兰镇境内大部分为山区，森林、土特产资源十分丰富，境内存有延吉市唯一的原始红松林。盛产苹果梨、烟叶、苏子叶、木耳、蘑菇等土特产品和多种山野菜。北部山区还有储量较大的沸石矿产。草原资源较为丰富，全镇共有优质草场7600公顷，非常适合发展畜牧业。旅游资源也十分丰富，浓郁的朝鲜族民俗风情，秀美的自然风光。每年都吸引着大批游人。"

新依兰镇自组建以来，在市委、市政府的领导下，以"三个代表"重要思想为指导，全镇干部群众上下一心，团结拼搏，凭借得天独厚的区位优势、资源优势，抓住机遇，加快发展，经济和社会各项事业都取得了长足发展。2007年，依兰镇社会生产总值完成11.96亿元，年均增长15%。其中，农业总产值完成1.15亿元，年均增长15%；工业总产值完成8.97亿元，年均增长15%；第三产业总产值完成1.84亿元，年均增长15%。农民人均纯收入达到6011元，年均增长12%。招商引资完成2900万元。固定资产投资2.34亿元。完成新居工程213户。

依兰镇有着优越的地理位置，地处延吉北出入口，长珲高速公路和松老公路穿越镇域，交通极为便利。投资环境十分理想，境内的星天公司、三汉物产等企业初具规模，可进一步加大投入培育成龙头企业。此外，我镇还结合自身实际，以丰富的自然草场和生态沟为依托，广泛向国内外招商，大力发展生态旅游农业以及牧业及其相关产业开发。

目前，延吉市正处于经济结构调整期，大批劳动密集型产业将搬迁到郊区，这将给依兰镇工业发展带来机遇。依兰镇将以此为契机，抓住延边州享受国家西部大开发优惠政策的机遇，已最优惠的政策和一流的服务同投资者合作。

未来几年，依兰镇将按照"依托城市、以工促农、多业并举、城镇一体"的建设思路，以市场为导向，以发展特色农业为基础，以小城镇建设为重点，以招商引资为突破口，将把依兰镇建设成为以工业为龙头，以生态旅游和特色农业为两翼，集工、商、贸、服务为一体，城镇特色鲜明，生态环境优美的多功能城郊型小镇。

延吉市水利局

◎ 领导班子在研究工作

◎ 竣工后的延东桥上游

◎ 烟集河生态坝工程

延吉市水利局2007年在市委、市政府的正确领导下，认真贯彻党的十七大精神，以科学发展观为指导，全面落实市委、市政府提出的“城信立市、工业强市、依法治市”的战略方针，以水利基本建设为核心，发扬“献身、负责、求实”的水利行业精神，重点建设了以烟集水利枢纽工程、布尔哈通河与烟集河综合治理为主的水利工程。

1. 烟集水利枢纽工程，截止目前，共完成综合工程量79.11万立平米，占工程计划综合量的46.15%，完成工程投资6182万元，占计划投资16004万元的38.63%。

2. 投资2010万元建设了延吉市布尔哈通河拦河坝景观桥蓄水工程，2007年完成投资300万元，6月24日峻工下闸蓄水。

3. 烟集河14座生态坝工程，该工程总投资为2148万元，目前已完成投资，一期工程全部结束。

4. 投资483万元建设了烟集河6座生态坝二期工程，

5. 投资300万元建设了烟集河防洪工程，07年完成工程全部投资，工程峻工。

6. 明新、光进排洪沟的初步设计编制工作，投资4417万元的明新理化洞防洪沟设计编制工作9月末已全部结束，光进防洪沟初步设计编制工作，预计2008年1月完成。

7. 总投资为300万元的延东桥至河南桥段背水坡绿化园林工程前已完成投资155万元，现已完成土方工程，绿化工程计划08年4月结束。

8. 投资295万元完成了10个村屯的人畜饮水安全工程，解决了3493户、11461人及5351头大牲畜的饮水问题。

9. 投资100万元对布尔哈通河拦河坝进行了清滩工作，该工程当年3月结束。

10. 防汛抗旱工作。

07年5月召开了全市防汛工作会议，全面布署了07年防汛工作任务，制定了“延吉市防汛抗旱应急预案”，修改完善了“城区防洪预案”，“防御山洪实施预案”，“五道水库防洪抗旱预案”。

11. 水政，水资源管理工作。

以“世界水日”和“中国水周”纪念活动为契机，积极开展为期一周的水法宣传和送法下乡活动。

12. 水管体制改革。

按着国务院办公厅关于水管单位体制改革的总体部署和要求，2007年顺利的进行了水管体制改革，对原有体制机构进行了分类定性和改制。

◎ 烟集河生态坝工程

延吉市房产管理局

◎ 局党委书记兼局长金成哲

延吉市房产管理局正式组建于1991年11月，房产管理业务始于1953年10月，时称延吉市房地产管理办公室。回顾近半个世纪的创业史，延吉房产从无到有，从小到大，清晰地刻录了几代房产人和历任班子走过的辛勤足迹。特别是近年来，延吉市房产管理局认真行使全市房屋和住房制度改革的职能，进一步深化房改，加强旧房拆迁和城市改造，加大物业管理力度，强化房屋产权产籍管理，大力开放搞活房地产二、三级市场，认真做好房屋测绘、鉴定、评估、中介服务等工作，为提升城市居民的居住水平，加快城市建设步伐，改善经济发展软环境作出了积极贡献。

在城镇化建设过程中，我们紧紧抓住棚户区改造机遇，继续巩固和落实2006年制定的全省最优的补偿安置政策，引进1.911亿元棚改资金，启动“政府运作”，2007年完成棚改拆迁2812户、21万平方米，新开工建设回迁楼38栋23万平方米，为切实改善低收入及贫困家庭的生活、居住条件，加快城市建设，构建和谐延吉添砖加瓦。

面对新时期新任务，延吉市房产局决心以“改革为动力，市场为导向，服务为根本，发展为目标”，以“面向市场，服务百姓”为宗旨，大力弘扬“永远追求卓越”的房产精神，全力打造市场化、产业化、现代化、集团化发展之路，抢抓机遇，迎接新挑战，树立新形象，开创新辉煌。

◎ 局领导班子成员在研究工作

◎ 宽敞明亮的房地产交易大厅

◎ 房地产展示交易会现场

地址：延吉市天池路2169号

电话：0433-2222205

邮编：133001

延吉市教育局

◎ 局长：朴光石

延吉市教育局机关下设党委办公室、基础教育科、人事科、法制科、体艺卫科、成职教科、计财科等7个行政科室。有督导室、后勤管理办公室、装备办、招生办、成人教育中心、青少年活动中心和教师进修学校共7个直属事业单位。

延吉市共有学校53所。小学24所，中学12所，高中8所，九年一贯制学校3所，民办学校3所，国办幼儿园3所。其中，朝鲜族学校18所，汉族学校26所。城区小学15所，初中11所。农村小学9所，初中1所，职业高中4所。学生总数达53000余名，在职教师4613名。适龄儿童、少年入学率100%，高中段升学率达到85%。

近年来，延吉市坚定不移的坚持教育优先发展的战略，高起点，高标准，高水平的谋划延边州首府教育的改革与发展，为全市的经济建设和社会发展提供强有力的人力和智力支持，同时引领全州教育不断发展和提升。

2008年延吉市教育局将以党的十七大精神为指导，以科学发展观为统领，站在服务经济发展、促进教育公平、关注教育民生问题的高度，贯彻落实党的教育方针，全面实施“双轨并进”战略，扎实推进素质教育、优先发展朝鲜族教育、强化教师队伍建设、优化教育结构与发展环境，逐步构建具有鲜明民族特色的教育体系，努力办好让人民满意的首府教育。

◎ 金永默书记调研

◎ 团结务实的领导班子

延吉市人民法院

院党组书记、院长庾成日

延吉市人民法院始建于1953年，现座落在延吉市金达莱广场西侧，建筑面积13500平方米。现有干警117人，其中具有法官资格的71人，内设20个职能机构。

几年来，延吉市人民法院坚持以“三个代表”重要思想和科学发展观为指针，牢固树立司法为民思想，按照“两年打基础，三年有提高，四年、五年上水平，为下一个五年夯实基础”的工作思路，全面开展“队伍、业务、物质”三项建设，结合法院工作实际，不断加强队伍建设，深化审判方式改革，规范法院管理，认真开展审判和执行工作，忠实履行宪法和法律赋予的职责，圆满完成了各项工作任务，为辖区经济建设和社会发展提供了有力的司法保障和良好的法律服务，连续多年保持了年均审理8000余件案件的记录，2007年，一线法官人均结案达到159件，创造了“以占全州法院七分之一的人员力量，审理和执行了占全州法院三分之一还多的案件量”的业绩。

延吉市法院网站开通

延吉市人民法院始终树立大局意识和服务意识，紧紧围绕“改革、发展、稳定”的工作大局，充分发挥审判职能作用，积极参与社会治安综合治理，规范信访工作，大力开展司法救助工作，支持国有企业改革，以多种方式提高服务水平，为维护社会稳定、推动经济发展、保障人民安居乐业发挥了重要作用，得到了上级法院和有关部门的充分肯定与好评。特别是在这几年的工作中，大力开展法院文化建设，2007年，延吉市法院足球队获得了全国足球业余联赛北区冠军、全国亚军，这也是我州足球队在该项比赛里获得的最好成绩；自编自演了群众喜闻乐见的文艺节目，并多次在州、市文艺汇演中获奖；信息化走在了全省法院的前列，率先在全省建设科技法庭；涌现出了中国法官十杰、全国法官模范费云龙等一大批先进典型，庾成日当选2007年“感动吉林”十大人物。

开展法制宣传活动

2007，延吉市人民法院又提出了“一至二年争创全省一流，三至五年跨进全国法院先进行列”的奋斗目标，实施“公信立院、人才兴院、科技强院、文化建院”四大发展战略，建设创新型、学习型、服务型、规范型、廉洁型法院，为构建和谐延吉，为开创延吉市法院工作新局面而奋斗！

科技法庭开庭

送法到企业

延吉市三道湾镇

◎ 党委书记：雷文举

◎ 镇长：朴春根

2007年末，延吉市三道湾镇总户数3447户，总人口9032人，农业户数1780，农业人口5180人，占总人口比例为57.4%。2007年，全镇社会生产总值3650万元，年均增长11.3%；农林牧渔总产值达到2530万元，年均增长14.2%；农民人均纯收入达到4030元，年均增长19.5%。中心村被省政府命名为新农村建设试点村，社会治安综合治理工作取得新进展，物质文明、政治文明、精神文明建设和其他建设也取得了更大的成绩。

[农业状况]

全镇有劳动力3760人，其中男劳动力2371人，全镇现有耕地面积614公顷。其中，旱田84公顷，水田84公顷，化肥施用量281吨，施用农家肥2万立方米，农村用电300万千瓦小时。粮食总产量1420吨。年末牛存栏2725头，生猪存栏1810头，羊存栏439头，禽存栏7.8万只，鹿存栏25只，蜜蜂1423箱，山葡萄栽培47公顷。

[减轻农民负担，提高农民收入]

全面落实惠农政策，做好农民粮食直补工作，全镇21万元粮食补贴和综合直补已全部兑现给1423个农户，兑付率达到100%，镇党委、政府积极拓展农民致富渠道，积极引导农民从事二、三产业或出国劳务，年内转业剩余劳动力200余人。镇政府高度重视农村低保和城镇居民最低生活保障工作，对960名农村特困人口发放低保金11.5200万元。对461户998名城镇居民发放最低生活保障金91.140元，保障了贫困人口和城镇居民的生活稳定。

[精神文明建设]

认真贯彻落实《公民道德施实纲要》，广泛开展群众性爱国卫生运动，村容村貌明显改善，为加强水源地保护，在9个行政村全部安排了保洁工，保护了水库上游水质洁净。深入开展科技兴农活动，举办各类科技培训班40余次，参培人员达4050人次，食品安全检查5次，从而保证了百姓身心健康。新型农村合作医疗全面起动，参加合作医疗1602户、4698人；参加农村社会养老保险560人，享受居民最低生活保障2040人。全镇社会治安取得明显好转，受理各种民事纠纷52件。

[文教、医疗卫生]

全镇现有学校3所，其中，九年一贯制学校2所，小学1所，在校生共有908名，其中，中学生401名，小学生507名，教职员工119名，小学适龄儿童入学率100%。

全镇卫生院1所，有卫生医护人员8名，床位12个，村卫生所11所，村医11名，全镇计划生育率98%，人口自然增长率3‰。

敬老院1所，有19位老人入院安度晚年。

延吉市城市管理行政执法局

◎ 局长：金永华

延吉市城市管理行政执法局自（2002年5月18日）建局以来，积极探索城市管理行政执法长效机制，努力建设一支思想好、作风硬、素质高的行政执法队伍；按照依法行政、文明执法、和谐执法的总体要求，不断提升城市管理水平，各项工作稳步推进。

2007年在市委、市政府的正确领导下，依据《延吉市城市管理相对集中行政处罚权试行办法》，承担起了城市规划、市容环卫、城市绿化、市政公用、环境保护、公安交通、工商管理、爱国卫生八个方面、41项行政处罚职能。共查处各类违法行为2311余起，拆除违法建设2000多平方米。

在日新月异的城市建设中，全市20多条街路，平均每公里就有一名执法队员的身影；100多个大小建筑工地都留有城管执法队员的执法服务和友情帮助；每天几百吨的生活垃圾和建筑垃圾在城管执法队员的监督下得以及时清理清运，城市美化、净化、亮化、绿化和畅通工程，无不凝聚城管执法队伍辛勤的汗水和情结。

一年来，城市管理行政执法局全面开展了城管置业服务工作和“帮一扶十带百”活动，办好群众最渴求的事，密切联系人民群众，设立了下岗职工置业服务点，每个执法中队帮助一名特困户脱贫，扶持10个困难户致富，带动100个经营户守法规范经营。截止到目前，共安排下岗失业人员、残疾人、特困户1130名，开辟临时就业摊点1800余个。收到群众表扬信32封，锦旗22面。

城市管理行政执法局短短的成长经历，无不凝聚着全体市民的殷切希望，他们有决心、有信心，按照市委、市政府的要求，继续开拓创新，不怕困难、严格执法，善于执法，努力造就一支让市民满意，让市委、市政府放心的新型城管执法队伍。

◎ 领导班子

◎ 清理流动商贩

◎ 治理乱贴乱画行为

延吉市卫生局

◎ 庆祝“5.12”护士节，组织知识竞赛

延吉市卫生局是主管全市卫生工作的职能部门。内设4个职能科室：综合科、计划财务科、医政科、疾病预防与卫生监督科。由金京春局长主持全局工作，完成市委、市政府交办的各项工作任务。认真贯彻落实国家卫生政策、法律、法规，对全市卫生事业的发展和防病工作实行宏观管理，组织计划实施和协调各项防病治病的有关活动。

随着改革开放的不断发展，为更好的适应现代化发展的需要，从2000年起我市卫生系统开始进行了卫生体制改革。先后对市医院、中医院、防疫站、保健所及乡镇卫生院进行了改革，通过改革不仅使各单位的经济效益提高了、医务工作者的工作热情提高了，更得到了广大市民的肯定，社会效益也提高了。我市医疗卫生事业焕发出新的生机。

加强卫生行政管理工作，进一步规范医疗市场。健全医疗卫生服务体系，重点加强农村三级卫生服务网络，调整医疗卫生资源的配置格局。加强乡镇卫生院基本建设，进一步扶持现有村卫生所的基础建设。全面开展新型农村合作医疗工作，2008年我市总人口参合率达到了82.66%，实际在村人口参合率达到100%。重新整合社区卫生服务机构，经过整合我市原有的5所中心和26所站，重组为6所社区卫生服务中心。

延吉市卫生局在“三个代表”重要思想的指导下，在市委、市政府的正确领导下，带领全市卫生工作者，认真贯彻“三个代表”重要思想和党和国家关于卫生工作的一系列方针、政策，取得了一系列的成绩，先后荣获“防治‘非典’工作先进基层党组织”、“拥军优属先进单位”、“全州卫生工作先进集体”等多项荣誉。

今后，延吉市卫生局将在市委、市政府的正确领导下，继续深化卫生事业改革，不断开创全市卫生事业改革和发展的新局面。

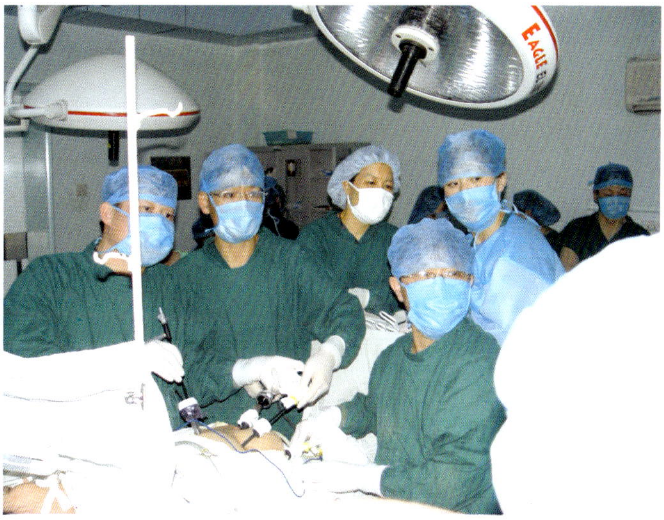

◎ 医务人员运用新技术——腹腔镜为患者做手术

延吉市社会保险局

◎ 局长：徐文锋

延吉市社会保险局是根据吉林省委、省政府吉委[1992]28号文件精神，经延吉市人民政府批准，于1993年3月份正式成立的。1995年5月，为理顺管理体制，延吉市社会保险公司开始受社会保险系统垂直管理，具体经办养老保险和失业保险。2006年6月加挂了延吉市社会保险局的牌子（延市编发[2006]19号），取得了监督检查、行政处罚以及申请人民法院依法强制执行的权力。

社会保险是一项关乎国运、惠及子孙、与广大人民群众切身利益休戚相关的社会性事业。随着社会的不断发展和企业深化改革步伐的加快，这项工作越来越受到党和国家的高度重视。自成立以来，局全体干部职工认真践行"三个代表"重要思想，求真务实、卓有成效地开展了各项工作，为维护离退休职工及失业人员的合法权益，为我市的改革、发展和稳定发挥了积极作用，多次受到省、州局和市委、市政府的表彰奖励。先后被评为省重点工作考核先进单位、省民主评议政行风工作优秀单位、省劳动和社会保障优质服务窗口、市档案管理先进单位、州级青年文明号、省一级档案管理先进单位、全省重点工作考核县（市）综合先进单位、州级诚信单位、市软环境建设十佳、市民族团结先进单位、省级精神文明先进单位等荣誉称号，在2006年全市政行风评议中取得了第一名的佳绩。

◎ 局领导班子

截止2007年底，我市参加省级统筹基本养老保险人数达到78380人，其中非公有制经济组织参保人数为72884人。全年征缴基本养老保险费27506万元，清收历年陈欠1176万元，基本养老保险费累计结余达23135万元。参加失业保险人数达到70144人，全年征缴失业保险费1680.70万元（含清欠165万元），失业保险费累计结余达4010万元。2007年全年，共为31755名离退休（职）人员发放基本养老金29223万元，为1286名失业人员发放了345万元失业金，基本养老金和失业金按时足额发放率和社会化发放率均为100%。

随着基本养老保险统筹制度的实施，我市社会保险覆盖面逐步扩大，由原来的国有、集体企业扩大到三资、民营、股份制、私营等各类企业和个体工商户、自由职业者，初步建立了资金来源多渠道、保障功能多元化管理服务社会化的社会保险体系。

◎ 缴费大厅

几年来，局通过对内深化改革，强化管理，对外实行政务公开，细化服务，不断开创新的工作局面，使延吉市的社会保险事业蒸蒸日上。全体干部职工权为民所用，情为民所系，利为民所谋，把为人民服务、让人民满意作为工作的唯一宗旨，为党和政府在人民群众中建立了一块信用高地。如今，这支队伍正以严密的团队精神、铁的纪律和只争朝夕的热情，向更高的目标迈进。

延吉市人民武装部

◎ 政委：魏玉平

◎ 部长：姜镐日

延吉市人民武装部组建于1951年。作为地方党委的军事部和政府的兵役机关，人武部在加强国防后备力量建设、组织民兵参加地方经济建设、开展国防教育及兵役征集等方面发挥了十分重要的作用。人武部先后被省军区、军分区评为“正规化管理先进单位”、“民兵规范化训练先进单位”、“征兵工作先进单位”、“全民国防教育先进单位”、“抗洪抢险先进单位”，并被省军区树为标兵人武部。

部党委一班人着眼形势任务和城市民兵工作实际，始终把提高领导能力作为推动武装工作发展的重中之重，坚持把提升政治素质、理论素质、科技素质和管理素质作为班子建设的重要内容，增强了党委班子管方向、做决策、抓建设、谋打赢的本领。着眼城市民兵在未来战争中可能担负的抢险、抢救、抢修、维护社会稳定任务，科学编组民兵组织，广泛开展政治教育，狠抓军事训练落实，把民兵作为应付突发事件、维护社会稳定的一支“拳头”力量编实建强。积极协调驻延部队、发动民兵参加地方经济建设和公益事业，在参与中谋地位，求作为，在创建“平安延吉”活动中作出了突出贡献。先后在全市开展“争当党管武装好书记、好镇长、好主任、好局长、好经理”的“五好”评选和企业履行国防义务“问责制”活动，使地方领导“管武”意识不断增强。依托学校、党校、企业、社区（村），开展丰富多彩的国防教育宣传活动，普及了国防知识，增强了全民国防观念。落实党委议征管征制度，坚持正规体检、严格政审，高质量完成各年度征兵任务，做到了上级军事机关、地方政府、接兵部队和群众四方满意。

◎ 新兵入伍

延吉市财政局

◎ 局长李根刚与局领导班子讨论工作

延吉市财政局是综合管理全市财政收支,贯彻执行财税政策,实施财政监督,编制财政年度预算,组织财政收入,控制财政支出,对全市国民经济进行宏观调控的政府职能部门。内设办公室、综合计划科、预算科、国库科、文教行政财务科、经济建设科、农业财务科、社会保障科、企业科、国资管理科、外债金融科、会计科、监督检查科、政府采购办(控制社会购买力办公室)、人事教育科、税政法制科共16个职能科室。

2007年,市人大十六届常委会第三次会议通过的我市全口径财政收入任务为112870万元,比上年增长12.0%。2007年实际完成257708万元(含州收入133121万元),按可比口径比上年同期增长15.3%。其中,中央级收入154860万元,按可比口径比上年同期增长12.9 %; 市级地方财政收入102848万元(含州收入18543万元), 按可比口径比上年同期增长16.3%。

2007年, 在市委、市政府的正确领导下, 局领导班子带领全体干部和职工, 认真履行岗位职责, 自觉接受社会各届监督, 紧紧抓住省、州财政2007年重点工作, 紧紧围绕我市的突破性工作和重点工作, 解放思想, 与时俱进, 求真务实, 真正做到了生财有道、聚财有方、节财有策、管财有法。经过不懈的努力, 在财政改革、财政管理和财政监督等方面迈出了新的步伐, 财政事业进入了良性发展轨道, 财政收入跨上了新的台阶。

延吉市河道综合管理处

——YANJISHIHEDAOZHONGHEHUANLICHU

◎ 处长：金基君

延吉市河道综合管理处是城区段河道管理事业单位，隶属于市水利局。其主要工作职责是：认真贯彻执行国家、省、州市有关河道法律、法规，依法管理辖区内的河道（包括两河两岸游园区）；合理开发利用和保护我市河水资源及游园区，充分发挥河水资源和游园区的综合效益；统筹规划、综合开发河水资源及游园区的多种功能；及时处理、依法制止辖区内的河道、游园区内的乱建、乱挖、乱倒、乱占、乱种现象；制定防洪方案，确保城市安全，对辖区内的防洪工程、拦河坝、游园工程等有关设施进行维护、养护和管理工作。

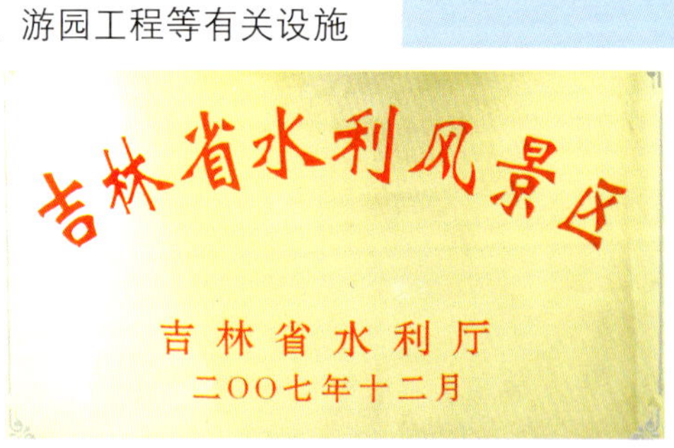

延吉市河道综合管理处的管理及保护范围是：布尔哈通河上自风林沟，下至溪洞铁路桥段（两岸堤防长度为28.2公里）；延吉河上自外环桥，下至布尔哈通河交汇处（两岸堤防长度为15公里），在两岸堤防之间内的城市防洪工程（堤防及护岸）、四座拦河坝（闸）、水域、滩地、林地、公共绿地、游园区、护堤地、钓鱼池、滑冰场、划船场、游船等体育及娱乐设施、卫生设施和水面。（四座拦河坝水面面积为：1,256,000m^2，水容量为：1571.664m^3）。自从2003年河道综合管理处成立以来，为了快速加强城市河道管理，保障防洪安全，改善城市生态环境，提高城市品位，促进我市经济发展，我处的全体干部职工，在河道日常管理和保护工作中，严格执行《中华人民共和国水法》、《中华人民共和国防洪法》、《中华人民共和国河道管理条例》、《吉林省河道管理条例》、《延吉市市区河道管理暂行办法》等法律法规。经过几年的艰苦工作，使两河两岸的水利风景更加美丽，特别是2006年—2007年为止，市委市政府投资了1仟多万元，对布尔哈通河、延吉河进行了全面的综合治理，修建了一个集娱乐、健身、休闲、生活为一体的多功能的人与自然相和谐的水边环境，为此，延吉市布尔哈通河、延吉河两河游园区，在2007年度里被评为吉林省水利风景区。为我市创建国家级卫生城和水利事业可持续稳步发展起到了积极的促进作用。

地址：延吉市河南街南岸胡同6-2号

邮编：133001

电话：0433-2861985

◎ 延吉河

延吉市新型农村合作医疗办公室

◎ 副主任：金钟久

延吉市新型农村合作医疗办公室成立于2003年12月。2006年我市非试点开展新农合工作，参合农民有24，525人，参合率达72.2%，市财政按每参保农民20元标准投入了491，000元。全年有167名患者，享受报销待遇。最高报销额为12，796元，最低报销额为501元；年末对9343户未享受报销待遇的家庭发放给30元标准的家庭药箱。2007年我市进入省试点市开展新农合工作，参合农民有28，868人，参合率达70.14%，市财政按每参保农民17元标准投入了491，756元，省财政划拨375,000元，中央财政划拨660,000元。2007年推行门诊补偿政策，有625名参合患者门诊就诊享受14，022元的补偿，568名参合患者在定点医疗机构或外诊治疗，享受902,993元的补偿，全年累计报销总额达917,015元。

◎ 研究社区卫生服务工作

新农合办公室主要工作职能是负责定点医疗机构的资格审查、确认；对定点医疗机构实行监督和检查，负责审核医疗费用支出；负责合作医疗证的核发；协助合作医疗基金的筹集；编制合作医疗基金的预决算；有效缓解农民群众因病致贫、因病返贫问题。

◎ 审核参合患者报销文书

延吉市经济局

延吉市经济局是市政府宏观调控全市经济运行发展的综合职能部门。负责全市工业运行、科技技术改造、企业改革、能源交通、中小企业管理及系统党的建设等工作。局内设科室6个，事业单位3个。

2007年，延吉市经济局在市委市政府正确领导下，坚持"工业强市"的战略方针，以全省"提速增效"活动为目标，全力推动我市工业经济快速发展。重点项目进展情况：

延吉卷烟厂移地改造，总投资7亿元，年产50万大箱，占地27万平方米，建筑面积20万平方米，2006年完成投资1.85亿元，目前已完成投资48,393万元，完成联合工房和厂区道路，两栋库房投入使用，预订设备。今年工程竣工，达产后年产值可达到40亿元，税金20亿元。

延边长白山印务50万箱烟标印刷，总投资1亿元，工程建筑面积4.3万平方米，2006年完成投资6,450万元，目前已完成7,400万元，完成了厂房主体及其他附属工程，购进设备，调试生产。今年将投入生产，预计到2008年可实现销售收入3亿元，税金1,000万元，利润3,000万元。

延吉插秧机移地改造，总投资4,600万元。占地面积5万平方米，建筑面积3万平方米，年产13,000台插秧机和农用管理机，2006年完成投资2,200万元，2007年计划投资2,400万元，已完成投资1,400万元，基本完成了部分车间和办公楼，购进设备。今年达产后年产值可达到2亿元，税金1,400万元。

延边春蕾药业真菌生防制剂产业化示范，总投资8,461万元。该项目是国家计委批复的高新技术产业化示范工程项目，达产后可年产1.37万吨农用生物杀虫剂和杀菌剂。

延吉喜来健医疗器械有限公司七家配套企业，总占地面积6.8万平方米，建筑面积3.38万平方米，与喜来健配套的佳拿皮革制品、迅丰机电设备、海东泡沫、金成电子、敏宇电子、东山机电、东友机电设备等企业共投入1,000万元，先后入驻，并投入生产。

工业特色园区建设，一是冶金工业园区。主要是"年产100万吨直接还原铁"项目。该项目总投资16亿元。目前环评安评已结束，项目其他所需附件已准备就绪，待省发改委核准批复。二是建材工业园区。主要项目是新型墙体材料和玻璃纤维项目。新型墙体材料项目总投资10,203万元，项目达产后可实现销售收入8,500万元，税金1,037万元，利润2,100万元。延吉文化玻璃包装有限公司的"年产一万吨绝热用玻璃棉及其制品"项目已立项批复，今年9月份已开工建设。三是能源工业园区。主要项目是2台20万千瓦机组热电厂和垃圾发电厂项目。该项目已获国家发改委核准，是延吉市重点基础建设项目之一，已列入吉林省能源"十一五"规划。四是汽车工业园区。主要项目是"大中型高级客车生产线技改"项目，该项目依托原有年产2000辆基础上，实现年产

10000辆，总投资10亿元，项目达产后，年产值25亿元，利税2亿元。该项目双方高层正在洽谈中。五是木制品工业园区。主要项目是建设集加工、销售于一体的木制品集散地，总投资1.05亿元，占地10万平方米。着力打造集约化工业园区，将充分发挥产业集群优势，迅速扩充我市经济总量，对解决我市经济总量小，发展后劲不足的经济形势起到至关重要的作用。

全市规模以上工业企业实现增加值36.50亿元，同比增长21.3%。其中，市属实现17.53亿元，增长23.6%。全市规模以上完成工业总产值85.26亿元，市属完成52.06亿元。规模以上工业产品销售率98.9%；以项目建设和投资拉动为突破口，全面完成固定资产投资和招商引资任务，为工业经济发展积蓄了力量。工业固定资产投资完成21.7亿元,同比增长119.1%；节能降耗管理工作达到预期目标，企业安全生产环境稳定有序；新组建电业管理办公室；国有企业改制历史遗留问题处理工作成效明显；系统党的建设取得良好成绩，圆满完成了全年各项工作目标和任务。分别荣获市级先进局、固定资产工作先进集体、安全生产先进单位和省州市“提速增效”先进集体等荣誉称号。

在新的一年，延吉市经济局将深入贯彻落实科学发展观，紧紧围绕“提速增效”和“项目年”活动建设，坚持“工业强市”不动摇，加大项目建设力度，确保完成招商引资任务，为实现我市工业经济又快又好发展做出新的贡献。

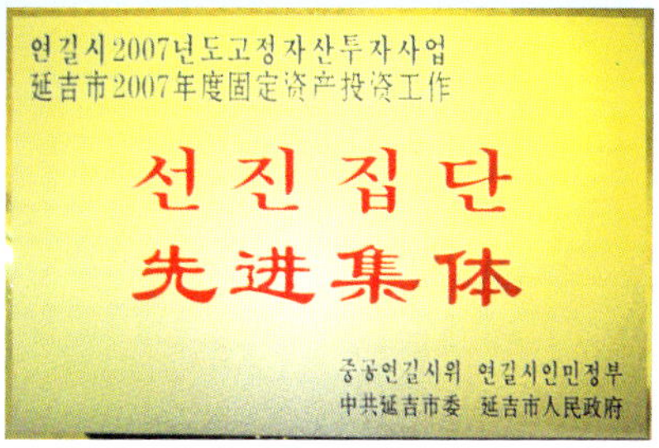

延吉市政府采购中心

◎ 主任：崔丽仙

延吉市政府采购中心2003年4月经延吉市人民政府批准成立，作为非营利性事业单位，是延吉市唯一的政府集中采购机构。

中心的主要职能：统一组织纳入政府采购目录的货物、工程和服务项目的政府采购工作；制定集中采购的具体操作方案并组织实施；负责组织签订有关政府采购合同，监督检查合同履行情况；负责开展政府采购统计及效益评估；制定集中采购内部操作规程；办理其他采购事务。

中心编制15人，现有7人，主任1名，副主任2名，工作人员4名，都是大专以上学历，涉及管理、经济、会计等专业，是一支年轻而富有朝气的队伍。

中心自成立以来，严格按照政府采购法律、法规及制度的规定，坚持“公平、公正、公开”的原则，本着“开拓创新”、“科学公正”、“优质服务”、“高效廉洁”的宗旨，紧紧围绕我市的中心工作，在各级领导的大力支持和有关部门的密切配合下，采购范围逐步扩大，采购程序逐步规范，取得了明显的效果，平均节支率在20%以上。不仅降低了采购成本，节约了

财政支出，而且改变了单位分散采购的不规范做法，促进了党风廉政建设，受到社会各界的普遍好评。

今后，中心将按照市政府的要求，强化监督管理措施，每项大的招标活动都由评标委员会评定，监察、公证机关现场监督，力求为全市行政事业单位提供优质、高效的服务，为供应商提供公正、公平、透明的竞争机会，使政府采购成为“阳光下的交易”。

延吉市政府采购网站：

www.yjgp.gov.cn

延吉市社会医疗保险管理局

◎ 局长：高伟

延吉市社会医疗保险管理局隶属于延吉市劳动和社会保障局，主要负责我市统筹范围内的城镇职工基本医疗保险、大额医疗费用补助、企业职工大病住院医疗统筹、城镇居民基本医疗保险、工伤、生育保险基金的征缴、管理和支付工作；以及离休人员、二等乙级以上革命伤残军人医疗费用的管理和支付工作。

近几年，在延吉市委、市政府的正确领导下，经过全体工作人员的共同努力，延吉市基本医疗保险、工伤保险和生育保险工作都取得了大幅进展。社会保障是"民生工程"的重要组成部分，受到各级领导的高度重视，我们针对国家制定出台的一系列社会保险政策，采取多种方式贯彻落实、真抓实干。

2007 年，延吉市城镇职工基本医疗参保 70120 人，城镇居民基本医疗保险 125000 人，工伤保险参保 47085 人，生育保险参保 30000 人，基金征缴率达 99%，各项数据指标均创造历史新高。

2008 年，我们一如既往地加强经办能力建设，强化服务意识，创新工作思路，全方位、多渠道地宣传医疗保险政策，使医保政策不断深入人心，营造良好的外部环境；同时不断加强干部队伍建设，切实提高干部的创新能力、经办能力和组织协调能力，真正做到内部管理规范有序、对外服务高效便捷，为建设和谐、美好的延吉做出贡献。

◎ 服务大厅

延吉市人口计划生育局

延吉市人口计划生育局（以下简称市人口计生局）前身为延吉市计划生育委员会（以下简称计生委），成立于1979年6月；2001年，根据《延吉市机构改革方案实施意见的通知》，经市委办公室、市政府批准，市计生委更名为延吉市计划生育局简称计生局）；2004年根据《国家人口与计划生育委员会机构改革实施意见的通知》，经市委办公室、市政府批准，市计生局更名为延吉市人口和计划生育局。内设机构：综合科，统法科2个科室，行政编制8名（包括工勤1名）。下属事业单位：计划生育服务站，2007年5月，根据《延吉市事业单位改革方案》，延吉市妇幼保健所与延吉市计划生育服务站全并（原隶属关系不变），属纯公益类事业单位。改革后计划生育服务站内设计划生育技术服务站、计划生育药具站、计划生育宣传站、计划生育流动人口站、计划生育协会等6个站室，核定事业编制15名（包括工勤2名）。

◎ 团结务实的领导班子

延吉市人口计生局是市政府主管全市人口和计划生育工作的组成部门。

◎ 局长：于静

主要职责：贯彻执行上级有关计划生育工作的方针、政策和法规，研究制订全市计划生育管理规范和改革措施；协调有关部门制订计划生育事业的发展计划；对执行情况进行检查监督；调查研究，掌握全市计划生育工作情况，总结推广经验；做好节育措施和避孕药具的计划推广、监督管理、共应发放工作；负责全市流动人口计划生育管理及城市人口和计划生育工作；负责指导人口与计划生育的宣传教育和计划生育技术服务的综合管理，以及全市计划生育网络建设；完成市委、市政府交办的其它工作。

2007年，市人口和计划生育水平在市委、市政府的正确领导下，以稳定低生育水平，统筹解决人口问题，促进人的全面发展为中心，以强化技术服务、提高出生人口素质、综合治理出生人口性别比编高、加强流动人口管理、落实优先优惠政策为重点，解决突出问题，狠抓工作落实，很好地完成了既定的各项工作任务。2007年市人口计生局先后获得国家人口计生委外事工作先进集体、省优质服务先时（县）市、省城乡协调推进“三结合”开展“五关爱”活动先进单位、省流动人口计划生育管理和服务示范（县）市、省“党政线”考核创新工作奖、省“计生线”考核模范集体、省文明执法先进集体、省人口和计划生育政务信息工作先进集体、省计划生育系列保险先进集体等多项荣誉。

延吉市统计局

2007年，延吉市统计局在统计业务、统计队伍建设和统计文化建设等方面都取得了突出的成绩。2007年4月，延吉市统计局在全省率先开展了服务业调查，调查结果使当年延吉GDP增加4个亿。2007年6月，国家统计局教育中心为制作全国统计宣传片《角色》来到延吉市，采访了延吉市市长赵哲学及市统计局局长肖艳新，对延吉市近年来的统计创新事迹进行宣传；节目编导韩际平还就此次采访肖艳新局长的感受写了一篇随笔《一线故事》，刊登在2008年第一期《中国统计》杂志上，对延吉市统计局及肖艳新局长给予了高度的赞扬。

1、延吉市市长赵哲学与统计宣传片《角色》摄制组人员合影
2、局长肖艳新与省统计局培训中心主任交谈
3、局长肖艳新接受国家统计局统计宣传片《角色》制片人采访
4、伴舞诗朗诵《中国的点名》展现统计人风采

2007年6月，延吉市统计局成功的承办了全州统计系统第四届运动大会，并取得排球第一名的好成绩。在2007年市直机关《永远的和谐》文艺汇演中，延吉市统计局的伴舞诗朗诵《中国的点名》以恢弘的气势、真诚的表演获语言类节目第一名。

2007年，延吉市统计局获得了州精神文明单位称号；档案管理工作取得了前所未有的成绩，档案室晋升为省一级档案室。

勇夺全州第一的排球健儿

团结奋进的延吉统计人

认真核查服务业调查中的个体户数

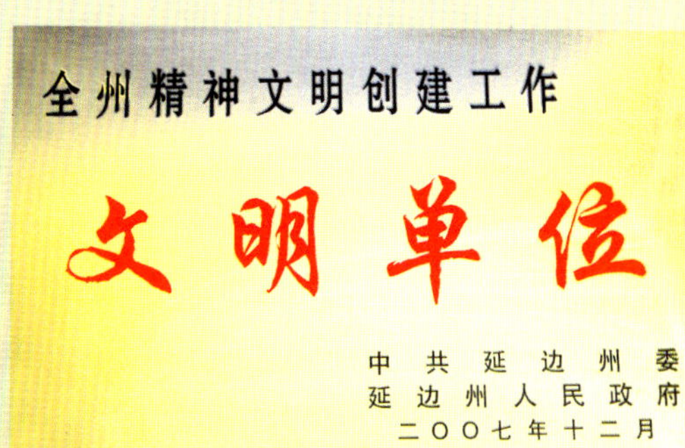

全州精神文明创建工作

文明单位

中共延边州委
延边州人民政府
二〇〇七年十二月

荣获2007年全州精神文明单位称号

地区生产总值和人均生产总值

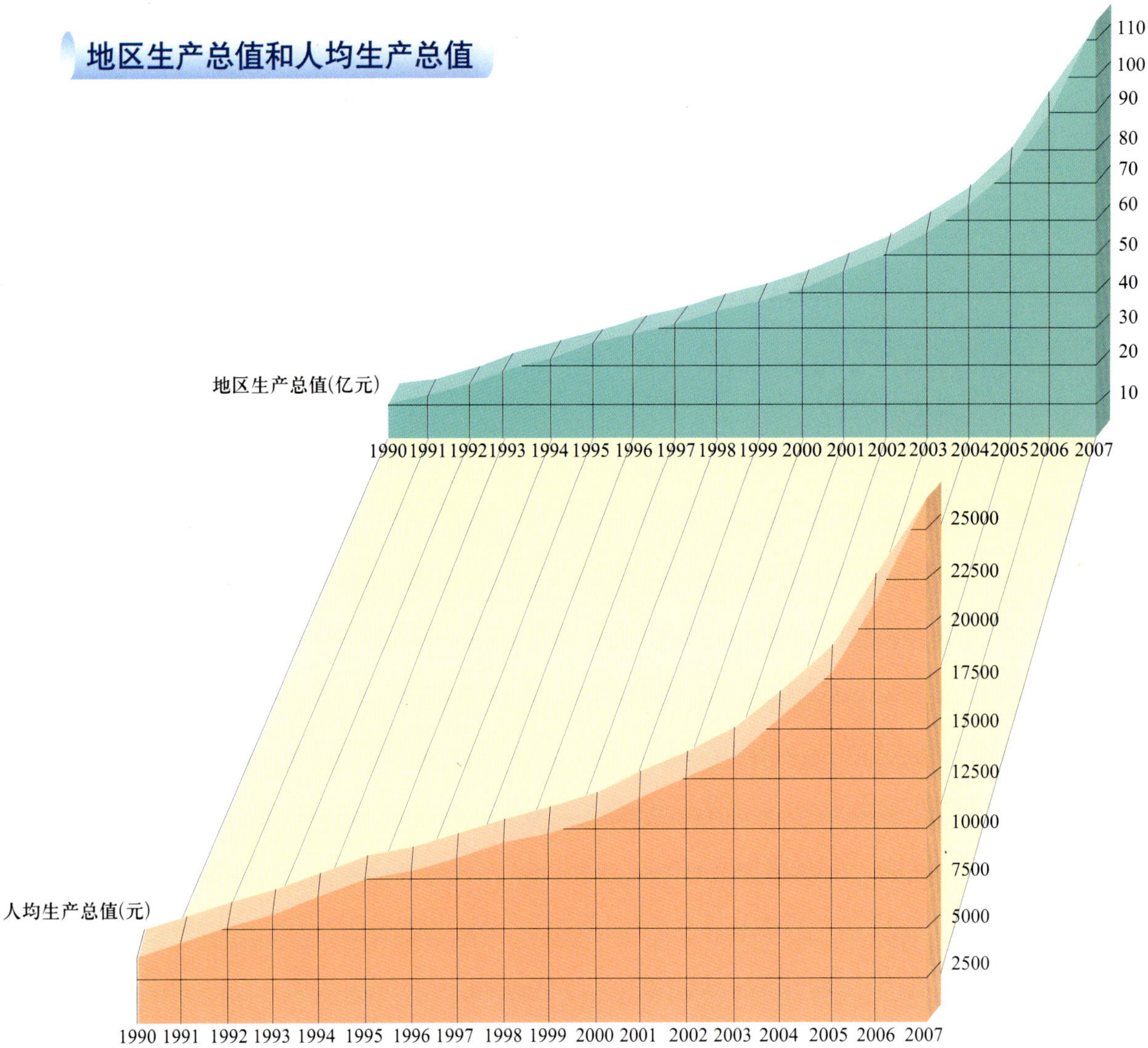

地区生产总值三次产业构成(%)

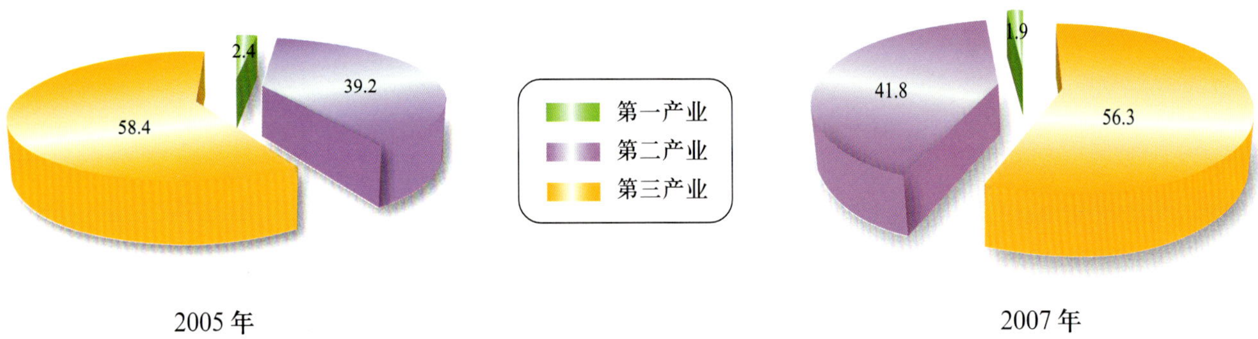

人口总数按性别分(人)

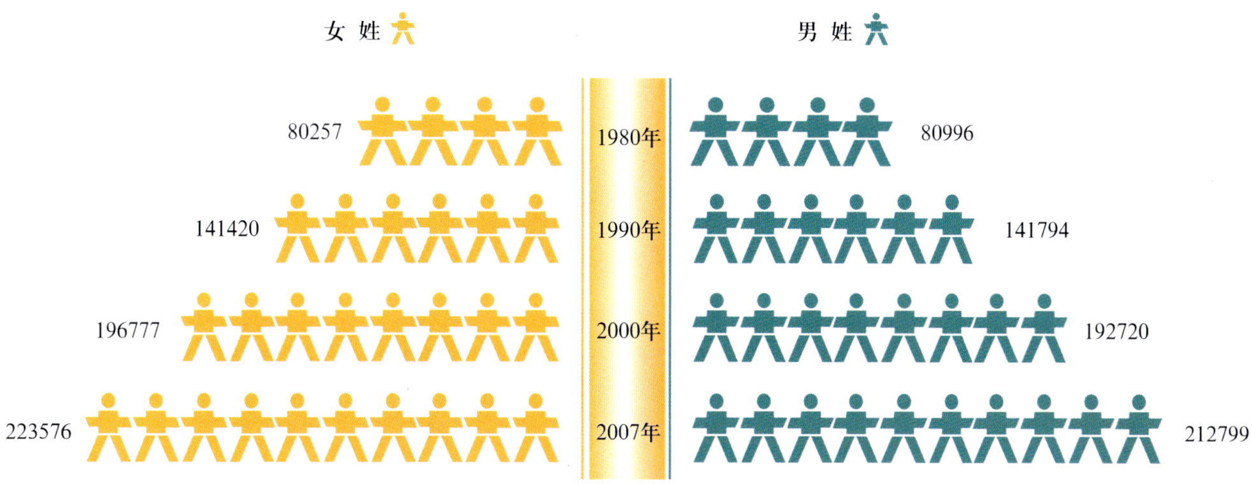

全部就业人员数及按三次产业分就业人员数(万人)

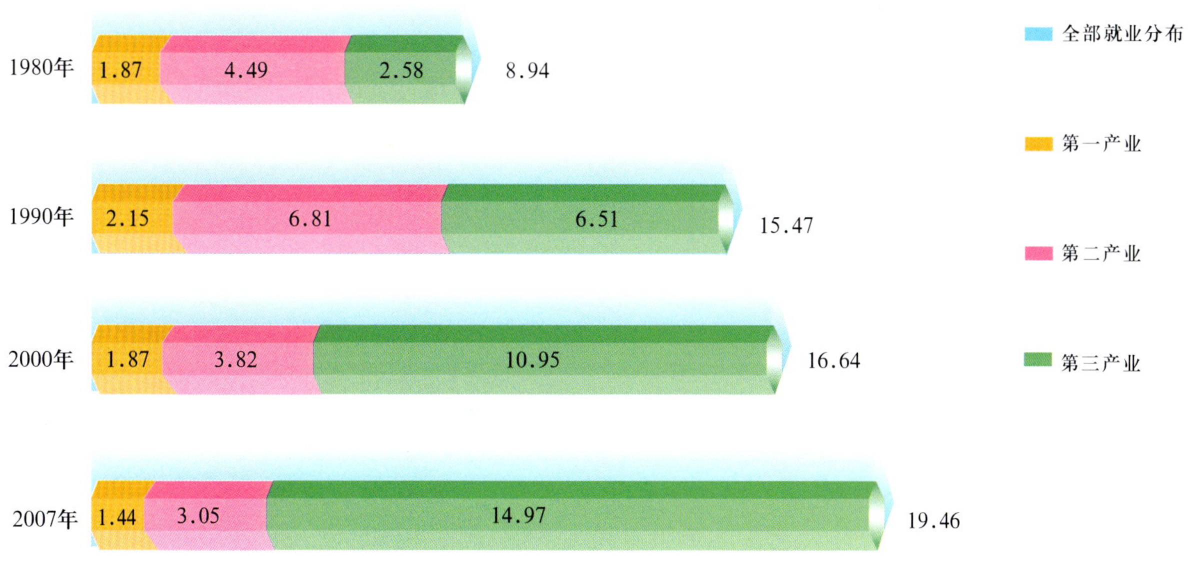

在岗职工平均工资(元)

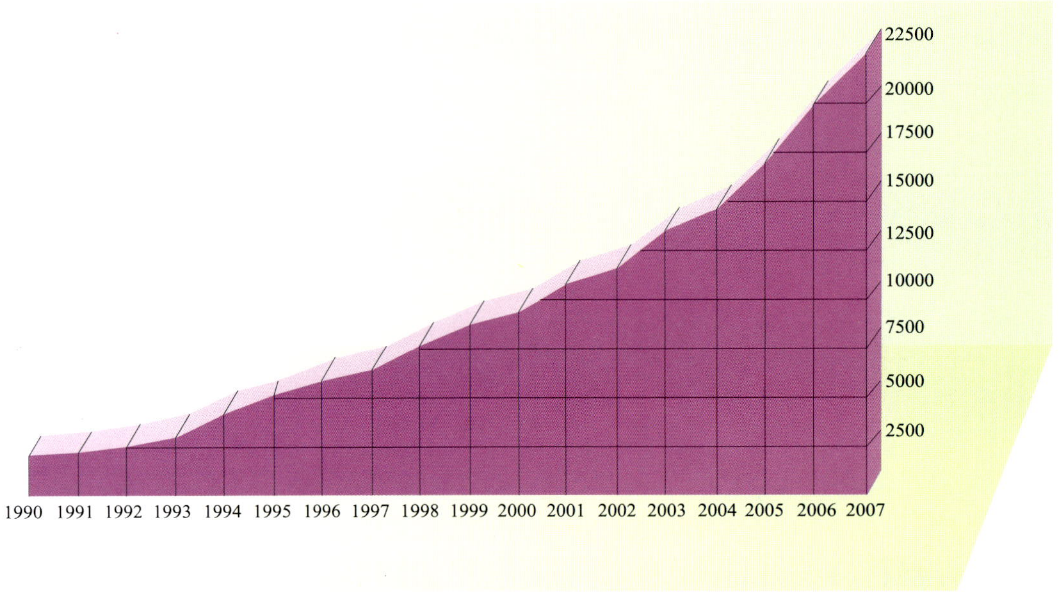

全社会固定资产投资(万元)

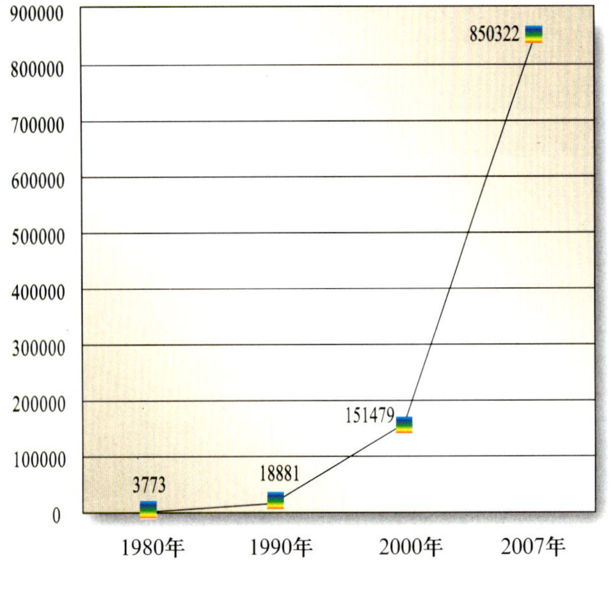

实际销售商品房面积(平方米)

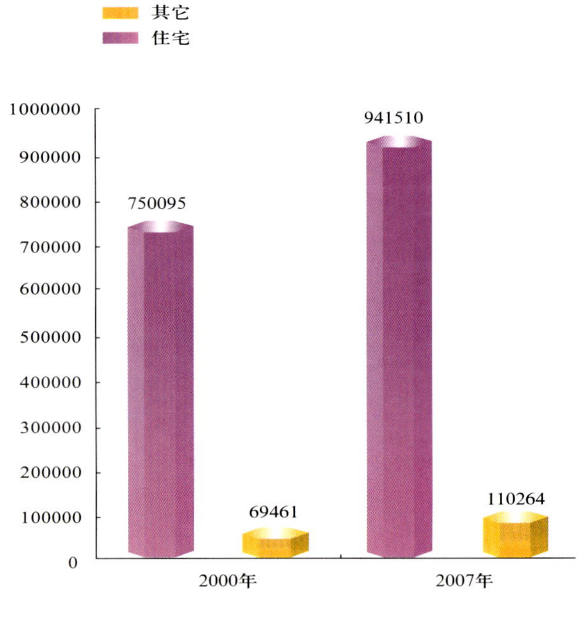

财政收入

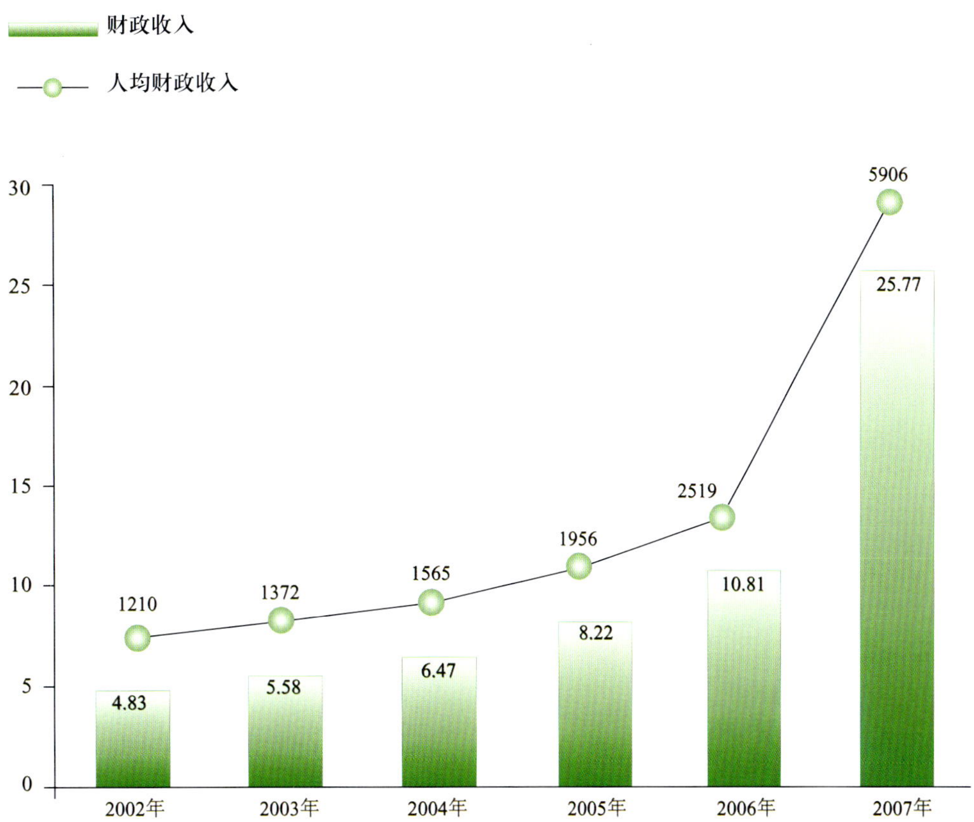
财政收入
人均财政收入
30
25
20
15
10
5
0
5906
25.77
2519
1956
1565
1372
1210
10.81
8.22
6.47
5.58
4.83
2002年
2003年
2004年
2005年
2006年
2007年

粮食产量(吨)

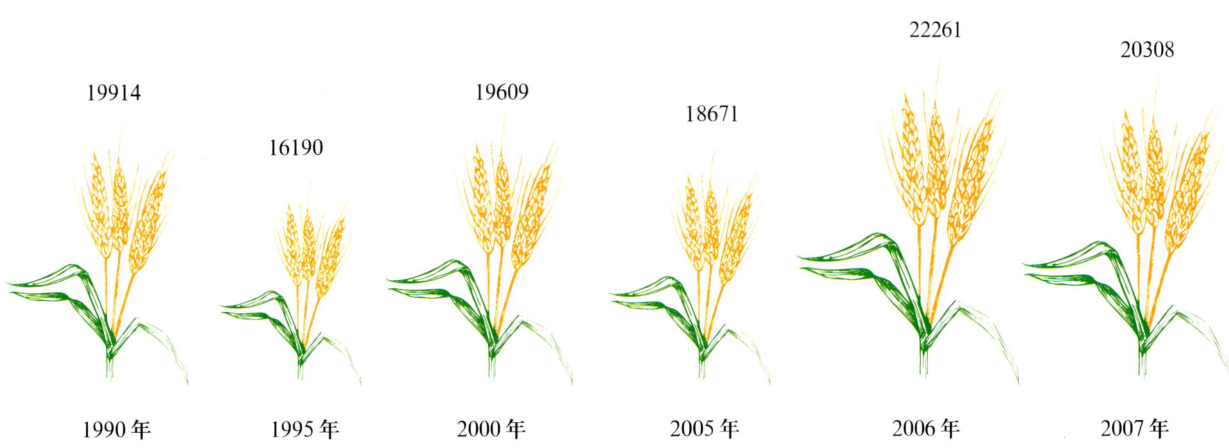
19914
16190
19609
18671
22261
20308
1990 年
1995 年
2000 年
2005 年
2006 年
2007 年

规模以上工业企业个数(个)

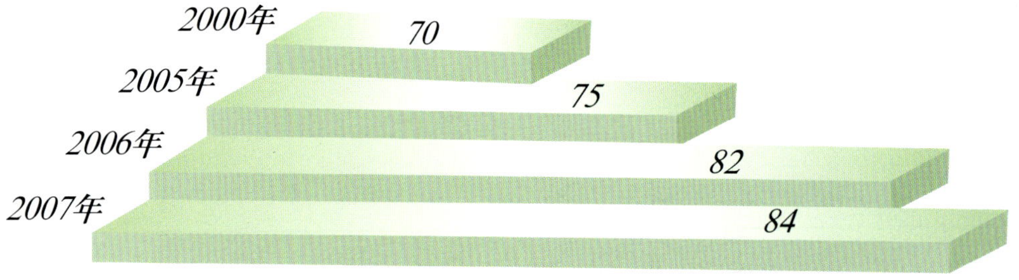

规模以上工业企业总产值轻重工业构成(%)

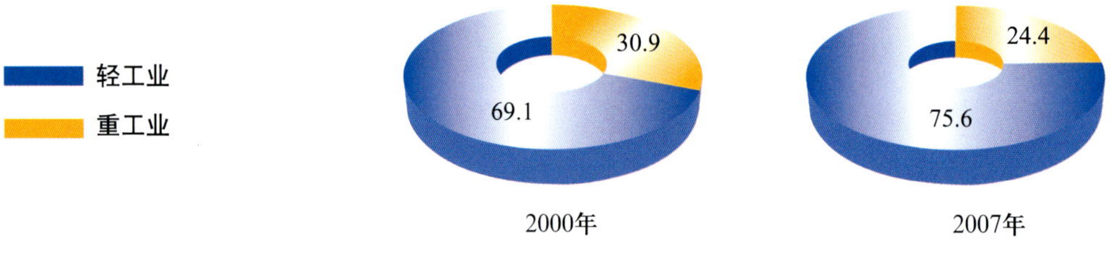

规模以上工业企业产值(亿元)

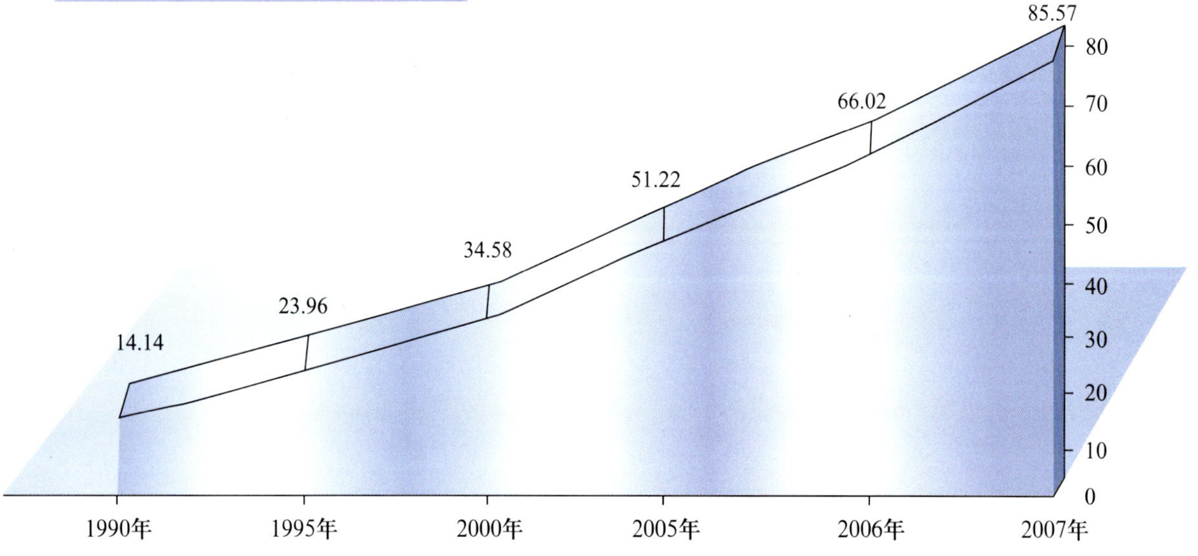

规模以上工业企业增加值(亿元)

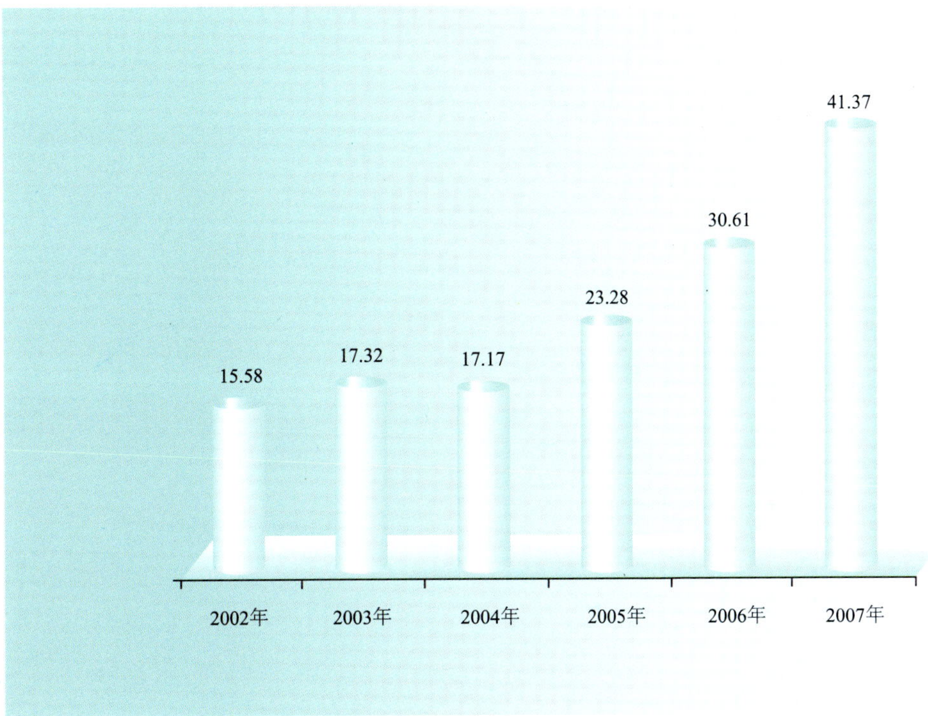

规模以上工业企业利税(亿元)

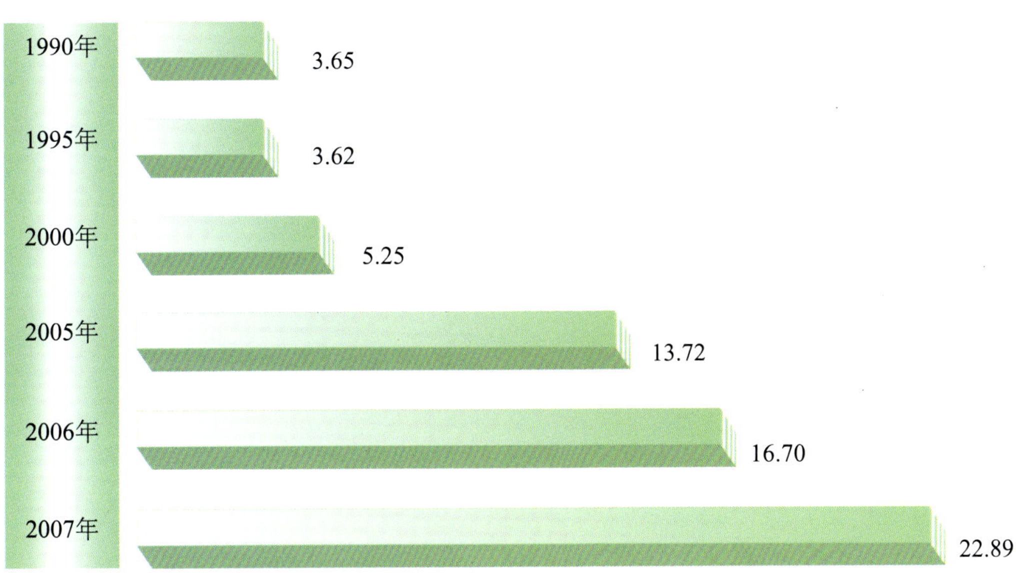

社会消费品零售总额(亿元)

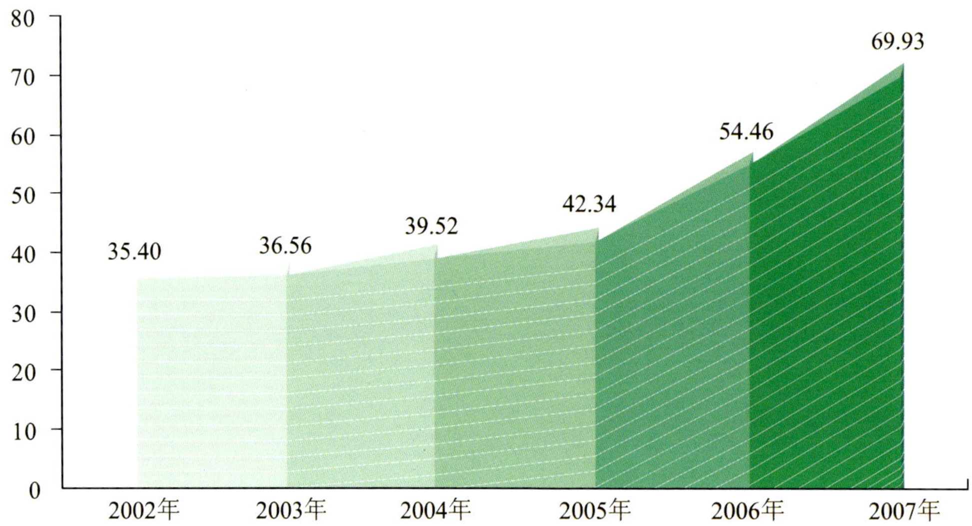

年末城乡居民储畜存款余额(亿元)

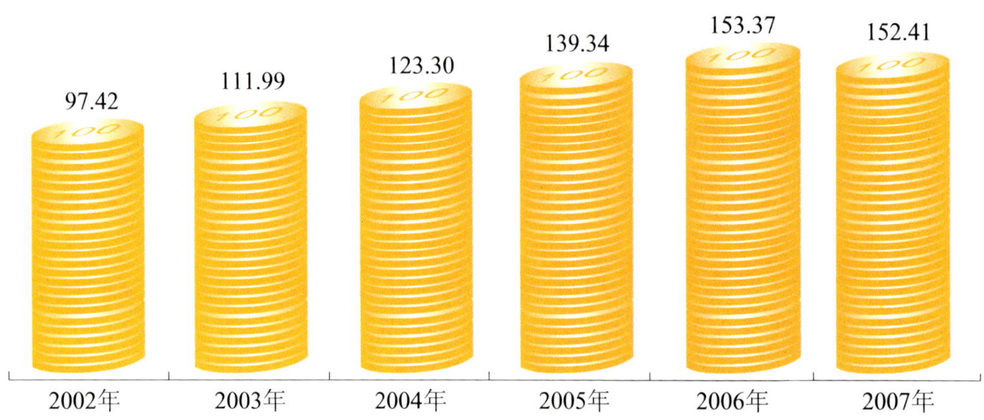

城市居民人均可支配收入(元)

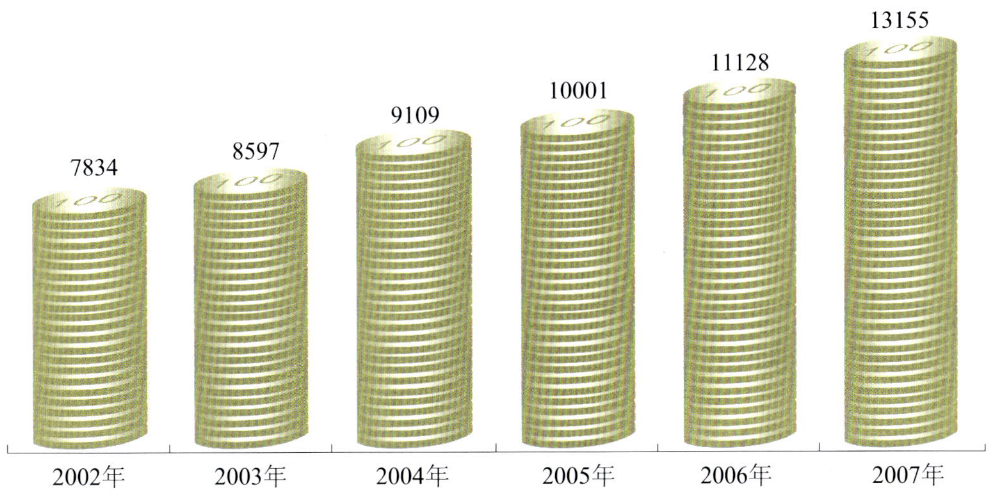

农村居民人均纯收入(元)

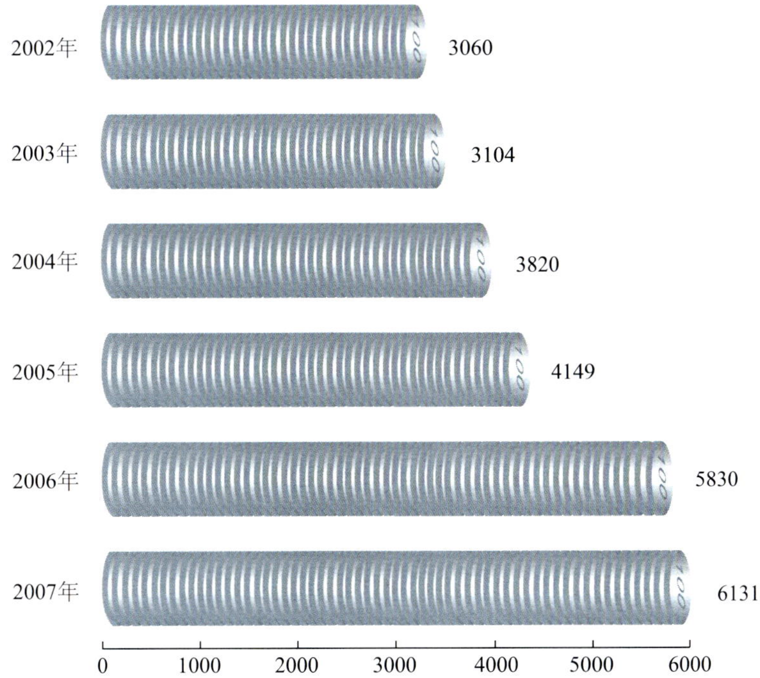

城镇居民消费结构(%)

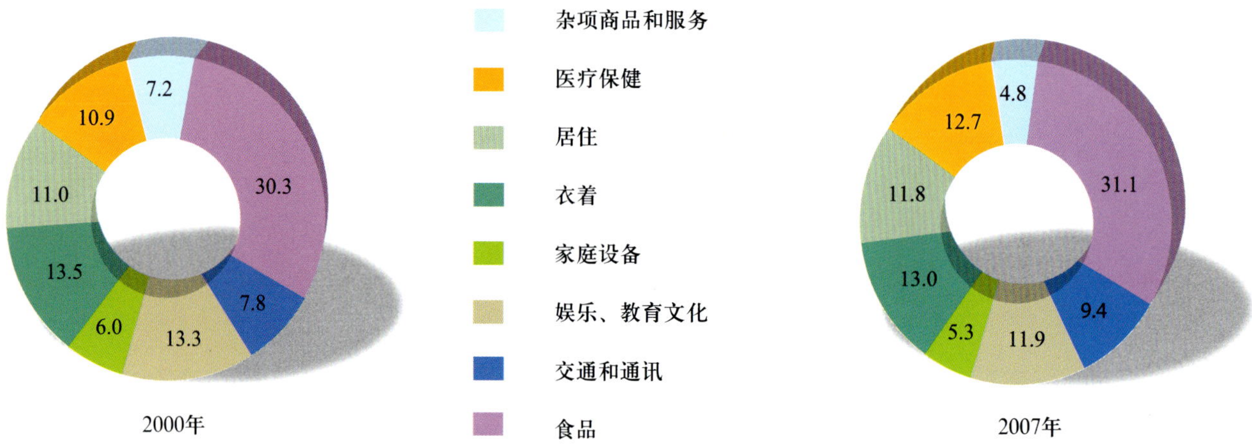

农村居民消费结构(%)

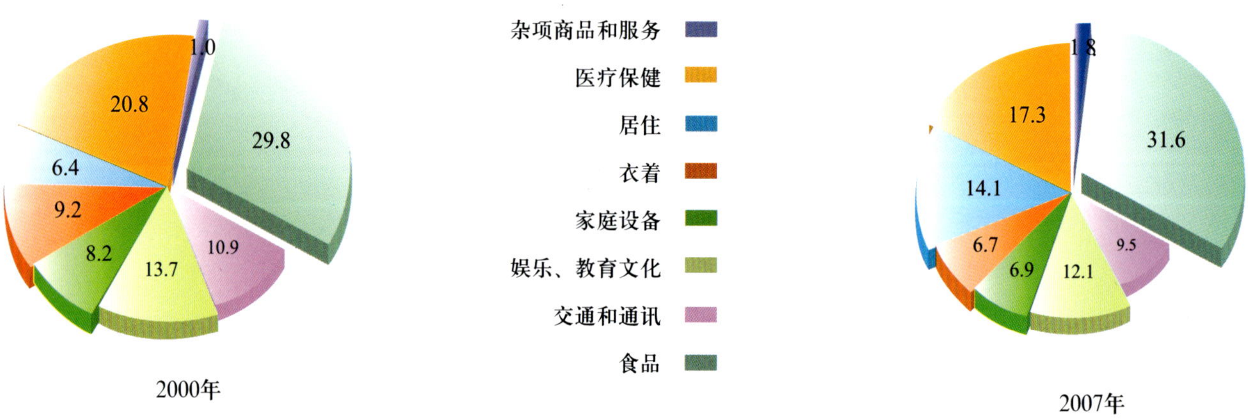

城镇居民和农村居民恩格尔系数(%)

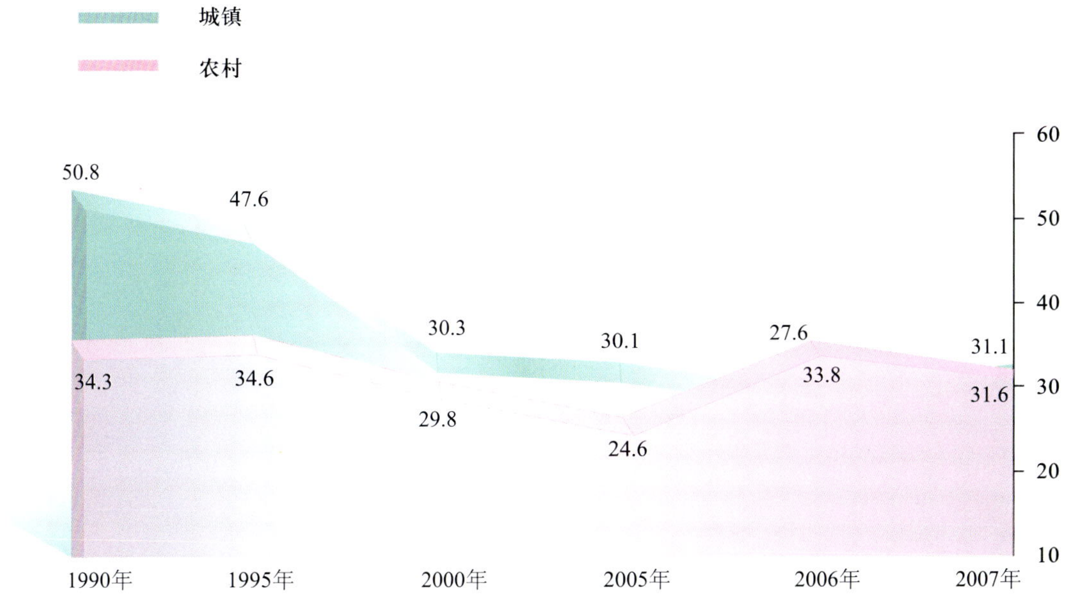

城镇居民人均住宅使用面积(平方米)

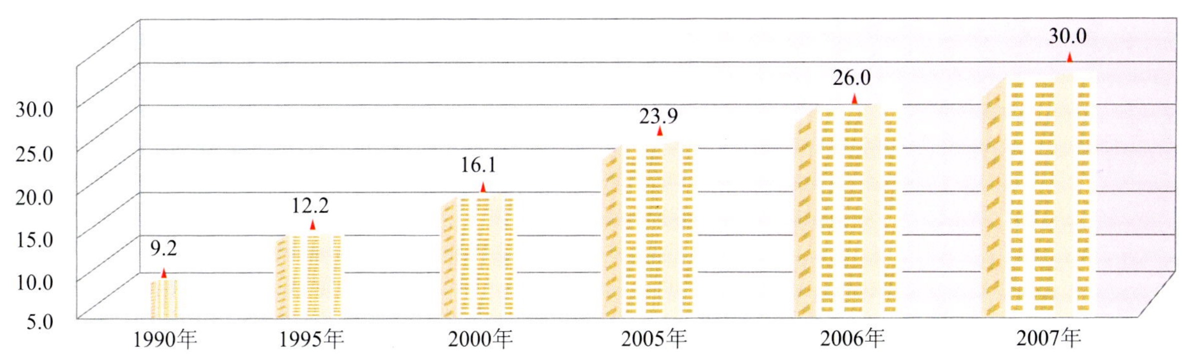

农村居民人均居住面积(平方米)

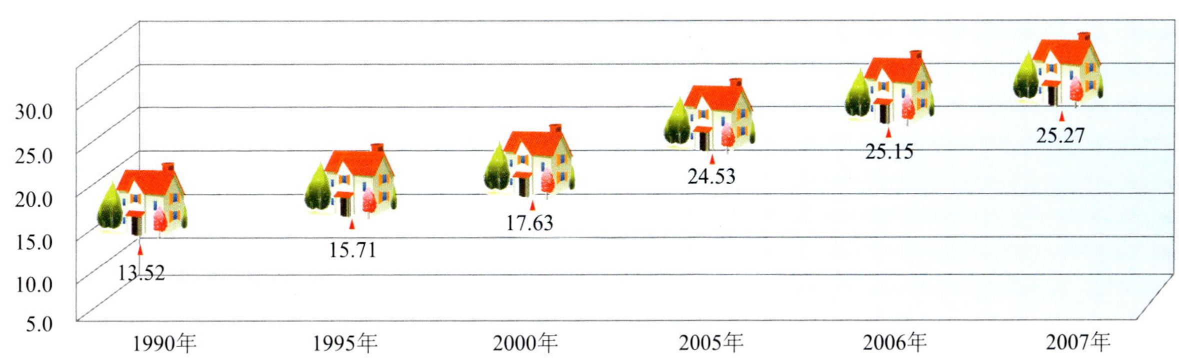

编 者 说 明

一、《延吉统计年鉴—2008》是一部全面反映延吉市经济和社会发展情况的资料性年刊。本书收录了全市2007年经济和社会各方面大量的统计数据,以及历史重要年份和近十年的主要统计数据、文字介绍、会议文献。

二、全书内容三个部分，即: (一)专辑，编入了延吉概况、2007年延吉市人民政府工作报告、2007年延吉市国民经济及社会发展情况的统计公报。(二)统计资料。分为: 1.行政区划和自然状况；2.综合；3.人口、从业人员和职工工资；4.固定资产投资和建筑业；5.财政、金融和保险；6.物价指数；7.人民生活；8.城市建设；9.农业；10.工业；11.运输和邮电；12.贸易；13.科技、教育和文化；14.体育、卫生和其他；15. 2007年全省县(市)及朝阳川镇概况，共15章。(三)附录，主要统计指标解释。

三、资料中所使用的度量衡单位均采用国际统一标准计量单位。

四、本年鉴的资料大部分来自我局年度统计报表及城市社会经济调查队抽样调查资料。全省城市统计资料来自吉林省统计局。

五、统计资料所使用的价值量指标，除已注明的外，均以当年价格计算，发展速度则按可比价格计算。

六、本年鉴部分数据合计数或相对数由于单位取舍不同而产生的计算误差均未作机械调整。

七、本年鉴各表中，有关对全表的注解均在该表上方，对表中部分指标的注解则在该表下方。凡带续表的资料，对部分指标的注解一律在最后一张续表的下方。

八、本年鉴统计表中的符号使用说明:“…”表示数据不足本表最小单位数；“-”表示该项统计指标数据不详或无该项数据；“#”表示其中的主要项；“※”或“①②”表示该表下有注解。

目　　　　　录

CONTENTS

一、专　辑
SPECIAL ARTICLES

二、统　计　资　料
STATISTICAL DATA

(一)行政区划和自然状况
CHAPTER 1 ADMINISTRATIVE DIVISION AND NATURAL CONDITIONS

(二)综合
CHAPTER 2 GENERAL SURVER

(三)人口、从业人员和职工工资
CHAPTER 3 POPULATION, EMPLOYMENT AND WAGE

(四)固定资产投资和建筑业

CHAPTER 4 INVESTMENT IN FIXED ASSETS AND CONSTRUCTION

(五)财政、金融和保险
CHAPTER 5 PUBLIC FINANCE, BANKING AND INSURANCE

(六)物价指数
CHAPTER 6 PRICE INDICES

(七)人民生活
CHAPTER 7 PEOPLES LIVELIHOOD

(八)城市建设
CHAPTER 8 URBAN CONSTRUCTION

（九）农业
CHAPTER 9 AGRICULTURE

(十)工业
CHAPTER 10 INDUSTRY

(十一)运输和邮电
CHAPTER 11 TRANSPORTATION, POSTAL AND TELECOMMUNICATIONS

(十二)贸易
TRADE 12

(十三)科技、教育和文化
CHAPTER 13 TECHNOLOGY, EDUCATION AND CULTURE

(十四)卫生、体育和其他
CHAPTER 14 PUBLIC HEALTH, SPORTS AND OTHERS

（十五）2007 年全省县（市）及朝阳川镇概况
INTRODUCTION TO CITIES AND COUNTIES OF THE PROVINCE AND CHAOYANGCHUAN TOWN FOR THE YEAR（2007）

三、附录
APPENDIX

专辑

SPECIAL ARTICLES

延 吉 概 况

延吉是延边朝鲜族自治州首府,是吉林省东部最大的工业、商贸、旅游中心,全国中等城市之一。

历史沿革:延吉历史悠久,据已发掘的新石器时代出土文物及两千年前的《汉书》中记载,早在新石器时代,就有人类在这块土地上繁衍生息。唐朝及以前,延吉曾先后属渤海国、高句丽王朝辖地。元、明时代,延吉地区先后属辽阳行省元路,努尔干都使司布尔哈图等卫所。至康熙十六年(公元1677年),清朝廷假"长白山一带为先祖龙兴之地"之名,将兴京以东,伊通州以南,图们江以北划为禁山围场,封禁长达200年之久。19世纪末,朝鲜及我国山东、河北一带遭大灾,始有人冒禁闯入封禁区。光绪七年(公元1881年),灾民大批迁入,清朝遂废除封禁令,在南岗设立招垦局。光绪二十八年(公元1902年),随着人口日增,清朝在局子街设延吉厅。宣统元年(公元1909年),吉林东南路兵备道台公署移住局子街,延吉厅升为延吉府。1912年改为延吉县。

东北沦陷时期,延吉沦落于日寇铁蹄下,为伪满间岛省省会。解放战争时期,吉林省政府、延边行政督察专员公署等行政机构曾设在延吉。1952年9月,成立延边朝鲜族自治区,后改自治州,延吉亦是州府所在地。1953年5月,延吉从延吉县划出成为县级市。1985年1月,国务院批准延吉市为全国甲级开放城市。

地理概貌:延吉市位于吉林省东部,长白山脉北麓。地理坐标处北纬42度50分至43度23分,东经129度01分至129度48分之间。由于地处高纬度地带的山林盆地,故呈大陆性气候特点。春季干燥多风,夏季温热多雨,秋季凉爽少雨,冬季漫长寒冷,属中温带半湿润气候区。年平均气温摄氏5.6度,年最低气温摄氏12.7度,全年无霜期140天,年平均降水量533毫米,平均日照2317小时。

延吉市东、南、北三面环山,西面开阔,中间平坦,呈马蹄状盆地。平均海拔高度150米。地势北高南低,地形为丘陵状起伏。境内河流皆图们江支流,主要有布尔哈通河、烟集河和海兰江。区内土质主要为灰棕壤土、水稻土、冲积土、草甸土和黑土等。

延吉有着得天独厚的自然条件和优越的地理位置,处于东北亚经济圈的腹地,是"金三角"内中国方的一个支撑点。东直距中俄边境仅60公里,直距日本海80公里;南直距中朝边境仅10余公里,有着较好的通海条件。

自然资源:延吉地处长白山区,森林、矿产、土特产资源较丰富。地上有700多平方公里茂盛的森林和肥美的草原,900余种经济植物和数十种珍贵野生动物。人参、貂皮、鹿茸被誉为东北三宝。盛产苹果梨、烟叶、人参、鹿茸等土特产品和多种山野菜。地下还有储量大、品种多、质地好的煤炭、石油、天然气、大理石、硅灰石、麦饭石等矿产。延吉种植和养殖资源主要有水稻、玉米、大豆、蔬菜、家畜、家禽、参茸及熊胆等。

投资环境:享受西部大开发、东北老工业基地振兴和边疆少数民族政策,是优惠政策的叠加区。陆、海(借港)、空交通便捷,延吉机场——国际空港已成为韩国、日本和北美国家通向中国东北亚及亚欧大陆最便捷的国际通道和国际客货海陆联运的最佳结合点,周边有11个对外开放口岸。

旅游资源:南有神奇博大、雄伟壮丽的长白山;北接水碧山幽的避暑胜地镜泊湖;东去有一眼望三国、风情殊异的陆岛防川;市内有山水环绕、风光秀美的海兰湖高尔夫球旅游度假村。优美的自然风光,浓郁的朝鲜族文化,使延吉被国家旅游局命名为"中国优秀旅游城市"。

行政区划与人口:延吉现辖6个街道、3个镇,全市土地面积1350平方公里。2007年末全市总人口43.64万人,其中非农业人口为39.21万人;城区人口40.41万人。全市人口密度为323人/平方公里。延吉是多民族聚居但以朝鲜族为主的城市,朝鲜族人口占总人口的57.6%,汉族人口仅占40.0%,其他还有满、回、蒙古等少数民族。

政府工作报告

2007年11月15日在延吉市第十六届人民代表大会第二次会议上

延吉市人民政府市长 赵哲学

各位代表:现在,我代表市人民政府向大会作工作报告,请予审议,并请政协委员和列席人员提出意见。

2007年工作回顾

2007年是我市经济社会取得丰硕成果的一年。一年来,新一届人民政府在州委、州政府和市委的正确领导下,在市人大的法律监督、工作监督和市政协的民主监督下,团结带领全市各族人民,深入贯彻落实科学发展观,坚持“诚信立市,工业强市,依法治市”的战略方针,围绕建设吉林省东部中心城市的目标,突出抓好经济、城市、社会三大建设,各项工作实现新的突破。成功入选2007“中国特色魅力城市200强”。争创全国优秀旅游城市和双拥模范城“六连冠”通过国家验收。

经济实力显著增强 预计2007年,延吉生产总值完成111.5亿元,增长15%;一般预算全口径财政收入完成12.3亿元,增长14%;固定资产投资完成85亿元,增长47.4%。工业经济快速发展。全市工业总产值有望突破100亿元;规模以上工业增加值完成34.6亿元,增长21.8%;其中,经济开发区规模以上工业总产值完成21亿元,增长28.6%;规模以上工业增加值完成8.4亿元,增长29%。第三产业持续繁荣。社会消费品零售总额达到62.6亿元,增长15%;接待海内外游客226万人次,增长17%;旅游收入完成27.2亿元,增长17%。农村经济稳步提升。农业总产值完成3.29亿元,增长17.9%;粮经比例调整为30: 70。民营经济加速腾飞。全市民营经济主营业务收入完成158亿元,增长32%;实缴税金5.4亿元,增长25%。

改革开放继续推进 各项改革不断深化。铝业集团、药用玻璃厂等企业顺利完成改制任务,安置职工2600人,解除债务8亿元,盘活国有资产2.3亿元;部分企业历史遗留问题得到妥善解决。以全员聘用制为主的事业单位综合配套改革基本完成,精简机构21.8%,精简人员10%。对外开放持续扩大。全市招商引资项目达到143个,到位资金10.5亿元,增长20%;外贸进出口总额达到1.6亿美元,增长25.6%。成功举办“中国延吉国际投资贸易洽谈会”、“首届创新型国际旅游教育文化论坛”、“欧米茄中国高尔夫球职业巡回赛”和“2007中韩IT论坛”等国际性活动,延吉的对外影响力和知名度不断提升。

城市面貌日新月异 高起点规划城市。按照“一山、两河、三城、六区、百巷”①为重点的城市建设总体思路和推进延龙图一体化战略、建设区域中心城市的总体要求,积极开展延吉市总体规划修编工作,完成西部新区修建性详规、两河景观规划、帽儿山控制性详规和住房建设规划等专项规划。大投入建设城市。集中供热、污水处理、新东桥、惠民桥等重点工程顺利完工;投资2.9亿元,组织实施中环路二期、人民路延伸、延吉河水利枢纽、景观桥、延吉河生态坝等一批重点基础设施工程;投资5000万元,完成74条小街小巷改造;投资2962万元,完成解放路东段等6条街路建设;投资3700万元,新建12个游园、5个广场和11块绿地,新增绿地94公顷,绿化覆盖率达到34.4%;帽儿山民俗风情园前期工程全面启动。严要求管理城市。出台了《延吉市城市管理相对集中行政处罚权试行办法》,权责明晰、规范有序的城市管理机制初步建立。加大城市综合行政执法力度,集中开展了市容、交通环境专项整治,城市环境和交通秩序明显改善。建立了数字延吉虚拟城市仿真演示系统,城市管理向着科学化方向迈进。

新农村建设富有成效 围绕“五好标准”②,坚持“四个互动”③,着力推进“三新建设”④,新农村建设取得阶段性成果。“都市型”农业水平不断提高。积极发展蔬菜、高效经济作物、畜牧三大优势产业,元葱基地面积达到650公顷,高效经济作物面积达到5210公顷,形成8个牧业园区和牧业小区,优势产业的规模效应初步显现。农村环境进一步改善。投资840万元,修建15公里村屯道路;投资400万元,开工建设421户新居工程;投资260万元,完成3个行政村自来水管网铺设;投资295

万元,完成10个村屯的人畜饮水工程。创新激励机制,投入440万元实施“以奖代补”政策。积极推动农村信息化建设,投资600万元,在全省率先实现“村村通宽带”。全面实施“阳光工程”,全年培训农民2万余名,转移劳动力1700人。积极落实惠农政策,发放粮食直补和种粮农民综合直补资金365万元。

人民生活水平逐步提高 城镇居民人均可支配收入达到12800元,农民人均纯收入达到6130元,分别增长15%和5.1%。开发城镇就业岗位11600个,城市新增就业8600人,下岗失业人员再就业5110人,城镇登记失业率控制在4%以内。养老金和失业保险金按时足额发放,“五大保险”⑤参保人数达到32万人次,城镇居民最低生活保障金由每月130元提高到155元,覆盖人群达到21000人。新型农村合作医疗参合率达到94%。数字电视整体转换率达到63%。有效平抑鸡蛋、肉类等副食品市场价格。继续实施棚户区改造工程,积极推进廉租住房建设,低收入人群住房条件得到切实改善。

民主法制建设和政府自身建设不断加强 深入实施“五五”普法规划,扎实推进依法治市进程,全民的法律意识进一步增强。认真执行市人大常委会决议,及时向政协通报情况并听取意见和建议,全年办复人大代表建议和政协委员提案189件,满意率和基本满意率达到100%。贯彻实施《公务员法》,顺利完成公务员登记。进一步加大培训、考核、奖惩力度,公务员队伍整体素质不断提高。继续推行“阳光政务”,切实加强惩防体系建设,建立和完善行政监督、工作监督体系,严厉查处各类违法违纪案件,政府行政工作效率明显提升,经济发展软环境不断优化。

社会事业和谐发展 深入实施科教兴市战略,科技创新和成果转化能力不断增强,信息化建设迈出重要一步。义务教育质量稳步提升,高中阶段入学率突破85%;职业教育快速发展,职业高中与普通高中招生比达到3.3:6.7。深入开展“平安延吉”创建活动,切实加强社会治安综合治理,应急突发事件处置能力不断提高,强化信访工作机制,加大安全生产、产品质量、食品药品监管力度,社会秩序保持稳定。街道、社区工作得到全面加强,基层组织服务能力进一步提高。群众文化活动丰富多彩,全民健身运动蓬勃开展。广泛开展“三讲三爱”⑥活动,诚信、文明、和谐延吉建设不断深入。审计、统计、粮食、外事、民族、宗教、广电、侨务、地方志、档案、老龄、计生、妇女儿童、残联、红十字、慈善、人防、气象、人民武装等各项工作都有新的进展。

各位代表,过去的一年,成绩来之不易,令人鼓舞。这是全市上下共同奋斗的结果,凝聚着全市各族人民的勤劳智慧,饱含着建设者的辛勤汗水,得益于方方面面的支持与奉献。在此,我代表市人民政府向全市各族人民,向人大代表、政协委员,向离退休老同志、驻延解放军和武警官兵、各人民团体、国家和省驻延单位,向所有关心、支持和参与延吉经济建设的各界朋友,表示衷心的感谢和崇高的敬意!

在肯定成绩的同时,我们也清醒的看到,延吉经济社会发展还存在一些困难和问题。主要表现在:经济发展总量不大、结构不优、质量不高、速度不快、后劲不足;在工作中,少数干部思想解放程度不够,加快发展的意识淡薄,缺乏责任意识、创新意识和进取意识;部分市民公共意识薄弱,城市管理综合效能有待提高;劳动就业、社会保障、居民住房等方面关系群众切身利益的问题仍然较多,部分低收入群众生活比较困难。这些问题,我们将在今后的工作中认真加以解决。

2008年政府主要工作安排

2008年,是贯彻落实党的十七大精神开局之年,是我市经济社会实现大发展的关键一年。我市经济社会发展的总体要求是:**高举中国特色社会主义伟大旗帜,以邓小平理论和“三个代表”重要思想为指导,按照科学发展观的要求,深入贯彻落实党的十七大精神和省、州党代会精神,坚持“诚信立市,工业强市,依法治市”的战略方针,着力把握发展规律,勇于创新发展机制,全力转变发展方式,努力实现经济社会大发展,城乡面貌大改观,党风政风大好转,不断推进延龙图一体化进程,不断加快具有民族特色的吉林省东部中心城市建设步伐。**

2008年全市经济社会发展的预期目标是:延吉生产总值达到130亿元,增长15%;一般预算全口径财政收入达到14.2亿元,增长15.2%;固定资产投资达到102亿元，增长20%；全社会消费品零售总额达到74亿元，增长18.2%；城镇居民人均可支配收入达到14800元，增长15.6%；农民人均纯收入达到6500元，增长6%。

为实现上述预期目标，我们在具体工作中要牢牢把握四点原则：坚持立党为公，执政为民；坚持又好又快，科学发展；坚持解放思想，改革创新；坚持求真务实，艰苦奋斗。重点做好以下五个方面工作：

一、以实现经济大发展为目标，着力改变经济发展方式，提高经济整体素质和竞争力

——全力做强工业经济　坚持集中精力抓工业，突出重点抓项目，推动新型工业化进程。扶持重点企业发展。继续推进“3151”⑦工程，落实鼓励政策，明确工作责任，强化各项服务，全力扶持“10户重点企业”⑧做大做强，努力打造具有市场竞争力的大企业集团，筑起工业经济“脊梁”。推进重点项目建设。集中攻坚重点项目，统筹抓好其它项目，促进项目落地实施，力争全年完成工业投资30亿元。重点推进年产万辆客车生产基地、100万吨直接还原铁、年产20万吨啤酒移地改造等项目尽快启动；推动2台20万千瓦机组热电厂、年产10万吨玻璃棉及玻璃制品等项目加快建设；促进延吉卷烟厂移地改造、插秧机移地改造、春雷药业真菌生防制剂等项目尽快投产。积极发展园区经济。尽快启动开发区新区建设，继续完善经济开发区配套设施，着力推进信息产业园、建材工业园、能源工业园等园区建设进程，形成“一区多园”的发展模式，引导资金、技术、人才等生产要素向园区汇集。充分发挥园区优势，着力培育主导产业和优势企业，引导企业树立分工协作理念，积极发展配套产业，形成产业集聚。促进民营经济腾飞。继续深入实施民营经济腾飞计划，进一步加大政策扶持力度，加强创业和融资平台建设，推动群体发展。

——坚持扩大对外开放　深入实施开放带动战略，不断拓展对外开放领域，进一步提高延吉的外向度。突出抓好招商引资。在招商重点上，要突出产业招商，立足现有产业基础，发挥产业优势，积极围绕食品、医药、机械制造、高新技术等支柱优势产业开展招商引资活动。在招商方式上，要坚持“引进来”和“走出去”，继续采取以商招商、以外引外和委托招商等成功方法，立足资源引项目，立足企业引资金，进行大招商、招大商、广招商。在招商措施上，要实施大举措，建立7个专业招商机构，分别由市级领导包保，对每个招商机构下达硬性指标，严格奖惩制度，强力推进招商引资工作，确保全年招商引资到位资金达到15亿元，增长42.9%。加快发展外向型经济。紧紧抓住图们江地区国际合作开发的战略机遇期，充分发挥比较优势，加强同周边国家和地区的交流合作与经贸往来，积极培育外贸出口主体，努力转变外贸增长方式，逐步将延吉打造成长吉图开放带动先导区⑨的前沿阵地。力争全年外贸进出口总额达到1.92亿美元，增长20%。努力拓宽劳务信息渠道，积极拓展对外劳务合作领域和范围，完善培训、咨询等各项服务措施，推动劳务经济健康、有序发展。

——继续繁荣第三产业　坚持旅游兴市战略。全力实施政府主导下适度超前的“大延吉、大旅游、大产业”发展战略。挖掘民俗风情、山水生态、冰雪运动、休闲娱乐等旅游资源潜力，重点推进帽儿山民俗风情园、旅游咨询服务中心、农家乐等项目建设。精心策划推出以延吉市为核心，带动辐射周边城市的二日游、三日游精品旅游线路。继续承办好延边中国朝鲜族民俗文化旅游博览会，抓住中国北方旅游交易会、奥运会火炬传递活动在延吉举办的有利时机，加大旅游宣传，扩大对外影响，努力把延吉建设成以“风情名城、节会名城、休闲名城、边陲名城”著称的中国最具朝鲜族风情的优秀旅游城市。促进服务业增量升级。立足建设区域中心城市，进一步完善商业网点规划布局，强化服务功能，增强辐射能力。重点抓好农副产品批发市场、东佳优玛特、再生资源集散市场等项目建设，形成以专业市场为龙头，多种业态为补充的商贸流通体系，扩大消费，拉动经济快速增长。大力推进以信息服务、金融服务、中介服务、社区服务、软件产业、文化产业、房地产业为主的现代服务业加快发展，培育新的经济增长极。

二、以实现农村大改观为目标，坚持统筹城乡发展，着力推进社会主义新农村建设

——发展新产业　按照发展“都市型”农业的工作思路，加快农业产业结构调整，着力培育和壮大以蔬菜、高效经济作物和畜牧业为主的多元化产业框架，形成“一村一品”、“一镇一业”的发展格局。加速推进农业产业化经营和标准化生产，立足现有产业上龙头、建基地,积极引进和培育一批牵动力强、辐射面广的龙头企业,逐步形成“龙头+基地+农户”的产业化发展模式。引导农民发展乡村旅游,注重提高农村服务业水平,为实现农民增收开辟新途径。

——培育新农民 发挥“两委”班子典范带动作用,引导广大农民积极投身新农村建设。深入实施劳动力转移培训“阳光工程”,广泛开展农业实用技术和职业技能培训,争取每个农民都掌握1—2门实用技术。进一步开展“五好农户、文明村镇”争创活动,引导农民树立“勤劳、自强、互助”的精神,努力培育有文化、懂技术、会经营、讲文明的新型农民。

——建设新村镇 统筹规划城乡建设,在保护和优化生态环境的基础上,体现特色,合理布局,加快编制和建立科学的村镇规划体系,努力形成功能互补、配套完善、环境优美、协调发展的城镇发展新格局。加大公共财政投入,着力推进农村基础设施建设,集中精力搞好村屯绿化、庭院美化、环境净化工作,加快新居工程建设步伐,切实改善农村人居环境。

三、以实现城市大变化为目标,坚持建设与管理并重,着力打造绿色宜居城市

——科学编制规划 按照城市发展向西、向北扩展战略和“一山、两河、三城、六区、百巷”的城市建设总体思路,完成《延吉市城市总体规划》修编、《延吉市帽儿山民俗风情园空间概念规划》和部分地段的控制性详规。严格执行规划,突出规划的权威性和严肃性。加快数字延吉建设步伐,提升规划的信息化和科学化水平。

——推进城市建设 加大城市建设投入。重点抓好西部新区改造、棚户区改造、人民路延伸、中环路二期、城市西出口、城市北出口和景观桥等重大工程建设;投资6500万元,完成100条小巷改造和建工街等3条主次干道翻建改造工程;投资5400万元,完成布尔哈通河河岛生态工程、惠民桥上游美化工程和延吉河堤防工程、14座生态坝二期工程。加强城市绿化、亮化、净化工作。年内投资1.9亿元,新建5个主题公园、4个游园,新增绿地面积94公顷;投资1260万元,新安装路灯1500盏;投资880万元,新建水冲厕所23座,改造8座城乡结合部危厕,进一步提升城市整体形象。

——强化城市管理 按照管理求严的方针,创新工作机制,理顺管理体制,制定出台《延吉市城市管理办法》,不断提升城市管理水平。加大执法力度,强化对城市规划、市容环境、交通秩序、广场绿地、物业小区的管理,坚决拆除违法违规建筑,严厉查处破坏环境的行为,规范场外市场秩序,加强环境综合治理,努力营造整洁、有序的城市环境。加强执法人员队伍建设,提高执法水平,规范执法程序,公正文明执法。

四、以实现社会大和谐为目标,坚持以人为本,着力改善民生

——完善社会保障 坚持实施积极的就业再就业政策,推动创业促就业工作。年内创造城镇就业岗位13500个,城镇新增就业10000人,城镇登记失业率控制在4%以内;劳动力职前培训率达到100%,实现成功创业项目100个。加大各类社会保险扩面征缴和覆盖范围,"五大保险”参保人数达到37.6万人次。完善社会救助体系,抓好城乡贫困群众的最低生活保障,提高最低生活保障金标准,扩大覆盖面。切实保障农民工的合法权益,妥善解决农民工就医、子女上学等实际问题。加快廉租住房和经济适用房建设步伐,切实改善城市低收入群众的居住条件,确保“住有所居”。年内完成涉及民生的二十件惠民实事。

——促进社会和谐 大力推进义务教育均衡发展,全面提高教育教学质量,着力发展特色教育、职业教育。加大科技创新力度,加快科技基础条件建设,加速科技成果转化,提升科技对经济社会发展的服务水平。加强社区和镇村文化体育设施建设,丰富市民文化体育生活。进一步完善社区卫生服务中心功能,扩大农村合作医疗覆盖面,规范医疗市场秩序,为群众提供安全、有效、方便、价廉的医疗卫生服务。强化街道社区建设,组织好社区换届,抓好“五好社区”创建和社区工作站试点工作。以“诚信体系建设”为重点,以“三讲三爱”活动为载体,进一步加强精神文明建设。争创全国文明城市和卫生城市。强化人口计生工作、巩固双拥成果、推动民族团结、发展残疾人事业,促进社会和谐发展。

——维护社会稳定 深化“法治延吉”创建活动,巩固和发展平安创建成果。深入开展“五五普法”工作。加强社会治安综合治理,依法防范和打击违法犯罪,保障人民生命财产安全。健全各项应急预案体系,提高预防和处置突发事件能力。落实信访工作责任制,妥善解决群众反映的各种问题,及时化解各类矛盾。强化安全生产监管,有效遏制重特大安全事故。保障消防、食品、药品和交通安全,维护社会稳定。

五、以实现政风大转变为目标,坚持解放思想、转变职能,着力推进政府自身建设

——深化职能转变　强化政府社会管理和公共服务职能,完善公共服务体系,将公共资源更多地向社会管理和公共服务领域倾斜。健全科学、民主决策机制,提高政府决策的科学性。完善行政审批方式,简化审批程序,创新管理制度。坚持政务公开,推行"阳光政务",加强电子政务建设,提高政府的公信力。

——创新工作机制　把创新贯穿于政府工作的每个环节,积极推进工作创新、管理创新、机制创新,以创新精神带动政府工作水平的整体提升。坚持解放思想,坚决克服因循守旧、墨守成规等思想障碍,以思想大解放推动事业大发展。认真贯彻人大及其常委会决议,自觉接受人大、政协和社会监督,创新人大代表建议和政协委员提案办理工作机制,进一步提高办理质量。

——改进工作作风　深入贯彻落实《公务员法》,加强公务员队伍建设,不断提高公务员整体素质。继续深入开展政府效能建设,进一步完善政府绩效评估体系,加大考核、奖惩和督查工作力度,奖勤罚懒,切实提高政府的执行力和工作效率。大力倡导求真务实精神,深入开展调查研究,强化执政为民意识,努力把政府各项工作落实到加快发展和解决人民群众困难问题上,以实干的作风取信于民,促进政风明显好转。

——加强廉政建设　着力加强反腐倡廉建设,建立健全教育、制度、监督并重的惩治和预防腐败体系,认真落实党风廉政建设责任制,不断加强行政监督、财政监督、审计监督,继续加大违法违纪案件查处力度,努力从源头上防治腐败。坚持勤勉务实,廉洁奉公,勤俭节约,努力营造风清气正的行政环境。

各位代表,党的十七大绘就了未来发展的宏伟蓝图,中共延吉市第十三次代表大会第二次会议确定了新一年的发展思路,让我们在党的十七大精神指引下,在市委的坚强领导下,凝聚力量,开拓奋进,为实现经济社会的大发展、大跨越而努力奋斗!

注 释:

①"一山、两河、三城、六区、百巷":"一山"即做好帽儿山整体规划建设。"两河"即做好布尔哈通河及延吉河两岸规划建设。"三城"即加快推进园林生态城、卫生环保城、宜居旅游城建设。"六区"就是将延吉市城区按照功能集中、布局合理的原则,划分为六大区域,分别是河南综合区、河北综合区、公园综合区、东部开发区、西部新区、北部新区。"百巷"即通过"小巷革命",力争用三年时间对全市二百余条小街小巷进行综合改造。

②"五好标准":生产好、生活好、风气好、环境好、管理好。

③"四个互动":政府推动、"两委"(村支部委员会、村民委员会)带动、农民主动、社会联动。

④"三新建社":发展新产业、培育新农民、建设新环境。

⑤"五大保险":养老保险、失业保险、医疗保险、工伤保险、生育保险。

⑥"三讲三爱":讲诚信,讲礼貌,讲卫生;爱延吉,爱岗位,爱家庭。

⑦"3151 工程":利用 3 年时间,在现有企业中壮大 10 户税收超千万的企业;利用 5 年时间,新培育 10 户税收超千万的企业。

⑧"10 户重点企业":延吉卷烟厂、春雷生物药业有限公司、喜来健医疗器械有限公司、敖东药业集团延吉股份有限公司、插秧机制造有限公司、长白山印务有限公司、秀爱食品有限公司、新元管业有限公司、娃哈哈长白山食品饮料有限公司、新树杰木业有限公司。

⑨"长吉图开放带动先导区":是省委、省政府适应国内外政治经济发展趋势和适应东北地区全面振兴的新要求而做出的历史性决策。计划用 5-10年时间,推进长-吉经济一体化,实现延(吉)-龙(井)-图(们)经济一体化,把珲春建成国际化、现代化城市。形成以珲春为窗口、延吉-龙井-图们为前沿、长春-吉林为引擎、东北腹地为支撑的总体布局,打造东北地区对外开放新门户,创建我国内陆省份对外开放先导区、新型产业示范区和生态经济功能区。

2007 年延吉市
国民经济和社会发展统计公报

延吉市统计局

2008 年 2 月 26 日

2007 年是我市经济社会取得丰硕成果的一年。一年来,市委、市政府带领全市各族人民,深入贯彻落实科学发展观,坚持"诚信立市,工业强市,依法治市"的战略方针,突出抓好经济、城市、社会三大建设。经济实力显著增强,城乡面貌进一步改善,社会事业和谐发展,居民生活水平持续提高。

一、综合

国民经济健康快速发展,经济实力显著增强。初步核算,2007 年实现延吉生产总值 115.09 亿元,比上年增长 19.3%。其中,第一产业增加值 2.22 亿元,增长 3.8%;第二产业增加值 47.93 亿元,增长 18.8%;第三产业增加值 64.94 亿元,增长 20.3%。三次产业结构为 1.9:41.7:56.4,二产比重有所上升。第一产业对经济增长的贡献率为 0.4%;第二产业贡献率为 40.3%;第三产业贡献率为 59.3%。

全市居民消费价格总水平比上年上涨 5.3%。其中,食品价格上涨 10.6%,居住价格上涨 8.5%,商品零售价格上涨 3.5%。

二、农业

全年粮食种植面积 4494 公顷,比上年减少 212 公顷;蔬菜种植面积 1802 公顷,比上年扩大 31 公顷。

全年粮食总产量 20308 吨,比上年减产 1953 吨,下降 8.8%。在经济作物中,油料产量 782 吨,增产 133 吨;烟叶 490 吨,增产 5 吨;水果 9987 吨,增产 708 吨;蔬菜 83921 吨,增产 5147 吨。

主要农产品产量

单位:吨、%

产品名称	2007 年	比上年增长
粮　　食	20308	-8.8
#玉米	12931	-8.6
水稻	3616	-12.7
大豆	2698	-9.1
烟　　叶	490	1.0
蔬　　菜	83921	6.5
水　　果	9987	7.6
油　　料	782	20.5
肉　　类	6615	5.0

全年肉类总产量 6615 吨,比上年增长 5.0%。全年水产品产量 111 吨,增长 3.7%;蛋类总产量 4477 吨,增长 2.9%。

年末农业机械总动力 4.9 万千瓦,比上年下降 8.0%,拥有农用拖拉机 2309 台,下降 3.0%。

三、工业和建筑业

2007 年全市规模以上工业企业实现增加值 36.50 亿元,比上年增长 21.3%。其中市属规模以上工业企业实现增加值 17.53 亿元,增长 23.6%;全市实现规模以上工业总产值 85.26 亿元,其中市属规模以上工业企业实现总产值 52.06 亿元;规模以上工业产品销售率 98.9%,比上年提高 2.2 个百分点。其中市属规模以上工业企业产品销售率 96.1%,减少 0.3 个百分点。

主要产品产量中,塑料制品、插秧机、日用玻璃、卷烟、铝材、分别比上年增长 56.5%、27.0%、15.9%、6.3%、5.2%,纸箱、啤酒、中成药分别下降 59.3%、15.4%、0.9%。

主要工业产品产量

产品名称	单　位	2007 年	比上年增长(%)
插秧机	台	20921	27.0
中成药	吨	1386	-0.9
纸　箱	吨	3781	-59.3
卷　烟	亿支	183.3	6.3
塑料制品	吨	3286	56.5
纱	吨	4782	-10.6
啤　酒	千升	65545	-15.4
铝　材	吨	650	5.2
日用玻璃	吨	61250	15.9
铝	吨	15745	90.3
服　装	万件	21	-80.6
原　煤	万吨	19.19	49.5
布	万米	661	14.4

全市规模以上工业企业实现利润总额 6.82 亿元,比上年增长 77.3%。股份制企业实现利润 5.75 亿元,增长 86.4%。在全市 26 个工业大类行业中,有 23 个行业盈利。全市 78 户规模以上工业企业中,亏损企业 10 户,亏损面 12.8%,亏损额 0.11亿元,比上年减亏 119 万元。全市实现主营业务收入 73.22 亿元,比上年增长 30.6%。

全年建筑业完成总产值 18.15 亿元。

四、固定资产投资

全年全市固定资产投资达 85.03 亿元,比上年增长 47.4%。全年施工项目 259 个,其中新开工项目达 197 个。

在全市固定资产投资中,第一产业完成投资 1.73 亿元,下降 6.1%;第二产业完成投资 24.35 亿元,增长 1.3 倍,其中工业完成投资 21.74 亿元;第三产业完成投资 58.95 亿元,增长 29.9%。

房地产开发投资 12.35 亿元,房屋施工面积 183.23 万平方米,下降 3.8%;竣工面积 63.22 万平方米,下降 38.3%。全年商品房销售面积 105.18 万平方米,增长 28.3%。

五、国内贸易、对外经济

全年社会消费品零售总额达 69.93 亿元,比上年增长 28.4%,扣除物价因素,实际增长 24.1%。从行业类型看,批发零售贸易业零售额 57.01 亿元,增长 28.3%,占零售总额的 81.5%;住宿和餐饮业零售额 12.87 亿元,增长 28.9%,占零售总额的 18.4%。

从限额以上企业的销售种类看,食品类商品实现零售额 2.11 亿元,比上年增长 2.4%;服装类 3.42 亿元,增长 5.9%;日用品类 1.49 亿元,增长 16.4%;石油制品及汽车类 4.29 亿元和 5.19 亿元,分别增长 9.4%和 84.7%。

2007 年,限额以上企业和年交易额超亿元的大型商品交易市场继续做大做强,累计实现零售额 48.43 亿元,占社会消费品零售总额的 69.3%,其中限额以上批发零售贸易企业实现零售额 28.30 亿元,同比增长 39.4%,占全市消费品零售总额的 40.5%。亿元商品交易市场实现零售额 18.40 亿元,占社会消费品零售总额的 26.3%。

成功举办了 2007 年第二届中国延吉国际投资贸易洽谈会。全年共落实招商引资项目 189 项,实际到位资金 15.30 亿元,其中直接利用外商投资项目 51 项,实际到位金额 2711 万美元,下降 0.4%(因口径差异导致下降)。

六、交通、邮电和旅游

全年完成货物运输 717.67 万吨,比上年增长 5.7%。其中,铁路 16.96 万吨,下降 1.9%;公路 700.00 万吨,增长 5.9%;民航 0.71 万吨,增长 29.1%。全年完成旅客运输 1025.89 万人,增长 6.8%。其中,铁路 180.00 万人,增长 14.8%;公路 806.00 万人,增长 4.8%;民航 39.89 万人,增长 14.0%。

全年完成邮政业务总量突破 1 亿元;邮路总条数 11 条,其中航空邮路 1 条,自办汽车邮路 10 条;发送信函 178.10 万件;全年新增交换机 2.41 万门,年末总容量达到 64.80 万门;固定电话用户年末达到 42.76 万户,比上年增加 11.52 万户;年末移动电话用户达到 52.21 万户,增加 8.12 万户;互联网用户达 19.23 万户,增加 2.40 万户。

2007 年旅游综合指标位居全省县(市)第一,被国家旅游局命名为"中国优秀旅游城市"。全年接待海内外游客 214.28 万人次,增长 17.1%,旅游收入 27.58 亿元,增长 27.1%。海兰湖体育旅游度假村接待国内外客人 1.66 万人。新开"一日游"线路累计接待游客 5.6 万人次。

全市共有星级宾馆 16 家,其中五星级宾馆 1 家,四星级宾馆 6 家,三星级宾馆 6 家,二星级宾馆

3家。

七、财政、金融、保险

全年一般预算全口径财政收入25.77亿元，其中一般预算市级收入10.28亿元，增长16.3%，财政支出12.54亿元。增长15.0%。

年末全部金融机构本外币各项存款余额209.55亿元，比年初增加0.02亿元；各项贷款余额121.13亿元，比年初减少0.19亿元，同比下降0.2%。全市居民储蓄存款余额152.41亿元，比年初减少0.82亿元，同比下降0.6%。

年末各类保险公司14家，比上年增加1家，全年保费收入7.28亿元，比上年增长44.2%。其中，人身险保费收入6.22亿元，增长47.0%；财产险保费收入0.95亿元，增长15.9%。支付各类赔款0.80亿元，比上年增长15.9%。其中，人身险业务赔款0.15亿元，下降55.9%；财产险赔款0.60亿元，增长71.4%。

八、教育和科学技术

2007年末，全市拥有高等学校1所，普通中等专业学校7所，普通中学24所，普通小学29所。全市研究生教育招生867人，在学研究生2601人，毕业生610人；普通高等教育招生4786人，在校生18503人，毕业生4223人；各类中等职业教育招生2078人，在校生6398人，毕业生1853人；普通高中招生4239人，在校生13235人，毕业生4829人；初中招生5263人，在校生16190人，毕业生5313人；普通小学招生4563人，在校生26154人，毕业生4937人；幼儿园在园幼儿11991人。义务教育得到均衡发展，全市小学入学率达100%，初中入学率99.6%，初中教育合格率达82.0%。

全年扶持科技含量较高的产品项目17项，其中列入国家级项目1项，省级项目3项，州级项目13项。全市有1项科研成果获得省科技进步奖。全年受理专利申请148项，授权专利119项。年末在岗职工专业技术人员达2.42万人，其中中级以上专业技术人员1.52万人。

九、文化、卫生和体育

2007年末，全市共有艺术表演团体5个，艺术表演场馆4个，其中文化艺术中心1个，文化站6个，文化馆1个，群众艺术馆1个，公共图书馆2个，体育场馆3个，博物馆1个，广播电台2座，中波转播发射台2座，电视台2座。出版报纸2788万份，各类期刊59万册，图书2384万册，课本113万册。

积极开展广场文化活动，组织广场文化活动40场，动员演职人员9900多人，演出节目近1000多个，观众超过十五万人次。

2007年末，全市共有私营及以上卫生机构85个，比上年增加1个，其中医院、卫生院35个，妇幼保健院（所、站）3个，专科疾病防治院（所、站）2个，疾病预防控制中心（防疫站）2个。拥有医疗床位3596张，比上年增加196张，卫生技术人员3700人，增加71人，其中执业医师1451人，执业助理医师51人，注册护士1444人，药剂人员283人，检验人员160人。

积极开展群众性体育活动，由市直机关、街道、学校、部队近万人参加了2007年"中国体育彩票杯"延边州长跑大会。成功承办了12场2007中甲足球联赛、"百事球王争霸赛"延边赛区总决赛等体育赛事。

十、人口、人民生活和社会保障

2007年，全市户籍人口为43.64万人（见表3）。其中，朝鲜族人口25.12人，汉族人口17.45万人；女性22.36万人；非农业人口39.21万人。全市户均人口3.05人。

人口主要构成情况

指　　标	2007年末数（万人）	比重 %
总人口	43.64	100.00
#城　区	40.41	92.61
郊　区	3.23	7.39
#男　性	21.28	48.77
女　性	22.36	51.23
#汉　族	17.45	39.99
朝鲜族	25.12	57.58

全年出生人口3899人，出生率为9.01‰；死亡人口2290人，死亡率为5.29‰，自然增长率为3.72‰。全年迁入人口12412人，迁出人口6804人，机械增长率12.96‰。

据百户居民抽样调查，全年城市居民人均可支配收入13155元,比上年增长18.2%。单位从业人员平均工资22406元,比上年增长12.7%。其中在岗职工平均工资22601元,增长13.3%。

城区人均住宅使用面积30平方米,比上年增加4平方米。

据百户居民抽样调查,年末耐用消费品拥有量中,电冰箱、移动电话等消费品比上年增加。

每百户居民家庭年末耐用消费品拥有量

一、城市居民家庭

消费品名称	单　位	2007年	2006年
洗　衣　机	台	95	97
电　冰　箱	台	100	93
彩色电视机	台	122	124
照　相　机	架	48	54
家用电脑	台	49	46
移动电话	部	191	174
家用汽车	辆	5	6
恩格尔系数	%	31.1	27.6

二、农村居民家庭

消费品名称	单　位	2007年	2006年
洗　衣　机	台	70	68
电冰箱	台	40	38
彩色电视机	台	100	100
影碟机	台	18	-
照相机	架	32	30
摩托车	辆	20	20
恩格尔系数	%	31.6	34.7

社会保障进一步加强。年末参加基本养老保险人数为11.01万人,比上年增加0.65万人。其中参保职工7.84万人,比上年增加0.46万人;参保的离退休人员3.18万人,比上年增加0.20万人;年末参加失业保险人数为7.01万人。领取失业保险金人数为0.13万人;参加医疗保险人数为19.52万人。其中参保职工7.02万人,参保的城镇居民住院医疗保险12.50万人。年末各类收养性社会福利单位床位3560张,收养各类人员2497人。新型农村合作医疗工作快速发展,年末参加农村合作医疗的人数2.89万人,比上年增长18.0%。城市最低生活保障标准有所提高。

继续完善社区基础设施建设、社区服务功能,初步形成了文化、医疗、社会保障、家政服务等便民利民服务体系。

十一、城市建设和环境

完成了延龙路等7条道路建设工程,规模为27万平方米;完成了74条小街小巷道路工程,规模为12万平方米;新建排水管道15条;新建路灯698盏;完成2座新桥,分别为东新桥和景观桥。

园林绿地面积达922公顷,比上年减少18公顷。其中建成区绿地面积达911公顷,比上年增加17公顷;建成区绿地率达到26.3%,比上年提高0.5个百分点;绿化覆盖率30.5%,比上年提高3.4个百分点;人均公园绿地面积5平方米,比上年减少0.5平方米。

全市集中供热面积1137万平方米。全市供热总面积2100万平方米。

污水处理厂1座,污水处理能力10万立方米/日,污水处理总量2754万立方米。

城市供水、供气状况进一步改善。全市自来水日供水能力15万立方米,自来水年售水量2583万立方米,用水普及率95.5%。全年新铺设煤气管道10.47公里,增加煤气用户3663户。年末煤气、液化气用户11.79万户,煤气供气总量264万立方米,液化气供气总量7580吨。

2007年底,全市公共运营车辆达521辆,全年市内公共交通客运量5672万人次。出租车2500辆。客运总量6295万人次。

环境保护事业不断发展,通过集中供热面积的扩大、道路改造、污染防治、棚户区建设、园林绿化等工程,延吉市总体环境质量又上了一个新的台阶,空气环境质量符合二级标准的天数达到285天,比上年增加35天,二氧化硫排放浓度达到国家二类标准,布尔哈通河溪洞断面高锰酸盐指数达到国家四类水体标准,集中式饮用水源地水质符合三类水体标准,污染物排放总量得到控制,工业企业排放的主要污染物基本实现了达标排放。

重新划分了噪声功能区和烟尘控制区。2007年建成烟控区36.59平方公里。

注:1. 本公报为初步统计数据,最终以《延吉统计年鉴-2008》数据为准。

2. 延吉生产总值、各产业增加值绝对数按现价计算,增长速度按可比价计算。

3. 人口数据为公安部门年底户籍人口数。

二

统计资料

STATISTICAL DATA

1. 行政区划和自然状况

CHAPTER 1 ADMINISTRATIVE DIVISION AND NATURAL CONDITIONS

土地面积、人口及人口密度

LAND CHARACTERISTICS,POPULATION AND DENSITY

1－1

指　　标	单位	1990年	1995年	2000年	2005年	2006年	2007年
土地面积	**平方公里**	**747.4**	**1350.2**	**1350.2**	**1350.24**	**1350.24**	**1350.24**
城区	平方公里	21.9	25.7	31.7	32.81	40.66	40.66
郊区	平方公里	725.5	1324.5	1318.5	1317.43	1309.58	1309.58
总人口	**人**	**283214**	**356170**	**389497**	**420370**	**429135**	**436375**
城区	人	259712	312149	354586	387510	396985	404125
郊区	人	23502	44021	34911	32860	32150	32250
人口密度	**人/平方公里**	**379**	**264**	**288**	**311**	**318**	**323**
城区	人/平方公里	11859	12146	11196	11811	9764	9939
郊区	人/平方公里	32	33	26	25	25	25

行政区划

ADMINISTRATIVE DIVISIONS

1－2

单位:个

指　　标	1990年	1995年	2000年	2005年	2006年	2007年
一、街道						
街道办事处	9	9	9	6	6	6
社区居民委员	179	208	147	61	62	62
居民小组	2298	2735	3115	2912	2913	3252
二、乡镇						
乡政府	5	4	–	–	–	–
镇政府	–	2	3	3	3	3
村民委员会	55	67	69	34	34	34
村民小组	306	338	333	267	267	261
自然屯	104	137	140	140	140	140

自然状况
NATURAL CONDITIONS

地理位置

延吉位于北纬42度50分至43度23分,东经129度1分至129度48分之间,座落于长白山北侧延吉盆地中部。它北靠敦化市、汪清县,西接安图县,南连龙井市,东邻图们市。

延吉处于东北亚经济圈腹地,是"金三角"内中国方的一个支撑点,地理位置优越。长(春)图(们)铁路横贯东西,境内公路四通八达,拥有一个中型机场。延吉属近海市,距中俄边境150公里,与日本海直线距离仅80公里,有着较好的通海条件。

城市土地结构
URBAN LAND STRUCTURE

1-3

(2007年末)

项　　　目	土地面积		占总面积比重(%)
	平方公里	万亩	
总计	**1350.24**	**202.54**	**100**
耕地	114.20	17.13	8.46
#水田	19.82	2.97	1.47
旱地	84.52	12.68	6.26
林地	1052.75	157.91	77.96
#有林地	929.75	139.46	68.86
灌木	65.39	9.81	4.84
未成林造林地	49.73	7.45	3.67
水域	0.97	0.14	0.07
#水库水面	0.02	-	-
草地	9.76	1.46	0.72
#天然草地	7.31	1.10	0.54
人工草地	2.45	0.37	0.18
园地	25.35	3.80	1.88
#果园	24.20	3.63	1.80
居民点及工矿用地	53.51	8.03	3.96
#城市	24.20	3.63	1.79
村庄	16.49	2.47	1.22
交通用地	3.26	0.49	0.24
未利用土地	65.33	9.81	4.84
#荒草地	44.24	6.64	3.28
沼泽	7.82	1.17	0.58
其他农用地	9.66	1.45	0.72
其他土地	15.45	2.32	1.15
#滩涂	12.28	1.84	0.91

气象情况

METEOROLOGY CONDITIONS

1-4

指　　标	单位	2002年	2003年	2004年	2005年	2006年	2007年
年平均气温	**℃**	**5.8**	**6.1**	**6.5**	**5.6**	**5.7**	**6.7**
1月	℃	-11.9	-13.2	-12.2	-12.7	-12.8	-10.2
2月	℃	-5.9	-7.5	-8.0	-11.6	-8.6	-4.5
3月	℃	-2.0	-0.3	-2.0	-2.4	-1.3	-1.6
4月	℃	8.5	8.9	8.5	8.5	4.9	6.6
5月	℃	15.6	14.5	14.6	12.2	14.4	13.2
6月	℃	17.7	19.4	21.5	19.2	16.1	20.2
7月	℃	21.4	19.7	21.3	21.7	21.3	20.3
8月	℃	20.6	21.2	21.7	22.0	22.5	22.2
9月	℃	14.7	16.1	16.3	16.5	15.5	15.9
10月	℃	5.7	6.9	7.4	7.5	8.1	7.6
11月	℃	-5.8	-2.8	0.2	-0.6	-2.4	-2.0
12月	℃	-12.8	-9.2	-11.1	-13.5	-9.3	-7.0
无霜期	**天**	**146**	**127**	**148**	**140**	**202**	**194**
初霜期	日/月	20/9	20/9	15/9	3/10	3/10	12/10
终霜期	日/月	26/4	10/5	7/5	15/5	22/4	23/4
年日照时数	小时	2294	2151	2270.2	2317	2383	2262
降雪日数	天	36	29	35	32	42	28
初雪日	日/月	5/11	21/10	12/10	12/11	21/10	22/10
终雪日	日/月	10/4	8/4	3/4	6/5	24/4	17/4
年降水量	毫米	582.8	399.2	425.7	533.0	449	584.7
年内日最大降水量	毫米	61.6	49.8	44.1	68.7	31.6	52.6
年内大风日数	天	14	13	16	5	32	29
年平均风速	米/秒	2.1	1.9	1.6	1.9	2.8	3.1
年平均气压	毫巴	994	995	993.8	993.5	984.7	983.7
年冻土深度	厘米	127	159	150	154	160	138

自然资源

NATURAL RESOURCES(END OF 2007)

1-5

(2007年末)

项　　目	单位	实际数
一、森　林		
有林地面积	公顷	57525
# 用材林	公顷	43108
经济林	公顷	793
防护林	公顷	8664
特用林	公顷	4960
灌木林面积	公顷	3524
疏林地面积	公顷	153
活立木总蓄积量	万立方米	457.4
有林地蓄积量	万立方米	454.6
森林覆盖率	%	70.4
二、水文、水利		
河川年径流总量	亿立方米/年	2.31
地下(浅层)水量	亿立方米	0.136
流域总面积	平方公里	1332
水利资源蕴藏量	亿立方米	11.20
三、矿产资源(保有资源储量)		
煤	万吨	196.1
石灰石	万吨	16000
脉石英沸石	万吨	247
伊利石粘土	万吨	3604
珍珠岩	万吨	289
铜矿	吨	787
钨矿	吨	272
银矿	吨	131.4
金矿(金属量)	千克	150.6
矿泉水(按一天流量计算)	吨	2366

2. 综　合

CHAPTER 2　GENERAL SURVER

社会经济主要指标

MAIN SOCIAL AND ECONOMIC INDICATORS

2－1

指　　标	单位	1990年	1995年	2000年	2005年	2006年	2007年
一、年末总人口	**万人**	**28.32**	**35.62**	**38.95**	**42.04**	**42.91**	**43.64**
二、从业人员	**万人**	**15.51**	**19.67**	**18.91**	**17.27**	**17.84**	**19.46**
#在岗职工人数	万人	12.08	12.38	8.54	7.40	7.30	7.22
三、延吉生产总值	**亿元**	**9.68**	**26.37**	**41.29**	**74.64**	**91.17**	**115.19**
第一产业	亿元	0.42	0.79	1.08	1.61	1.89	2.22
第二产业	亿元	5.36	12.80	17.75	30.88	37.78	48.13
#工业	亿元	4.60	9.78	14.81	25.83	33.03	42.53
第三产业	亿元	3.90	12.78	22.47	42.15	51.50	64.84
四、工农业总产值	**亿元**	**14.78**	**25.25**	**36.32**	**53.81**	**68.81**	**89.06**
#工业总产值	亿元	14.14	23.96	34.58	51.22	66.02	85.57
五、固定资产投资	**亿元**	**1.89**	**13.52**	**15.15**	**34.58**	**57.68**	**85.03**
城镇固定资产投资	亿元	1.89	13.26	14.48	34.05	56.33	78.68
#房地产开发投资	亿元	0.29	2.12	1.93	12.61	12.34	12.35
#私人建房	亿元	0.08	0.76	0.37	0.47	–	–
农村固定资产投资	亿元	–	0.26	0.66	0.53	1.35	6.35
六、财政金融							
财政收入	亿元	1.69	2.59	3.81	8.22	10.81	25.77
财政支出	亿元	1.07	2.36	3.08	8.56	10.91	12.54
银行存款年末余额＊	亿元	6.49	31.44	65.77	165.47	192.70	196.97
银行贷款年末余额＊	亿元	12.79	31.71	65.71	112.40	120.63	120.93
居民储蓄存款年末余额	亿元	5.92	26.93	72.48	139.34	153.37	152.41
七、物价指数(上年＝100)							
1.居民消费价格指数	%	103.2	113.6	98.9	101.3	101.5	105.3
2.零售物价指数	%	102.9	113.1	97.7	101.2	101.3	103.5
八、工资、可支配收入							
1.在岗职工工资总额	亿元	2.30	6.01	8.15	12.95	14.78	17.19
2.在岗职工平均货币工资	元	1925	5032	9286	17052	19953	22601
3.城市居民人均可支配收入	元	1239	3744	5526	10001	11128	13155

＊1995年以后含信用社，2004年(含2004年)以后工业总产值为新口径。

2－1 续表 1

指　　标	单位	1990年	1995年	2000年	2005年	2006年	2007年
九、农业							
1. 农业总产值	亿元	0.64	1.29	1.74	2.60	2.79	3.49
2. 主要农产品产量							
粮食	吨	19914	16190	19609	18671	22261	20308
#水稻	吨	9496	7448	8563	3562	4142	3616
烟叶	吨	957	454	761	342	485	490
蔬菜	吨	54294	37445	49752	76805	78774	83921
油料	吨	95	334	855	635	649	782
水果	吨	8532	7037	12616	8643	9279	9987
肉类总产量	吨	1632	3086	4526	5761	6301	6615
十、工业							
1. 工业总产值	亿元	14.14	23.96	34.58	51.22	66.02	85.57
2. 主要工业产品产量							
卷烟	万箱	33.1	27.7	28.0	32.5	34.5	36.66
啤酒	千升	29100	48100	62000	73686	77473	65545
面粉	万吨	4.38	4.66	0.02	－	－	－
毛线	吨	1034	852	308	－	－	－
布	万米	817	1333	2146	291	578	661
日用玻璃	万吨	3.86	5.14	5.82	7.15	5.29	6.13
种植机械	台	2500	2494	1831	－	16468	20921
铝	吨	2481	13801	12185	4406	8274	15745
原煤	万吨	16.7	15.4	14.1	12.02	12.80	19.19
中成药	吨	423	283	518	699	842	1386
塑料制品	吨	1072	635	395	1952	1777	3286
3. 独立核算工业企业指标							
年末固定资产原值	亿元	8.71	25.07	40.99	29.70	34.08	31.00
年末固定资产净值	亿元	6.81	19.65	29.99	21.71	21.92	18.53
流动资产平均余额	亿元	－	20.09	21.57	26.04	32.26	36.98
产品销售收入	亿元	12.57	21.53	22.35	44.22	56.55	73.69
利税总额	亿元	3.65	3.62	5.25	13.72	16.70	22.89
#利润	亿元	0.58	－0.54	0.33	2.28	3.90	5.94
全员劳动生产率	元/人	26587	19355	47925	184444	252903	32929
十一、运输、邮电、供电							
1. 货运量 铁路	万吨	28	33	22	20	17	17
公路	万吨	408	448	536	627	661	700

注：从 2004 年开始工业指标为新口径。

2－1 续表 2

指　　标	单位	1990年	1995年	2000年	2005年	2006年	2007年
2. 客运量 铁路	万人	170	188.16	219.83	152.97	156.73	180.0
公路	万人	536	361.50	631.00	742.00	769.00	806.0
航空	万人	3.4	15.93	17.10	31.78	35.00	39.89
3. 邮电业务总量	万元	2651	17729	43253	61732	67744	75587
4. 用电量总计	亿千瓦小时	2.9	6.16	5.29	6.57	7.13	7.57
#民用	亿千瓦小时	0.4	0.71	1.24	2.05	2.24	2.22
十二、商业							
1. 社会消费品零售总额	亿元	6.67	25.78	33.65	42.34	54.46	69.93
#批发零售贸易业	亿元	5.04	18.38	24.93	34.07	44.44	57.01
住宿和餐饮业	亿元	0.64	2.74	2.82	8.23	9.98	12.87
2. 城乡集市贸易成交额	亿元	2.37	13.34	19.92	26.89	27.56	30.87
#农产品专业市场	亿元	1.49	8.22	17.87	17.82	17.50	22.85
其他专业市场	亿元	0.06	0.70	0.37	3.58	7.10	5.39
十三、教育、科技、文化							
1. 年末专业技术人员	万人	2.80	3.17	2.57	2.67	2.58	2.42
#中级以上	万人	1.18	1.54	1.31	1.19	1.64	1.52
2. 年末在校学生数							
高等学校	万人	0.44	0.56	0.99	1.65	2.04	1.85
中等专业学校	万人	0.42	0.30	0.67	0.68	0.64	0.64
普通中学	万人	1.33	2.05	2.98	3.24	3.08	2.94
小学	万人	2.78	3.60	3.23	2.64	2.63	2.62
3. 出版数量							
图书	万册	1180	1751	2003	3032	3067	2497
杂志	万册	213	155	99.6	63	59	59
报纸	万份	3154	2954	3160	2637	2713	2788
十四、卫生							
年末医院床位数	张	1883	2189	2432	2751	2958	3057
年末卫生技术人员	人	3619	4314	3937	3425	3629	4333
#医生	人	1487	2031	1623	1388	1456	1850

注:2004 年社会消费品零售总额为新口径。

社会经济主要指标发展速度

DEVELOP RATE OF MAIN SOCIAL AND ECONOMIC INDICATORS

2-2

指　　标	2007年为以下各年%					1990-2007年平均每年增长%
	1990年	1995年	2000年	2005年	2006年	
一、年末总人口	**154.1**	**122.5**	**112.0**	**103.8**	**101.7**	**2.6**
二、从业人员	**125.5**	**98.9**	**102.9**	**112.7**	**109.1**	**1.3**
三、延吉生产总值	**660.2**	**373.4**	**236.9**	**142.1**	**119.9**	**11.7**
四、全社会固定资产投资	**4498.9**	**628.9**	**561.3**	**245.9**	**147.4**	**24.0**
#城镇固定资产投资	4163.0	593.4	543.4	231.1	139.7	23.7
#房地产开发投资	4258.6	582.5	639.9	97.9	100.1	27.6
五、财政金融						
财政收入	1524.9	995.0	676.4	313.5	238.4	17.4
财政支出	1172.0	531.4	407.1	146.5	114.9	15.6
年末银行存款余额	3035.0	626.5	299.5	119.0	102.2	22.2
年末银行贷款余额	945.5	381.4	184.0	107.6	100.2	14.1
年末居民储蓄存款余额	2574.5	565.9	210.3	109.4	99.4	21.1
六、工资、可支配收入						
1. 职工平均货币工资	536.1	363.7	208.6	124.0	107.4	10.4
2. 城市居民人均可支配收入	484.8	284.5	204.0	123.0	112.3	9.7
七、居民消费水平						
农业居民	462.3	359.5	332.5	209.8	143.8	9.4
非农业居民	645.8	255.4	215.7	154.4	114.6	11.6
八、运输						
1. 货运量 铁路	60.7	51.5	77.3	85.0	100.0	-2.9
公路	171.6	156.3	130.6	111.6	105.9	3.2
2. 客运量 铁路	105.9	95.7	81.9	117.7	114.8	0.3
公路	150.4	223.0	127.7	108.6	104.8	2.4
航空	1173.2	250.4	233.3	125.5	114.0	15.6
九、商业						
社会消费品零售总额	-	-	-	159.5	124.1	-
#批发零售贸易业	-	-	-	161.7	123.9	-
十、教育、科技						
1. 专业技术人员	86.4	76.3	94.2	90.6	93.8	-0.9
2. 高等学校在校生	420.5	330.4	186.9	112.1	90.7	8.8
中等专业学校在校生	152.4	213.3	95.5	94.1	100.0	2.5
普通中学在校生	221.1	143.4	98.7	90.7	95.5	4.8
小学在校生	94.2	72.8	81.1	99.2	99.6	-0.3
十一、卫生						
年末医院床位数	162.3	139.7	125.7	111.1	103.3	2.9
年末卫生技术人员	102.2	85.7	93.9	108.0	101.9	0.1

注：1. 表中三、四、五按可比价计算，工资、社会消费品零售总额、消费水平按扣除价格变动因素后计算。

2. 固定资产投资平均增长速度按累计法计算；其他均按水平法计算。

社会经济主要比例关系

PERCENTAGE OF MAIN SOCIAL AND ECONOMIC

2－3　　单位:%

指　　标	1990年	1995年	2000年	2005年	2006年	2007年
一、延吉生产总值中三大产业比例						
第一产业	4.3	3.0	2.6	2.4	2.1	1.9
第二产业	55.3	48.5	43.0	39.2	41.4	41.8
#工业	47.5	37.1	35.9	34.6	36.2	36.9
第三产业	40.4	48.5	54.4	58.4	56.5	56.3
二、工农业总产值中农轻重比例						
农业	4.4	4.6	4.8	4.8	4.0	3.9
轻工业	73.2	65.8	65.8	85.2	77.5	72.6
重工业	22.4	29.6	29.4	10.0	18.5	23.5
三、工业总产值中轻重工业比例						
轻工业	76.6	68.8	69.1	89.5	80.7	75.6
重工业	23.4	31.2	30.9	10.5	19.3	24.4
四、工业总产值中所有制性质比例						
国有	74.9	57.3	36.4	45.2	1.6	1.0
集体	18.6	7.6	7.6	6.8	－	－
“三资”经济	－	16.8	12.7	28.4	26.5	29.5
私营经济	－	0.4	1.0	1.5	4.9	5.6
联营经济	－	1.3	0.1	－	－	－
股份制经济	－	4.0	55.6	18.1	67.0	63.9
其它	6.5	12.6	19.6	－	－	－
五、固定资产投资额中结构比例						
城镇	100.0	98.1	95.6	98.5	97.7	92.5
#房地产	15.3	15.7	12.8	36.5	21.4	14.5
农村	－	1.9	4.4	1.5	2.3	7.5
六、文教卫生科学事业费占财政支出比重	**20.2**	**31.2**	**29.4**	**19.6**	**18.5**	**32.5**
#科学事业费	0.2	0.4	0.3	0.1	0.1	0.8
#教育事业费	13.9	22.7	22.9	15.9	13.9	24.8
七、农业总产值中结构比例						
种植业	66.0	49.2	53.7	44.9	46.9	47.3
林业	3.4	2.7	3.0	4.7	4.4	4.6
牧业	28.1	47.6	42.9	42.3	40.9	41.3
渔业	0.5	0.5	0.4	0.3	0.3	0.2
服务业	－	－	－	7.8	7.5	6.6
八、从业人员中三大产业比例						
第一产业	13.9	11.8	10.3	9.4	8.4	7.4
第二产业	44.1	30.6	27.3	18.2	17.1	15.7
第三产业	42.0	57.6	62.4	72.4	74.5	76.9

按总人口平均的主要经济指标

PER CAPITA OF MAJOP NATIONAL ECONOMIC INDICATORS

2-4

指　　标	单位	1990年	1995年	2000年	2005年	2006年	2007年
一、延吉生产总值	**元**	**3314**	**7302**	**10375**	**17913**	**21463**	**26616**
二、居民消费水平	**元**	**1093**	**4217**	**4863**	**7018**	**9662**	**11852**
1. 农业居民	元	980	2079	2180	3501	5175	7838
2. 非农业居民	元	1118	4583	5261	7461	10203	12316
三、工农业总产值	**元**	**5219**	**7089**	**9325**	**12802**	**16035**	**20408**
四、财政收入	**元**	**605**	**1512**	**1710**	**1956**	**2519**	**5906**
五、财政支出	**元**	**379**	**661**	**791**	**2036**	**2541**	**2874**
六、社会消费品零售总额	**元**	**2439**	**7237**	**8639**	**10072**	**12691**	**16025**
七、城乡集市贸易成交额	**元**	**838**	**3744**	**5115**	**6398**	**6421**	**7073**
八、固定资产投资	**元**	**667**	**3795**	**3889**	**8226**	**13441**	**19486**
九、教育、卫生、文化							
教师	人	0.01	0.02	0.02	0.02	0.02	0.02
医生	人	0.01	0.01	…	…	…	…
医疗床位	张	0.01	0.01	0.01	…	…	0.01
图书馆藏书	册	1.23	0.92	1.16	1.52	1.38	1.68
出版图书	册	33	49	51	72	71	57
出版报纸	份	111	83	81	63	63	64
十、人民生活							
1. 在岗职工平均年货币工资	元	1925	5032	7835	17052	19953	22601
2. 住户调查资料							
城市居民可支配收入	元	1239	3744	5526	10001	11128	13155
城市居民消费支出	元	1085	2898	4752	7792	8841	10083
农村住户纯收入	元	745	1599	2586	4149	5830	6131
农村住户生活费支出	元	856	2002	2001	2900	4029	4195
十一、年末城乡居民储蓄存款余额	**元**	**2091**	**7560**	**18609**	**33148**	**35739**	**34927**
十二、年末土地面积	**公顷**	**0.26**	**0.38**	**0.35**	**0.32**	**0.31**	**0.31**
#耕地面积	公顷	0.05	0.04	0.03	0.03	0.03	0.02

注:2004年以后人均社会消费品零售总额、工业总产值为新口径。

延吉的一天

DAILY SOCIAL AND ECONOMIC ACTIVITIES OF YANJI CITY

2－5

指　　标	单位	1990年	1995年	2000年	2005年	2006年	2007年
一、创造的财富							
延吉生产总值	万元	265.3	726.2	1131.3	2045.1	2497.9	3156
工农业总产值	万元	405.0	691.8	995.0	1474.4	1885.3	2439.9
工业总产值	万元	387.4	656.3	947.4	1403.2	1808.7	2344.3
农业总产值	万元	17.6	35.4	47.6	71.2	76.6	95.6
财政收入	万元	46.2	147.5	182.5	225.2	296.1	706.0
主要工业产品							
毛线	吨	2.83	2.33	0.84	–	–	–
布	万米	2.24	3.65	5.88	0.80	1.58	1.81
啤酒	吨	80	131.8	169.9	201.9	212.3	179.6
卷烟	大箱	907	758.9	767.1	890.4	945.2	1004.4
原煤	吨	458	4229	386.3	329.3	351.7	525.8
日用玻璃	吨	104.1	140.7	159.5	196.0	144.8	167.9
中成药	吨	1.2	0.8	1.4	1.92	2.3	3.8
铝	吨	6.8	37.8	33.4	12.1	22.7	43.1
二、消费量							
最终消费	万元	116	562	781	1325	1790	2175
居民消费	万元	84	419	530	801	1125	1405
农村居民	万元	14	30	31	45	65	96
城镇居民	万元	71	389	499	757	1060	1309
政府消费	万元	31	142	251	524	665	769
社会消费品零售总额	万元	183	706	922	1160	1492	1916
城乡集市贸易成交额	万元	65	365	546	737	755	846
三、其它经济活动							
清运垃圾粪便	吨	795	932	1063	1077	1077	1096
供应自来水	万吨	5.7	8.5	8.5	8.4	8.6	10.1
铁路客运量	人次	4658	5155	6024	4191	4294	4932
民航客运量	人次	93.2	436.4	468.5	871	959	1093
市内客运量	万人次	9.5	16.2	13.1	13.2	14.2	15.5
邮寄函件	万件	1.36	1.52	1.38	0.44	0.33	0.49
四、人口变动及婚姻							
出生	人	11	9	9	8	8	11
死亡	人	4	5	6	6	6	6
结婚	对	8.9	8.4	7.6	10.4	13.2	12.7
离婚	对	1.3	3.3	2.8	6.7	4.8	5.0

近五年延吉市社会经济主要指标

MAIN SOCIAL AND ECONOMIC INPCATORS
OF FIVE YEAR IN YAN JI

2-6

指数:上年=100

指　　标	单位	2002年	2003年	2004年	2005年	2006年	2007年
延吉生产总值	亿元	51.29	57.17	64.62	74.64	91.17	115.19
指数		109.9	110.5	110.6	112.7	118.5	119.9
第一产业	亿元	1.15	1.16	1.31	1.75	1.89	2.22
指数		103.0	101.8	93.7	115.9	104.6	103.8
第二产业	亿元	21.75	23.81	26.64	29.28	37.78	48.13
指数		109.8	108.9	109.9	111.3	125.0	119.3
第三产业	亿元	28.39	32.20	36.67	43.61	51.50	64.84
指数		110.3	112.6	111.8	113.6	114.7	120.9
人均延吉生产总值	元	12187	13709	14728	17913	21463	26616
指数		108.2	108.6	108.8	110.9	116.2	17.7
全社会固定资产投资额	亿元	18.75	20.89	23.04	34.58	57.68	85.03
指数		110.3	111.4	110.3	150.1	166.8	147.4
财政收入	亿元	4.83	5.58	6.63	8.22	10.81	25.77
指数		111.3	115.5	118.8	127.0	122.6	-
财政支出	亿元	4.43	5.31	6.53	8.56	10.91	12.54
指数		108.6	119.9	123.0	131.1	127.4	114.9
农业总产值	亿元	1.87	1.91	2.43	2.60	2.79	3.49
指数		109.0	102.3	105.2	117.3	104.6	-
货运量	万吨	575.38	602.44	626.86	647.83	678.83	717.67
指数		100.3	104.7	105.5	103.3	104.8	105.7
客运量	万人	881.01	870.82	906.17	926.75	960.73	1025.89
指数		101.8	98.8	104.1	102.8	103.7	106.8
社会消费品零售总额	亿元	35.40	36.56	39.52	42.34	54.46	69.93
指数		102.1	103.3	108.1	128.2	128.6	128.4
职工年平均工资	元	11551	13472	14627	17052	19953	22601
指数		107.6	116.6	108.6	108.6	117.0	113.3
城市居民人均可支配收入	元	7834	8597	9109	10001	11128	13155
指数		119.6	109.7	106.0	109.8	111.3	118.2
城市居民人均消费支出	元	6601	7015	7363	7792	8841	10083
指数		126.3	106.3	105.0	105.8	113.5	114.0
农村居民人均纯收入	元	3060	3104	3820	4149	5830	6131
指数		112.2	101.4	123.1	108.6	140.5	105.2

各时期投入产出情况

PROLONGING LUCKY EACH PARTICULAR PERIOD OF MAEKET THROWS INPUT OUTPUT CIRCUMWTANCES

2－7

指　标	单位	"六五"时期 1981－1985年	"七五"时期 1986－1990年	"八五"时期 1991－1995年	"九五"时期 1996－2000年	"十五"时期 2001－2005年	"十一五"时期 2006－2007年
一、投　入							
固定资产投资额	亿元	4.28	11.06	44.09	69.02	114.26	142.71
#城镇固定资产投资	亿元	4.28	11.06	43.35	66.03	112.73	135.01
#房地产开发	亿元	－	0.29	9.30	6.13	42.83	24.69
第一产业	亿元	0.15	0.58	0.53	0.26	0.65	3.62
第二产业	亿元	2.10	5.61	10.64	20.50	27.97	34.15
#工业	亿元	2.05	5.36	10.27	17.34	21.90	31.91
第三产业	亿元	2.03	4.87	32.92	48.27	85.64	104.94
产业比重							
第一产业	%	3.50	5.24	1.20	0.40	0.60	2.54
第二产业	%	49.07	50.72	24.13	29.70	24.50	23.93
#工业	%	47.90	48.46	23.29	25.10	19.20	22.36
第三产业	%	47.43	44.04	74.67	69.90	74.90	73.53
二、产　出							
延吉生产总值	亿元	10.69	34.23	94.87	175.37	294.09	206.36
经济增长速度	%	17.6	14.7	12.07	10.08	11.05	19.20
产出比重							
第一产业	%	7.69	4.32	3.04	2.61	2.21	1.99
第二产业	%	60.95	55.32	48.15	42.24	41.74	41.63
第三产业	%	31.36	40.36	48.81	55.15	56.05	56.38
工业总产值	亿元	15.86	54.06	101.04	149.92	236.87	151.28
工业内部比重							
轻工业	%	73.22	76.6	74.03	67.09	75.44	77.88
重工业	%	26.78	23.4	25.97	32.91	24.56	22.12
财政收入	亿元	2.07	6.7	17.86	30.24	29.44	36.58
财政收入增长	%	24.28	20.02	26.13	4.35	16.62	77.06
每百元投资产出							
延吉生产总值	元	250	310	215	254	257	145
工业总产值	元	371	489	229	217	207	106
财政收入	元	48	61	41	44	26	26

延吉生产总值及结构

CONWTRUCTION OF GROSS DOMEWTIC PRODUCTS

2-8 单位:万元

年份	延吉生产总值	第一产业	第二产业	#工业	第三产业	#运输邮电	批零餐饮	人均延吉生产总值(元)
1978	10168	890	5800	5421	3478	408	1304	639
1980	12120	907	6962	5712	4251	638	1798	733
1985	32652	2510	19901	17546	10241	951	4753	1379
1990	96838	4185	53566	45967	39087	4660	16570	3314
1992	151490	5475	70696	59498	75319	8908	35661	4763
1993	192475	4217	99266	75025	88992	11400	44047	5723
1994	222768	6867	105119	85413	110782	16773	46171	6347
1995	265051	7720	123604	97246	133728	23754	58569	7302
1996	289326	8656	116320	91769	164350	25898	67529	7736
1997	317992	8384	126844	105051	182764	27531	73588	8324
1998	352416	7300	153410	126734	191702	29309	76303	9083
1999	381089	10638	166765	137734	203687	31743	78381	9722
2000	412913	10802	177451	148068	224660	39808	84281	10375
2001	463635	11415	196674	164457	255546	45898	91731	11476
2002	512893	11454	217538	182848	283900	51916	98235	12510
2003	571678	11564	238115	201393	321999	61504	104230	13709
2004	646216	13135	266402	227383	366679	66166	117526	15769
2005	746446	17548	292801	258304	436097	80827	128600	17913
2006	911739	18890	377826	330307	515023	91168	159469	21463
2007	1151927	22253	481296	425277	648378	65437	148520	26616
结构(%)								
1978	100	8.8	57.0	53.3	34.2	4.0	12.8	-
1980	100	7.5	57.4	47.1	35.1	5.3	14.8	-
1985	100	7.7	60.9	53.7	31.4	2.9	14.6	-
1990	100	4.3	55.3	47.5	40.4	4.8	17.1	-
1992	100	3.6	46.7	39.3	49.7	5.9	23.5	-
1993	100	2.2	51.6	39.0	46.2	5.9	22.9	-
1994	100	3.1	47.2	38.3	49.7	7.5	20.7	-
1995	100	2.9	46.6	36.7	50.5	9.0	22.1	-
1996	100	3.0	40.2	31.7	56.8	9.0	23.3	-
1997	100	2.6	39.9	33.0	57.5	8.7	23.1	-
1998	100	2.1	43.5	36.0	54.4	8.3	21.7	-
1999	100	2.8	43.8	36.1	53.4	8.3	20.6	-
2000	100	2.6	43.0	35.9	54.4	9.6	20.4	-
2001	100	2.5	42.4	35.5	55.1	9.9	19.8	-
2002	100	2.2	42.4	35.7	55.4	10.1	19.2	-
2003	100	2.0	41.7	35.2	56.3	10.8	18.2	-
2004	100	2.0	41.2	35.2	56.7	10.2	18.2	-
2005	100	2.4	39.2	34.6	58.4	10.8	17.2	-
2006	100	2.1	41.4	36.2	56.5	10.0	17.5	-
2007	100	1.9	41.8	36.9	56.3	5.7	12.9	-

注:2005年(含2005年)之后为新口径。

延吉生产总值指数

INDICES OF GROSS DOMEWTIC PRODUCT

2 - 9

年　份	延吉生产总值	第一产业	第二产业	#工业	第三产业	#运输邮电	批零贸易	人均延吉生产总值
环比指数								
1978	100.0	100.0	100.0	100.0	100.0	100.0	100.0	100.0
1980	111.2	86.1	118.9	107.9	106.5	132.6	109.8	103.2
1985	124.1	113.1	130.6	129.4	113.8	98.5	117.3	110.1
1990	115.3	112.0	111.4	107.4	122.5	156.2	120.7	108.1
1992	118.3	100.4	114.2	114.3	124.7	120.1	137.6	110.9
1993	112.1	77.8	118.5	113.5	107.6	115.3	105.6	106.0
1994	107.8	139.0	107.6	113.4	106.5	137.6	97.2	103.3
1995	106.0	95.8	105.2	101.9	107.8	130.1	109.4	102.5
1996	112.4	106.2	110.4	111.4	115.1	101.6	108.8	109.1
1997	110.5	99.9	114.6	121.1	106.5	101.0	104.6	108.2
1998	107.7	88.2	111.1	109.4	104.7	103.5	103.1	106.1
1999	108.0	145.9	107.8	108.2	106.5	103.3	103.9	106.9
2000	109.1	100.1	108.2	108.4	110.9	123.9	107.1	107.5
2001	110.2	106.6	111.4	111.1	109.3	110.5	106.7	108.6
2002	109.9	104.4	111.4	111.5	108.7	110.2	104.5	108.2
2003	110.5	101.8	108.9	108.3	112.6	119.0	103.6	108.6
2004	110.6	103.8	109.7	111.1	111.8	109.1	108.8	108.8
2005	112.7	115.9	111.3	108.9	113.6	107.2	103.2	110.9
2006	118.5	104.6	125.0	123.8	114.7	91.7	129.7	116.2
2007	119.9	103.8	119.3	120.1	120.9	106.5	121.1	117.7
定基指数								
（以1978年为100）								
1978	100.0	100.0	100.0	100.0	100.0	100.0	100.0	100.0
1980	123.6	126.2	127.0	113.4	116.8	156.4	129.2	119.2
1985	277.9	151.6	323.1	311.5	237.8	233.1	283.7	181.6
1990	555.2	165.1	597.0	562.5	598.1	993.6	593.0	290.6
1992	766.0	174.2	736.7	696.4	971.2	1780.6	1020.9	368.3
1993	858.7	135.5	872.8	790.2	1045.3	2052.2	1077.8	390.4
1994	925.7	188.3	938.7	896.5	1113.2	2824.3	1047.1	403.4
1995	981.6	180.5	987.3	913.3	1199.6	3673.6	1145.2	413.6
1996	1103.2	191.6	1089.8	1017.0	1381.1	3731.3	1245.4	451.1
1997	1219.2	191.4	1248.4	1231.2	1471.5	3767.4	1302.3	488.1
1998	1313.6	168.8	1386.6	1347.4	1540.7	3899.3	1342.7	517.8
1999	1418.1	246.3	1494.9	1464.0	1640.6	4020.5	1393.7	553.3
2000	1547.4	246.5	1617.5	1587.0	1819.4	4980.6	1492.7	594.8
2001	1705.1	262.7	1800.9	1756.9	1988.0	5501.8	1592.9	645.4
2002	1873.1	274.2	2005.8	1958.9	2160.4	6063.0	1664.6	698.3
2003	2069.6	279.2	2183.6	2121.5	2432.6	7215.0	1724.3	758.4
2004	2289.0	289.8	2395.4	2357.0	2719.6	7871.6	1876.0	825.1
2005	2579.7	335.9	2666.1	2566.8	3089.5	8438.3	1936.1	915.1
2006	3056.9	351.3	3332.6	3177.6	3543.7	7737.9	2511.1	1063.3
2007	3665.2	364.6	3975.8	3816.3	4284.3	8240.9	3040.9	1251.5

各时期社会经济主要指标

MAIN SOCIAL AND ECONOMIC INPICATORS OF EACH PERIOD IN YAN JI

2－10

年度	延吉生产总值		人均延吉生产总值		全社会固定资产投资（亿元）	社会消费品零售总额（亿元）	人均消费水平	
	绝对数（亿元）	年平均增长（%）	绝对数（元）	年平均增长（%）			农村居民（元）	城镇居民（元）
1952年	0.13	–	205	–	0.02	0.05	132	173
“一五”（1953－1957）	0.93	10.8	232	4.3	0.16	0.95	136	198
“二五”（1958－1962）	0.22	4.1	308	－4.5	0.22	1.52	168	276
三年调整时期	0.22	5.0	341	10.0	0.15	1.04	215	319
“三五”（1966－1970）	0.3	6.4	401	7.7	0.1	2.13	222	346
“四五”（1971－1975）	3.64	11.5	604	8.2	0.5	2.23	227	383
“五五”（1976－1980）	5.35	6.9	740	1.9	0.93	3.57	268	496
“六五”（1981－1985）	10.69	17.6	1068	10.4	4.28	8.18	413	654
“七五”（1986－1990）	34.23	14.8	2569	8.6	11.06	24.81	804	1116
“八五”（1991－1995）	94.87	12.1	5597	7.3	44.09	80.41	1551	3226
“九五”（1996－2000）	175.37	10.1	8908	7.5	69.02	157.14	2246	5276
“十五”（2001－2005）	294.09	11.1	14294	10.0	114.26	188.49	2975	6505
“十一五”（2006－2007）	206.36	19.2	24040	17.0	142.71	124.39	6507	11260

总产出

TOTAL OUTPUT

2－11　　单位：万元

指标	按当年价格计算		按可比价格计算		2007年为2006年的%
	2006年	2007年	2006年	2007年	
总产出	**1852765**	**2432463**	**1796343**	**2233552**	**124.3**
第一产业	27944	32952	27158	28205	103.9
第二产业	967826	1282938	937353	1164822	124.3
工业	809746	1098665	783877	992133	126.6
建筑业	158080	184273	153476	172689	112.5
第三产业	856995	1116573	831832	1040525	125.1
#交通运输、仓储及邮政业	157494	108487	141950	95834	104.0
批发和零售、住宿和餐饮业	242492	235410	240491	224976	123.6

最终消费

FINAL CONSUMPTION

2-12　　单位:万元

年　份	最终消费	居民消费	农村居民	城镇居民	政府消费	资本形成总额	固定资本形成总额	存货增加
2002	337797	220241	13622	206619	117556	197538	193103	4435
2003	368723	244070	14323	229747	124653	281563	214731	66832
2004	472701	292998	16580	276418	179703	237364	225674	11690
2005	483591	292460	16330	276130	191131	339060	311224	27836
2006	653367	410461	23650	386811	242906	610471	582254	28217
2007	793710	512959	35116	477843	280751	1114371	826356	288015

居民消费水平

LEVEL OF TOTAL CONSUMPTION RESIDENTS

2-13

指　　标	单位	2006年	2007年	2007年为2006年的%
一、当年价格居民消费水平	**元/人**	**9662**	**11852**	**122.7**
农村居民	元/人	5175	7838	151.5
城镇居民	元/人	10203	12316	120.7
二、可比价格居民消费水平	**元/人**	**9520**	**11090**	**116.5**
农村居民	元/人	5108	7347	143.8
城镇居民	元/人	10052	11523	114.6
三、居民年平均人口	**万人**	**42.48**	**43.28**	**101.9**
农村居民	万人	4.57	4.48	98.0
城镇居民	万人	37.91	38.80	102.3

法人单位及产业活动单位数

NUMBER OF CORPORATE UNITS AND INDUSTRIAL ACTIVITIES(END OF 2007)

2－14　　(2007年末)　　单位:个

指　　标	法人单位数	单产业法人单位	多产业法人单位	产业活动单位数	#多产业法人所属的产业活动单位
总　计	**2453**	**2311**	**142**	**3007**	**696**
一、按登记注册类型分组					
国有企业	579	556	23	717	161
集体企业	87	82	5	183	101
股份合作企业	14	14	–	15	1
联营企业	2	2	–	2	–
有限责任公司	243	225	18	342	117
股份有限公司	99	78	21	138	60
私营企业	1081	1013	68	1233	220
其他企业	200	200	–	215	15
合资经营企业(港或澳、台)	2	2	–	2	–
港、澳、台商独资经营企业	3	2	1	3	1
中外合资经营企业	23	23	–	23	–
中外合作经营企业	7	7	–	8	1
外资企业	110	104	6	123	19
外商投资股份有限公司	3	3	–	3	–
二、按机构类型分组	**2453**	**2311**	**142**	**3007**	**696**
企业	1734	1607	127	2274	667
事业单位	359	350	9	373	23
机关	138	134	4	139	5
社会团体	29	28	1	28	–
民办非企业单位	72	72	–	72	–
其他组织机构	121	120	1	121	1
三、按三次产业、行业门类分组	**2453**	**2311**	**142**	**3007**	**696**
第一产业	**10**	**10**	**–**	**10**	**–**
农、林、牧、渔业	10	10	–	10	–
第二产业	**520**	**510**	**10**	**534**	**24**
采矿业	5	5	–	5	–
制造业	354	348	6	363	15
电力、燃气及水的生产和	31	31	–	31	–
建筑业	130	126	4	135	9
第三产业	**1923**	**1791**	**132**	**2463**	**672**
交通运输、仓储和邮政业	29	24	5	76	52
信息传输、计算机服务和	54	50	4	66	16
批发和零售业	522	471	51	763	292
住宿和餐饮业	87	77	10	113	36
金融业	35	11	24	188	177
房地产业	156	152	4	158	6
租赁和商务服务业	199	191	8	210	19
科学研究、技术服务和地	119	115	4	124	9
水利、环境和公共设施管	18	18	–	19	1
居民服务和其他服务业	59	53	6	82	29
教育	152	150	2	154	4
卫生、社会保障和社会福	73	71	2	80	9
文化、体育和娱乐业	74	69	5	81	12
公共管理和社会组织	346	339	7	349	10

3. 人口、从业人员和职工工资

CHAPTER 3 POPULATION, EMPLOYMENT AND WAGE

人口数及构成(年底数)

POPULATION AND ITS COMPOSITION(END OF 2007)

3－1

单位:人

年份	年末总户数(户)	年末总人口	按性别分		按城区、郊区分		按农业、非农业分	
			男性	女性	城区	郊区	农业人口	非农人口
1952	11752	63605	33082	30523	40500	23105	22780	40825
1957	16584	86354	44031	42323	65547	20807	21451	64903
1962	26243	132863	66332	66531	84707	48156	49902	82961
1965	21889	115655	57931	57724	89653	26002	27086	88569
1970	22650	109005	54284	54721	83488	25517	28621	80384
1975	27387	126705	63244	63461	98386	28319	32169	94536
1978	31696	143365	72043	71322	114902	28463	32853	110512
1980	37646	161253	80996	80257	132743	28510	31491	129762
1985	54733	216785	108949	107836	173511	43274	41800	174985
1990	80049	283214	141794	141420	259712	23502	52322	230892
1993	92300	330068	164836	165232	285803	44265	54033	276035
1994	95028	343600	171659	171941	299304	44296	54158	289442
1995	100409	356170	177722	178448	312149	44021	52683	303487
1996	102190	368045	183578	184467	331926	36119	52364	315681
1997	104983	376370	187108	189262	340512	35858	52449	323921
1998	108478	381191	189231	191960	345489	35702	52079	329112
1999	111276	386008	191395	194613	350575	35433	52064	333944
2000	114034	389497	192720	196777	354586	34911	51542	337955
2001	116946	395888	195948	199940	361276	34612	50811	345077
2002	119411	398915	197356	201559	364669	34246	50598	348317
2003	123518	406435	200451	205984	372557	33878	49284	357151
2004	128943	413106	203393	209713	379920	33186	47277	365829
2005	133708	420370	206241	214129	387510	32860	46020	374350
2006	139017	429135	209804	219331	396985	32150	45362	383773
2007	143159	436375	212799	223576	404125	32250	44231	392144

3－1续

年份	占总人口的比重(%)						人口密度(人/平方公里)	
	男性	女性	城区	郊区	农业人口	非农人口		城区
1952	52.01	47.99	63.67	36.33	35.81	64.19	–	–
1957	50.99	49.01	75.90	24.10	24.84	75.16	–	–
1962	49.93	50.07	63.76	36.24	37.56	62.44	–	–
1965	50.09	49.91	77.52	22.48	23.42	76.58	–	–
1970	49.80	50.20	76.59	23.41	26.26	73.74	–	–
1975	49.91	50.09	77.65	22.35	25.39	74.61	823	6559
1978	50.25	49.75	80.15	19.85	22.92	77.08	931	7660
1980	50.23	49.77	82.32	17.68	19.53	80.47	1047	8850
1985	50.26	49.74	80.04	19.96	19.28	80.72	556	9329
1990	50.07	49.93	91.70	8.30	18.47	81.53	379	11859
1993	49.94	50.06	86.59	13.41	16.37	83.63	244	12009
1994	49.96	50.04	87.11	12.89	15.76	84.24	254	12576
1995	49.90	50.10	87.64	12.36	14.79	85.21	264	12146
1996	49.88	50.12	90.19	9.81	14.23	85.77	273	10481
1997	49.71	50.29	90.47	9.53	13.94	86.06	278	10752
1998	49.64	50.36	90.63	9.37	13.66	86.34	282	10909
1999	49.58	50.42	90.82	9.18	13.49	86.51	286	11070
2000	49.48	50.52	91.04	8.96	13.23	86.77	288	11196
2001	49.50	50.50	91.26	8.74	12.83	87.17	293	11397
2002	49.47	50.53	91.42	8.58	12.68	87.32	295	11515
2003	49.32	50.68	91.66	8.34	12.13	87.87	301	11355
2004	49.24	50.76	91.97	8.03	11.44	88.56	306	11579
2005	49.06	50.94	92.18	7.82	10.95	89.05	311	11811
2006	48.89	51.11	92.51	7.49	10.57	89.43	318	9764
2007	48.77	51.23	92.61	7.39	10.14	89.86	323	9939

人口出生率、死亡率、自然增长率

BIRTH RATE, DEATH RATE AND NATURAL GROWTH RATE

3－2

年份	人口总增长（人）	自然增长			机械增长		
			出生	死亡		迁入	迁出
1952	7512	2337	3113	776	5177	17404	12227
1957	977	2493	3307	814	－1516	28321	29837
1962	1295	4282	5424	1142	－2969	18118	21087
1965	5163	2662	3375	713	2426	7700	5274
1970	－519	2536	3334	798	2306	7321	5015
1975	2604	508	1264	756	2104	7659	5555
1978	8513	1667	2429	762	7248	13100	5852
1980	8867	1964	2756	792	6240	10931	4691
1985	9855	2308	3443	1135	7605	17405	9800
1990	8698	2346	3972	1626	6296	27094	20798
1993	15418	1797	3185	1388	13989	17939	3950
1994	13532	1486	3106	1620	11427	15030	3603
1995	12570	1522	3383	1861	9880	14236	4356
1996	11875	1028	2927	1899	12011	16796	4785
1997	8325	1423	3027	1604	6854	11540	4686
1998	4821	812	2700	1888	3521	8898	5377
1999	4817	1130	2958	1828	3985	9031	5046
2000	3489	1126	3327	2201	3640	10311	6671
2001	6391	1162	2850	1688	5550	11375	5825
2002	3027	878	2629	1751	2431	9376	6945
2003	7520	156	2162	2006	7575	13966	6391
2004	6671	1210	2811	1445	6079	12713	6634
2005	7264	810	2940	2130	6487	13411	6924
2006	8765	854	2932	2078	7932	15082	7150
2007	7240	1609	3899	2290	5608	12412	6804

3－2续表

年份	人口总增长率（‰）	自然增长率			机械增长率
			出生率	死亡率	
1952	118.58	36.89	49.14	12.25	81.72
1957	11.37	29.03	38.51	9.48	－17.66
1962	9.79	32.39	41.02	8.64	－22.46
1965	45.66	23.54	29.85	6.31	21.45
1970	－4.75	23.21	30.51	7.30	21.10
1975	20.77	4.05	10.08	6.03	16.78
1978	61.20	11.98	17.46	5.48	52.10
1980	56.54	12.52	17.57	5.05	39.79
1985	46.52	10.89	16.25	5.36	35.90
1990	31.19	8.41	14.24	5.83	22.58
1993	47.83	5.57	9.88	4.31	43.40
1994	40.17	4.41	9.22	4.81	33.92
1995	35.93	4.35	9.67	5.32	28.24
1996	32.79	2.84	8.08	5.24	33.17
1997	22.37	3.82	8.13	4.31	18.41
1998	12.73	2.15	7.13	4.98	9.30
1999	12.56	2.94	7.71	4.77	10.39
2000	9.00	2.90	8.58	5.68	9.39
2001	16.27	2.96	7.26	4.30	14.13
2002	7.62	2.21	6.62	4.41	6.12
2003	18.68	0.38	5.32	4.94	18.81
2004	16.28	3.33	6.86	3.53	14.84
2005	17.43	1.94	7.05	5.11	15.57
2006	20.64	2.01	6.90	4.89	18.67
2007	16.73	3.72	9.01	5.29	12.96

注：因各年有漏登、多统、行政区划变动因素，故人口自然增长＋人口机械增长 的和与人口总增长不尽一致。

各民族人口构成

POPULATION PROPORTION IN NATIONALITY AND ITS COMPOSITION

3－3

单位：人

年份	年末总人口	汉族	朝鲜族	满族	回族	蒙古族	其他少数民族
1952	63605	22233	40707	322	341	－	2
1957	86354	29532	56135	325	362	－	－
1962	132863	48150	83659	585	449	6	14
1966	116793	43694	71913	643	505	19	19
1967	119958	44879	73863	660	518	19	19
1968	123209	46096	75865	678	532	19	19
1969	109524	40974	67435	603	474	19	19
1970	109005	40780	67116	600	471	19	19
1971	110422	48546	60949	389	506	26	6
1972	116995	51029	64809	537	550	31	39
1973	120766	52582	67052	573	509	39	11
1974	124101	53724	69122	612	597	33	13
1975	126705	55531	69851	683	586	46	8
1976	132046	58343	72356	684	608	46	9
1977	134852	59814	73605	732	632	60	9
1978	143365	62772	79146	722	645	70	10
1979	152386	65271	85575	789	679	60	12
1980	161253	68584	91086	843	674	51	15
1981	170901	72341	96641	1121	698	80	20
1982	175565	73245	100286	1599	759	50	18
1983	196775	82070	112081	1797	777	42	8
1984	206930	85271	118883	1947	774	44	11
1985	216785	89829	123908	2157	820	58	13
1986	228190	90451	134415	2413	843	52	16
1987	240334	94668	141974	2754	859	55	24
1988	258081	100350	153829	2949	858	64	31
1989	274516	104723	165460	3281	887	113	51
1990	283214	106986	171465	3695	929	92	47
1991	293510	110126	178460	3783	980	107	54
1992	314650	122122	186923	4376	1044	132	53
1993	330068	126961	196401	5358	1125	156	67
1994	343600	132162	204353	5677	1170	165	73
1995	356170	137620	211200	6052	1024	188	86
1996	368045	142147	218241	6131	1226	210	90
1997	376370	145754	222685	6348	1241	246	96
1998	381191	147988	225129	6485	1230	257	102
1999	386008	150706	227024	6661	1238	271	108
2000	389497	152662	228401	6773	1244	303	114
2001	395888	155926	231288	6957	1267	323	127
2002	398915	157543	232524	7066	1273	367	142
2003	406435	161009	236314	7228	1280	419	185
2004	413106	163986	239671	7458	1317	456	218
2005	420370	167984	242565	7720	1341	503	257
2006	429135	171174	247686	8074	1383	546	272
2007	436375	174492	251245	8354	1428	554	302

各民族人口构成比重

POPULATION PROPORTION IN NATIONALITY AND ILS COMPOSITION

3－4　　　　单位:%

年　份	年末总人口	汉族	朝鲜族	满族	回族	蒙古族	其他少数民族
1952	100	34.95	64.00	0.51	0.54	-	-
1957	100	34.20	65.00	0.38	0.42	-	-
1962	100	36.24	62.97	0.44	0.34	-	0.01
1966	100	37.41	61.57	0.55	0.43	0.02	0.02
1967	100	37.41	61.57	0.55	0.43	0.02	0.02
1968	100	37.41	61.57	0.55	0.43	0.02	0.02
1969	100	37.41	61.57	0.55	0.43	0.02	0.02
1970	100	37.41	61.57	0.55	0.43	0.02	0.02
1971	100	43.96	55.20	0.35	0.46	0.02	0.01
1972	100	43.62	55.39	0.46	0.47	0.03	0.03
1973	100	43.54	55.52	0.47	0.42	0.04	0.01
1974	100	43.29	55.70	0.49	0.48	0.03	0.01
1975	100	43.83	55.13	0.54	0.46	0.04	0.01
1976	100	44.18	54.80	0.52	0.46	0.03	0.01
1977	100	44.36	54.58	0.54	0.47	0.04	0.01
1978	100	43.78	55.21	0.50	0.45	0.05	0.01
1979	100	42.83	56.15	0.52	0.45	0.04	0.01
1980	100	42.53	56.49	0.52	0.42	0.03	0.01
1981	100	42.33	56.55	0.65	0.41	0.05	0.01
1982	100	41.63	56.99	0.91	0.43	0.03	0.01
1983	100	41.71	56.96	0.91	0.39	0.02	0.01
1984	100	41.21	57.45	0.94	0.37	0.02	0.01
1985	100	41.44	57.16	0.99	0.38	0.03	…
1986	100	39.64	58.90	1.06	0.37	0.02	0.01
1987	100	39.39	59.07	1.15	0.36	0.02	0.01
1988	100	38.88	59.61	1.14	0.33	0.02	0.02
1989	100	38.15	60.27	1.20	0.32	0.04	0.02
1990	100	37.78	60.54	1.30	0.33	0.03	0.02
1991	100	37.52	60.80	1.29	0.33	0.04	0.02
1992	100	38.81	59.41	1.39	0.33	0.04	0.02
1993	100	38.47	59.50	1.62	0.34	0.05	0.02
1994	100	38.46	59.48	1.65	0.34	0.05	0.02
1995	100	38.64	59.30	1.70	0.29	0.05	0.02
1996	100	38.62	59.30	1.67	0.33	0.06	0.02
1997	100	38.73	59.17	1.69	0.33	0.06	0.02
1998	100	38.82	59.06	1.70	0.32	0.07	0.03
1999	100	39.04	58.81	1.73	0.32	0.07	0.03
2000	100	39.19	58.64	1.74	0.32	0.08	0.03
2001	100	39.39	58.42	1.76	0.32	0.08	0.03
2002	100	39.49	58.29	1.77	0.32	0.09	0.04
2003	100	39.61	58.14	1.78	0.32	0.10	0.05
2004	100	39.70	58.02	1.81	0.32	0.10	0.05
2005	100	39.96	57.70	1084	0.32	0.12	0.06
2006	100	39.89	57.72	1.88	0.32	0.13	0.06
2007	100	39.99	57.58	1.91	0.33	0.13	0.06

2007年人口及其变动情况

CONDITIONS OF POPULOA TION CHANGE(END OF 2007)

3-5 单位:户、人、‰

指标	总计	街道	镇
总户数	**143159**	**122185**	**20974**
年平均人口	432755	376236	56519
年末总人口	**436375**	**379825**	**56550**
#男性	212799	184727	28072
女性	223576	195098	28478
#汉族	174492	149340	25152
朝鲜族	251245	220986	30259
满族	8354	7288	1066
#非农业人口	392144	374653	17491
未落常住户口人员	210	210	-
自然增加人口	1609	1463	146
自然增长率	3.72	3.89	2.58
出生人口	**3899**	**3333**	**566**
出生率	9.01	8.86	10.01
死亡人口	**2290**	**1870**	**420**
死亡率	5.29	4.97	7.43
机械增长率	12.96	14.74	1.08
机械增加人口	5608	5547	61
迁入人口	**12412**	**11631**	**781**
省内迁入	9889	9305	584
#地区内迁入	6672	6259	413
省外迁入	2523	2326	197
迁出人口	**6804**	**6084**	**720**
迁至省内	3756	3270	486
#迁至地区内	1616	1329	287
迁至省外	3048	2814	234

2007 年非农业人口增减情况

POPULATION CHANGE OF ONO - AGRICULTURE(END OF 2007)

3 - 6

单位:人

街、镇别	年末非农业人口	当年增加人口	出生	迁入	农转非人口合计	招生	投靠亲属
总计	**392144**	**17583**	**3519**	**9209**	**3662**	**989**	**955**
一、街道	**374653**	**16154**	**3277**	**8830**	**2934**	**989**	**737**
朝阳	76755	2613	661	1536	363	-	114
北山	57278	2500	535	1311	474	115	203
新兴	49358	2166	389	1123	404	193	56
公园	63736	3253	451	1870	889	676	92
河南	71593	3341	720	1724	449	5	172
建工	55933	2281	521	1266	355	-	100
二、镇	**17491**	**1429**	**242**	**379**	**728**	**-**	**218**
小营镇	6336	525	82	158	216	-	30
依兰镇	6996	706	122	183	400	-	100
三道湾镇	4159	198	38	38	112	-	88

3 - 6 续表

街、镇别	由港澳台和国外迁出	复员转业	其它	当年减少人口	死亡	迁出	其它
总计	**32**	**135**	**1026**	**9212**	**1933**	**6117**	**1162**
一、街道	**32**	**135**	**946**	**8851**	**1816**	**5936**	**1099**
朝阳	9	20	24	1456	352	831	273
北山	3	32	145	1150	231	876	43
新兴	7	22	221	1767	251	1170	346
公园	6	17	20	2544	280	1905	359
河南	4	27	417	1121	389	690	42
建工	3	17	119	813	313	464	36
二、镇	**-**	**-**	**80**	**361**	**117**	**181**	**63**
小营镇	-	-	69	77	28	28	21
依兰镇	-	-	1	237	65	130	42
三道湾镇	-	-	10	47	24	23	-

城镇私营企业、个体和乡村劳动者人数

NUMBER OF LABORS IN URBAN PRIVATE ENTERPRISES, INDIVIDUAL ENTERPRISES AND NUMBER OF RURAL LABORS(END OF 2007)

3－7　　(2007年末)　　单位:人

行业	城镇私营企业从业人数	#私营业主	城镇个体劳动者年末人数	#个体户主	乡村劳动者
总计	**29037**	**2853**	**64714**	**23813**	**24130**
1. 农、林、牧、渔业	325	38	35	16	13610
2. 采掘业	34	4	25	10	－
3. 制造业	4158	425	2045	818	1428
4. 电力、煤气及水的生产和供应业	278	25	4	2	－
5. 建筑业	2206	128	2	1	751
6. 交通运输、仓储和邮政业	628	59	8375	3350	461
7. 信息传输、计算机服务和软件业	758	78	140	56	91
8. 批发和零售业	10851	1225	41097	14639	681
9. 住宿和餐饮业	1193	96	5530	2212	1089
10. 金融业	－	－	－	－	－
11. 房地产业	3771	202	－	－	－
12. 租赁和商务服务业	1684	201	908	363	－
13. 科学研究、技术服务和地质勘查业	－	－	－	－	－
14. 水利、环境和公共设施管理业	－	－	－	－	－
15. 居民服务和其他服务业	2372	261	4585	1834	6019
16. 教育	299	62	850	65	－
17. 卫生、社会保障和社会福利业	136	14	813	325	－
18. 文化体育和娱乐	344	35	305	122	－
19. 公共管理和社会组织	－	－	－	－	－
20. 国际组织	－	－	－	－	－

注:城镇私营企业含离退休人数。

历年从业人员人数

THE NUMBER OF EMPLOYMENT

3－8

单位:人

年份	年末从业人员数	全部在岗职工人数	国有经济	集体经济	其他经济	城镇个体劳动者	城镇私营企业劳动者	乡村劳动者	其他从业人员
1960	40144	28994	26990	2004	–	–	–	11150	–
1965	39457	29239	25599	3640	–	–	–	10218	–
1970	42931	31355	26778	4577	–	–	–	11576	–
1974	53546	41374	34074	7300	–	–	–	12172	–
1975	56958	44799	34963	9836	–	–	–	12159	–
1976	59173	46848	36920	9928	–	–	–	12325	–
1977	65419	52988	43584	9404	–	–	–	12431	–
1978	71407	58214	46543	11671	–	–	–	13193	–
1979	83010	66106	50818	15288	–	–	–	16904	–
1980	89415	71097	53861	17236	–	525	–	17793	–
1981	99998	79599	59658	19941	–	1491	–	18908	–
1982	106309	86741	63682	23059	–	1236	–	18332	–
1983	111254	90563	65534	25029	–	2362	–	18329	–
1984	114639	91956	66875	25081	–	4007	–	18676	–
1985	121253	96529	71045	25484	–	5913	–	18811	–
1986	126648	102312	75650	26662	–	5329	–	19007	–
1987	132641	107543	79296	28247	–	5874	–	19224	–
1988	139268	110833	81552	29218	63	7467	–	20968	–
1989	147760	115814	84387	30588	839	8685	–	23261	–
1990	154698	120839	89694	30364	781	11373	–	22486	–
1991	158328	122375	92562	28697	1116	12218	1206	23735	–
1992	158328	122375	92562	28697	1116	12218	1206	23735	–
1993	171433	124485	97470	22122	4893	20395	3198	26037	516
1994	190951	127153	95358	22628	9167	25865	5889	31807	237
1995	196670	123753	93172	19231	11350	40030	6616	25949	322
1996	203268	123636	92937	15266	15433	44728	9219	25281	404
1997	206984	122089	92382	15303	14404	49499	10328	24147	921
1998	183708	93861	70228	8043	15590	57465	8942	22076	1364
1999	170750	89356	56853	8006	24497	45550	11907	22070	1867
2000	166434	85539	54535	6633	24371	43385	13909	22016	1585
2001	162745	82333	51899	6007	24427	38653	17588	22132	2039
2002	163179	79288	45618	5780	27890	41235	17603	22424	2629
2003	163799	76065	43392	4865	27808	46440	14967	23334	2993
2004	159302	74768	43025	5125	26618	44486	12174	24707	3167
2005	172715	74035	42190	5002	26843	50902	20966	24089	2723
2006	178388	73002	42015	4206	26781	48304	29084	24023	3975
2007	194582	72174	40854	3303	28017	64714	29037	24130	4527

3－8 续表

年份	年末从业人员数				所占比重(%)		
		第一产业	第二产业	第三产业	第一产业	第二产业	第三产业
1960	40144	11731	15297	13116	29.2	38.1	32.7
1965	39457	11899	14456	13102	30.2	36.6	33.2
1970	42931	12754	19308	10869	29.7	45.0	25.3
1974	53546	13917	23959	15670	26.0	44.7	29.3
1975	56958	13909	26309	16740	24.4	42.2	29.4
1976	59173	13532	28235	17406	22.9	47.7	29.4
1977	65419	13830	32520	19069	21.1	49.7	29.2
1978	71407	14784	35532	21091	20.7	49.8	29.5
1979	83010	17743	41641	23626	21.4	50.2	28.4
1980	89415	18680	44945	25790	20.9	50.3	28.8
1981	99998	19990	50956	29052	20.0	51.0	29.0
1982	106309	19424	55330	31555	18.3	52.0	29.7
1983	111254	20348	56267	34639	18.3	50.6	31.1
1984	114639	20185	56530	37924	17.6	49.3	33.1
1985	121253	19939	56069	45245	16.4	46.3	37.3
1986	126648	17716	60487	48445	14.0	47.8	38.2
1987	132641	17775	63525	51341	13.4	47.9	38.7
1988	139268	19915	63848	55505	14.3	45.8	39.9
1989	147760	21273	66225	60262	14.4	44.8	40.8
1990	154698	21457	68144	65097	13.9	44.0	42.1
1991	158328	22648	67184	68496	14.3	42.4	43.3
1992	170331	25466	68389	76476	15.0	40.2	44.8
1993	171433	24935	67407	79091	14.6	39.3	46.1
1994	190951	23358	71601	95992	12.2	37.5	50.3
1995	196670	23266	60114	113290	11.8	30.6	57.6
1996	203268	22786	61369	119113	11.2	30.2	58.6
1997	206984	21590	59285	126109	10.4	28.7	60.9
1998	183708	20213	42039	121456	11.0	22.9	66.1
1999	170750	19909	39081	111760	11.7	22.9	65.4
2000	166434	18747	38189	109498	11.3	22.9	65.8
2001	162745	17598	35312	109835	10.8	21.7	67.5
2002	163179	17397	35219	110563	10.7	21.6	67.7
2003	163799	17422	30814	115563	10.6	18.8	70.6
2004	159302	17181	29543	112578	10.8	18.5	70.7
2005	172715	16186	31454	125075	9.4	18.2	72.4
2006	178388	14897	30663	132828	8.4	17.2	74.4
2007	194582	14369	30545	149668	7.4	15.7	76.9

在岗职工工资水平及指数

AVERAGE WAGE OF STAFF AND WORKERS AND RELATED INDICES

3-9

年份	全部在岗职工平均工资（元）	国有经济单位	城镇集体经济单位	其他各种经济单位	指数（以1978年为100）货币工资	指数（以1978年为100）实际工资	指数（以上年为100）货币工资	指数（以上年为100）实际工资
1960	626	629	581	-	92.1	-	103.6	97.3
1965	745	765	591	-	109.6	-	101.1	85.9
1970	691	711	554	-	101.6	-	92.5	92.8
1974	674	700	537	-	99.1	-	100.9	100.7
1975	664	694	536	-	97.6	-	98.5	98.9
1976	630	663	498	-	92.6	-	94.9	94.4
1977	637	665	504	-	93.7	-	101.1	101.1
1978	680	705	568	-	100.0	100.0	106.8	106.3
1979	697	749	527	-	102.5	101.5	102.5	101.5
1980	786	831	635	-	115.6	108.4	112.8	106.8
1981	805	845	682	-	118.4	108.8	102.4	100.4
1982	826	876	681	-	121.5	110.0	102.6	99.6
1983	836	887	701	-	122.9	109.7	101.2	99.5
1984	941	986	832	-	138.4	119.4	112.6	108.8
1985	1084	1149	901	-	159.4	124.7	115.2	104.3
1986	1216	1293	995	-	178.8	130.4	112.2	104.6
1987	1457	1574	1137	-	214.3	145.7	119.8	111.8
1988	1712	1824	1398	1364	251.8	139.6	117.5	95.8
1989	1834	1981	1429	1888	269.7	130.6	107.1	93.6
1990	1925	2054	1542	1595	283.1	132.8	105.0	101.7
1991	2097	2221	1704	1723	308.4	135.4	108.9	102.2
1992	2377	2530	1848	1955	349.6	139.1	113.4	104.0
1993	2841	2963	2301	2960	417.8	142.8	119.5	104.3
1994	4088	4259	3203	4425	601.2	177.6	143.9	122.9
1995	5032	5302	3652	5014	740.0	192.6	123.1	108.4
1996	5736	5901	4389	6016	843.5	207.9	114.0	107.9
1997	6332	6651	4429	6219	931.2	221.1	110.4	106.3
1998	7555	7981	5734	6597	1111.0	265.6	119.3	120.2
1999	8529	9512	6115	6794	1254.3	304.7	112.9	114.7
2000	9286	10555	6939	7015	1365.6	335.4	108.9	110.1
2001	10739	12452	8807	7638	1579.3	378.9	115.6	112.9
2002	11551	14282	7713	7995	1698.7	405.1	107.6	106.9
2003	13472	17031	10831	8294	1981.2	472.5	116.6	116.6
2004	14627	18114	10752	9831	2151.0	489.9	108.6	103.7
2005	17052	21982	12328	10603	2507.6	563.5	116.6	115.1
2006	19953	25266	13272	13118	2934.2	585.1	117.0	115.2
2007	22601	29400	13871	14383	3323.6	589.3	113.3	115.3

在岗职工工资总额

TOTAL WAGES OF STAFF AND WORKERS
AND RELATED INDEX

3－10　　　　单位:万元

年份	在岗职工工资总额	#市属单位	按登记注册类型分					
			国有经济	#市属单位	集体经济	#市属单位	其他经济	#市属单位
1960	1634	–	1519	–	115	–	–	–
1965	2156	692	1942	478	214	214	–	–
1970	2098	977	1882	761	216	216	–	–
1974	2848	1408	2458	1018	390	390	–	–
1975	3040	1549	2551	1086	489	463	–	–
1976	3124	1692	2632	1171	492	458	–	–
1977	3469	1827	2768	1229	701	598	–	–
1978	4160	2153	3385	1508	776	645	–	–
1979	4542	2398	3737	1693	805	705	–	–
1980	5372	2832	4368	1964	1004	868	–	–
1981	6077	3052	4818	1995	1259	1057	–	–
1982	6929	3395	5480	2309	1449	1087	–	–
1983	7484	4030	5752	2878	1733	1152	–	–
1984	8616	4550	6527	3125	2089	1425	–	–
1985	10141	5513	7926	4010	2215	1504	–	–
1986	12035	6461	9494	4697	2541	1764	–	–
1987	15396	8109	12189	5922	3207	2186	–	–
1988	18688	9593	14682	6923	3993	2658	13	13
1989	20981	9677	16490	6703	4334	2814	157	110
1990	23023	9969	18350	7170	4549	2709	125	90
1991	25707	11344	20710	8469	4831	2773	167	102
1992	29748	13048	24469	10218	4820	2669	459	161
1993	34752	16485	28576	11845	5173	3745	1003	895
1994	51746	23021	40585	16448	7031	4006	4130	2567
1995	60118	29467	48239	19871	6434	4522	5445	5074
1996	72352	35982	56485	23499	6543	4950	9324	7533
1997	77147	36590	61686	24358	6517	5086	8944	7146
1998	73123	34402	57678	22217	4843	3998	10602	8187
1999	77624	35287	57164	18794	4893	3659	15567	12834
2000	81503	34513	59587	18923	4629	3185	17287	12405
2001	89632	35868	65133	20379	5275	3428	19224	12061
2002	92704	36281	65210	19214	4513	2387	22981	14680
2003	103942	37798	75407	19718	5401	2731	23134	15349
2004	109931	41661	77831	21076	5318	2542	26782	18043
2005	129488	47040	92863	25673	6448	3040	30177	18327
2006	147800	55332	105162	29275	5848	3308	36790	22749
2007	171928	61751	122747	34249	4919	3112	44262	24390

分行业从业人员人数

EMPLOYMENT BY SECTOR(END OF 2007)

3－11　　(2007年末)　　单位:人

行业	全部从业人员	国有经济单位在岗职工	集体经济单位在岗职工	其他经济类型在岗职工	城镇私营个体劳动者	乡村劳动者	其它从业人员
合计	**194582**	**40854**	**3303**	**28017**	**93751**	**24130**	**4527**
市属单位	152570	13357	2314	18357	93751	24130	661
1. 农、林、牧、渔业	14369	372	11	8	360	13610	8
市属单位	14185	188	11	8	360	13610	8
2. 采矿业	368	–	–	309	59	–	–
市属单位	368	–	–	309	59	–	–
3. 制造业	20951	2426	1332	9419	6203	1428	143
市属单位	17063	125	1321	7848	6203	1428	138
4. 电力、燃气及水的生产和供应业	3083	1864	–	932	282	–	5
市属单位	1605	388	–	932	282	–	3
5. 建筑业	6143	72	174	2912	2208	751	26
市属单位	4683	–	41	1672	2208	751	11
6. 交通运输、仓储和邮政业	12386	1342	37	1543	9003	461	–
市属单位	10805	64	37	1240	9003	461	–
7. 信息传输、计算机服务和软件业	3759	1776	–	974	898	91	20
市属单位	1460	11		440	898	91	20
8. 批发与零售业	57839	533	58	4595	51948	681	24
市属单位	54946	53	21	2229	51948	681	14
9. 住宿和餐饮业	10230	318	123	1964	6723	1089	13
市属单位	9207	–	54	1333	6723	1089	8
10. 金融业	7693	2132	719	1052	–	–	3790
市属单位	383	–	–	68	–	–	315
11. 房地产业	5696	363	–	1553	3771	–	9
市属单位	5041	159	–	1105	3771	–	6
12. 租赁与商务服务业	4880	461	447	1354	2592	–	26
市属单位	3634	135	445	455	2592	–	7
13. 科学研究、技术服务与地质勘查业	1957	1378	18	439	–	–	122
市属单位	526	219	–	249	–	–	58
14. 水利、环境和公共设施管理业	2596	2405	–	188	–	–	3
市属单位	2549	2358	–	188	–	–	3
15. 居民服务和其他服务业	13338	128	135	98	6957	6019	1
市属单位	13233	77	135	44	6957	6019	1
16. 教育	10659	8987	–	325	1149	–	198
市属单位	5825	4607	–	67	1149	–	2
17. 卫生、社会保障和社会福利业	5614	4082	249	224	949	–	110
市属单位	2133	786	249	91	949	–	58
18. 文化、体育与娱乐业	3266	2474	–	128	649	–	15
市属单位	1234	503	–	79	649	–	3
19. 公共管理与社会组织	9755	9741	–	–	–	–	14
市属单位	3690	3684	–	–	–	–	6

职工工资总额构成

TOTAL WAGES OF STAFF AND WORKERS AND PERCENTACE(2007)

3－12

(2007 年)

行业	单位从业人员		在岗职工			离岗保留关系职工	
	平均人数(人)	工资总额(万元)	平均人数(人)	工资总额(万元)	平均工资(元)	平均人数(人)	工资总额(万元)
总计	**80608**	**180608**	**76070**	**171928**	**22601**	**8031**	**10453**
市属单位	35890	63515	35235	61751	17526	3588	3310
按登记注册类型分组							
国有经济	42387	123803	41751	122747	29400	4766	9277
市属单位	13665	34284	13638	34249	25113	1248	2665
集体经济	3570	4946	3546	4919	13871	326	76
市属单位	2640	3138	2617	3112	11890	162	36
其他各种经济	34651	51859	30773	44262	14383	2939	1100
市属单位	19585	26093	18980	24390	12851	2178	609
按隶属关系分组							
中央	8660	31275	8187	30464	37210	1392	2618
省、自治区、直辖市	14180	37423	11142	32207	28906	1526	1301
地区	21878	48395	21506	47507	22090	1525	3224
县及县以下	22782	45709	22665	45430	20044	2746	3126
其他	13108	17806	12570	16320	12984	842	184
按企业、事业、机关分组							
企业	50009	95990	45732	87862	19212	5318	4580
市属单位	22909	30141	22268	28401	12754	2686	794
事业	21346	56755	21098	56212	26644	1622	2460
市属单位	9458	24000	9449	23979	25378	518	1368
机关	9253	27863	9240	27854	30145	1091	3413
市属单位	3523	9374	3518	9371	26636	384	1148
按国民经济行业划分							
1. 农、林、牧、渔业	418	935	410	932	22724	81	30
市属单位	215	445	207	441	21300	54	22
2. 采矿业	309	354	309	354	11443	–	–
市属单位	309	354	309	354	11443	–	–
3. 制造业	13572	26194	13424	25340	18876	2285	1881
市属单位	9663	12180	9520	11408	11983	1340	382
4. 电力、燃气及水的生产和供应业	2968	8522	2962	8514	28742	222	325
市属单位	1199	2013	1195	2006	16786	116	153

3－12 续表

行业	单位从业人员		在岗职工			离岗保留关系职工	
	平均人数（人）	工资总额（万元）	平均人数（人）	工资总额（万元）	平均工资（元）	平均人数（人）	工资总额（万元）
5. 建筑业	5878	7612	5852	7573	12941	524	25
市属单位	2359	2790	2348	2780	11842	359	8
6. 交通运输、仓储和邮政业	2938	4897	2938	4897	16668	530	161
市属单位	1334	1609	1334	1609	12064	347	82
7. 信息传输、计算机服务和软件业	2749	8723	2729	8586	31464	100	150
市属单位	477	1196	457	1059	23182	8	17
8. 批发与零售业	5221	8515	5196	8479	16318	589	576
市属单位	2368	2399	2354	2383	10122	244	81
9. 住宿和餐饮业	2492	3257	2479	3241	13074	72	26
市属单位	1481	1962	1473	1951	13243	62	15
10. 金融业	7741	18299	3950	11842	29980	535	807
市属单位	360	657	65	205	31538	5	14
11. 房地产业	1937	3042	1928	3031	15720	96	136
市属单位	1281	1956	1275	1949	15282	83	111
12. 租赁与商务服务业	2339	3626	2311	3562	15415	130	105
市属单位	1053	1558	1044	1524	14594	98	70
13. 科学研究、技术服务与地质勘查业	2085	5074	1951	4851	24866	329	724
市属单位	573	1354	511	1237	24209	54	57
14. 水利、环境和公共设施管理业	2380	3322	2377	3313	13938	113	323
市属单位	2332	3199	2329	3189	13695	107	299
15. 居民服务和其他服务业	373	541	372	540	14513	–	–
市属单位	259	362	258	361	13973	–	–
16. 教育	9858	27420	9674	26983	27893	949	941
市属单位	4974	14672	4972	14658	29481	262	742
17. 卫生、社会保障和社会福利业	4711	13129	4597	12800	27845	162	275
市属单位	1159	2969	1098	2836	25829	38	42
18. 文化、体育与娱乐业	2728	7248	2713	7201	26541	190	472
市属单位	685	1661	682	1625	23830	13	33
19. 公共管理与社会组织	9911	29898	9898	29889	30197	1124	3496
市属单位	3809	10179	3804	10176	26753	398	1182

在岗、离岗职工人数及民族构成

NUMBER OF STAFF AND WORKERS BY NATIONAL
(END OF 2007)

3－13 (2007年末) 单位:人

行业	全部在岗、离岗人数	汉族	朝鲜族	满族	回族	其他民族
总计	**80164**	**44807**	**34006**	**1026**	**204**	**121**
在岗职工	72174	41050	29826	986	193	119
离岗职工	7990	3757	4180	40	11	2
市属单位	37622	22663	14325	451	132	51
在岗职工	34028	20770	12644	438	126	50
离岗职工	3594	1893	1681	13	6	1
在岗职工总计中:						
国有经济	40854	20728	19422	564	89	51
市属单位	13357	7019	6119	168	37	14
集体经济	3303	1975	1293	31	3	1
市属单位	2314	1276	1016	18	3	1
其他各种经济	28017	18347	9111	391	101	67
市属单位	18357	12475	5509	252	86	35
按企业、事业、机关分组						
企业	42256	27005	14473	570	128	80
事业	20844	9518	11008	256	42	20
机关	9074	4527	4345	160	23	19
在岗职工总计中:						
1. 农、林、牧、渔业	391	200	186	4	1	－
2. 采矿业	309	296	11	2	－	－
3. 制造业	13177	8767	4121	189	55	45
4. 电力、燃气及水的生产和供应业	2796	1832	921	33	9	1
5. 建筑业	3158	1946	1176	29	5	2
6. 交通运输、仓储和邮政业	2922	1972	891	40	16	3
7. 信息传输、计算机服务和软件业	2750	1714	981	44	3	8
8. 批发与零售业	5186	3580	1520	62	14	10
9. 住宿和餐饮业	2405	1821	542	36	5	1
10. 金融业	3903	2208	1618	68	6	3
11. 房地产业	1916	1165	723	19	7	2
12. 租赁与商务服务业	2262	1257	975	25	3	2
13. 科学研究、技术服务与地质勘查业	1835	824	990	16	2	3
14. 水利、环境和公共设施管理业	2593	2180	374	21	18	－
15. 居民服务和其他服务业	361	193	166	2	－	－
16. 教育	9312	3950	5188	146	16	12
17. 卫生、社会保障和社会福利业	4555	1529	2964	52	8	2
18. 文化、体育与娱乐业	2602	775	1798	22	2	5
19. 公共管理与社会组织	9741	4841	4681	176	23	20

单位从业人员构成

NUMRER OF STAFF AND WORKES ITS COMPOSITION(END OF 2007)

3－14　　(2007年末)　　单位:人

项　　目	单位从业人员	女性	在岗职工	长期工	临时工	其他从业人员	离岗职工	#内退职工
合计	**76701**	**32736**	**72174**	**70111**	**2063**	**4527**	**7990**	**4972**
市属单位	34689	14282	34028	33079	949	661	3594	1898
按登记注册类型分组								
国有经济	41472	17698	40854	39696	1158	618	4806	3538
市属单位	13380	6102	13357	13028	329	23	1340	1073
城镇集体经济	3323	1415	3303	3289	14	20	311	221
市属单位	2333	935	2314	2302	12	19	141	51
其他各种经济	31906	13623	28017	27126	891	3889	2873	1213
市属单位	18976	7245	18357	17749	608	619	2113	774
按隶属关系分组								
中央	8330	3594	7864	7719	145	466	1350	1286
省、自治区、直辖市	13997	7077	10974	10615	359	3023	1520	632
地区	19685	7783	19308	18698	610	377	1526	1156
县及县以下	22232	9198	22126	21671	455	106	2741	1579
其他	12457	5084	11902	11408	494	555	853	319
按企业、事业、机关分组								
企业	46507	19594	42256	40828	1428	4251	5181	2952
市属单位	21949	8330	21303	20676	627	646	2593	932
事业	21106	10979	20844	20333	511	262	1735	949
市属单位	9346	5259	9337	9030	307	9	626	591
机关	9088	2163	9074	8950	124	14	1074	1071
市属单位	3394	693	3388	3373	15	6	375	375
按国民经济行业划分								
1. 农、林、牧、渔业	399	108	391	391	–	8	98	35
市属单位	215	58	207	207	–	8	53	13
2. 采矿业	309	23	309	309	–	–	–	–
市属单位	309	23	309	309	–	–	–	–
3. 制造业	13320	5860	13177	12576	601	143	2179	1169
市属单位	9432	3890	9294	8940	354	138	1268	408
4. 电力、燃气及水的生产和供应业	2801	622	2796	2750	46	5	204	192
市属单位	1323	293	1320	1274	46	3	110	110

3-14 续表

项目	单位从业人员	女性	在岗职工	长期工	临时工	其他从业人员	离岗职工	#内退职工
5. 建筑业	3184	494	3158	3128	30	26	529	166
市属单位	1724	284	1713	1683	30	11	359	4
6. 交通运输、仓储和邮政业	2922	977	2922	2801	121	-	527	363
市属单位	1341	529	1341	1334	7	-	339	234
7. 信息传输、计算机服务和软件业	2770	1106	2750	2377	373	20	99	80
市属单位	471	123	451	451	-	20	8	8
8. 批发与零售业	5210	2453	5186	5137	49	24	579	286
市属单位	2317	1011	2303	2285	18	14	232	84
9. 住宿和餐饮业	2418	1271	2405	2282	123	13	73	43
市属单位	1395	797	1387	1311	76	8	63	33
10. 金融业	7693	4592	3903	3903	-	3790	529	529
市属单位	383	284	68	68	-	315	5	5
11. 房地产业	1925	699	1916	1829	87	9	101	79
市属单位	1270	437	1264	1177	87	6	89	68
12. 租赁与商务服务业	2288	826	2262	2226	36	26	129	56
市属单位	1042	322	1035	1035	-	7	98	40
13. 科学研究、技术服务与地质勘查业	1957	480	1835	1815	20	122	320	90
市属单位	526	124	468	464	4	58	52	19
14. 水利、环境和公共设施管理业	2596	817	2593	2314	279	3	123	111
市属单位	2549	805	2546	2267	279	3	117	105
15. 居民服务和其他服务业	362	188	361	361	-	1	-	-
市属单位	257	145	256	256	-	1	-	-
16. 教育	9510	5743	9312	9287	25	198	1048	418
市属单位	4676	3359	4674	4666	8	2	361	351
17. 卫生、社会保障和社会福利业	4665	2939	4555	4462	93	110	161	93
市属单位	1184	737	1126	1123	3	58	38	14
18. 文化、体育与娱乐业	2617	1120	2602	2553	49	15	185	159
市属单位	585	273	582	567	15	3	13	13
19. 公共管理与社会组织	9755	2418	9741	9610	131	14	1106	1103
市属单位	3690	788	3684	3662	22	6	389	389

离退休人数及保险福利费用情况

NUMBER OF RETIRED PEOPLE, INSURANCE AND WELFARE EXPENSE DETAILS (END OF 2007)

3－15　　(2007 年末)

项　　目	离退休人数(人)			保险福利费用构成(万元)			
	女　性	离休人员	退休人员	合　计	离休金	退休金	其他费用
总计	**26682**	**1050**	**40812**	**56033**	**3199**	**50998**	**1836**
一、城镇单位	**24008**	**1050**	**35813**	**51728**	**3199**	**46744**	**1785**
(一)企业(含私营企业)	18430	493	25548	23821	1102	22224	494
(二)事业	3988	360	7479	20284	1296	17948	1040
(三)机关	1590	197	2786	7623	801	6572	251
二、其他	**2674**	**－**	**4999**	**4305**	**－**	**4254**	**51**

单位从业人员增减情况

NUMBER OF STAFF AND WORKERS CHANGES (2007)

3－16　　(2007 年)　　单位:人

项　　目	合　计	国有经济	城镇集体经　济	其他各种经　济	第一产业	第二产业	第三产业
净增人数	**－1963**	**－835**	**－133**	**－995**	**－13**	**－754**	**－1196**
一、本年增加人数	**14267**	**4808**	**684**	**8775**	**16**	**6263**	**7988**
从农村招收	4965	582	258	4125	－	3617	1348
从城镇招收	4867	1751	56	3060	3	1568	3296
复员、转业军人	136	88	－	48	1	33	102
大中专技工学校毕业生	986	571	8	407	－	192	794
调入人数	3155	1730	362	1063	12	838	2305
#由外省调入	10	7	－	3	－	2	8
其他	158	86	－	72	－	15	143
二、本年减少人数	**16230**	**5643**	**817**	**9770**	**29**	**7017**	**9184**
离、退休、退职	1138	486	66	586	2	190	946
开除、除名、辞退	3817	699	142	2976	2	2133	1682
终止、解除合同	6846	1144	328	5374	1	3736	3109
离开单位保留关系职工	1123	756	171	196	22	338	763
死亡	79	57	－	22	－	21	58
调出人数	2863	2169	110	584	2	599	2262
#调到外省	38	35	－	3	－	－	38
其他	364	332	－	32	－	－	364

失业保险情况

CONDITIONS OF UNEMPLOYMENT INSURANCE

3－17

项　　目	单位	2006年	2007年	项　　目	单位	2006年	2007年
参保情况							
已参保户数	个	1187	1162	征缴失业保险费	万元	2262	2734
已参保人数	人	86051	87644	享受失业保险金人数	人	2195	1286
缴费工资总额	万元	84008	97961	发放失业保险金额	万元	333	344

农村保险情况

CONDITTONS OF RURAL INSURANCE

3－18　　单位：人、万元

项　　目	2006年	2007年	项　　目	2006年	2007年
参保情况			领取养老金人数	－	－
历年累计投保人数	800	798	退保人数	9	2
实收金额	－	1	支付金额	2	－

城镇失业人员就业情况

OBTAIN EMPLOYMENT THE CIRCUMSTANCES OF LOSE JOBS PERSONNEL

3－19　　单位：人

项　　目	2006年	2007年	项　　目	2006年	2007年
本年失业人员就业数	5271	9520	6. 自谋职业	1555	952
按就业去向分			7. 劳务输出	1228	3211
1. 国有单位	5	424	8. 社区服务	366	－
2. 集体单位	11	592	9. 其 它	542	792
3. 其它经济单位	49	1208			
4. 乡镇企业就业	60	－	年末登记失业人数	10028	4585
5. 私营个体就业	1455	2341	其中：女性	5828	2356
			登记失业率（%）	4.0	4.0

企业职工参加养老保险情况

WORKERIS IN ENTERPRISE PARTICIPATE IN THE INSURANCE CIRCUMWTARCES PROVIDED FOR THE AGED

3－20

项　　目	单位	2006年	2007年	项　　目	单位	2006年	2007年
参加统筹单位数	个	1258	1258	工资总额	万元	100	132
参保职工人数	人	73768	78380	离退休人数	人	944	299
工资总额	万元	83719	107694	发放养老金总额	万元	683	536
离退休人数	人	29804	31755	收拨基金情况			
发放养老金总额	万元	24890	29223	实缴合计	万元	21357	27506
1. 国有企业				国有企业	万元	3041	2411
单位数	个	17	17	城镇集体企业	万元	29	38
职工人数	人	3205	3144	补缴合计	万元	504	1176
工资总额	万元	9913	7801	国有企业	万元	47	43
离退休人数	人	22688	1744	城镇集体企业	万元	75	3
发放养老金总额	万元	18525	12137	实拨合计	万元	24890	29223
2. 城镇集体企业				国有企业	万元	18525	12137
单位数	个	8	8	城镇集体企业	万元	683	536
职工人数	人	112	109				

城镇职工基本医疗、大病医疗、工(公)伤、生育保险情况

BASIC MEDICAL TREATMENT OF WORKERS IUNESS TREATMENT WORKERS WOUND AND GIVING BIRTH TO THE INSURANCE CIRCUMWTANXES

3－21

项　　目	单位	2006年	2007年	项　　目	单位	2006年	2007年
职工大病医疗保险情况				职工生育保险情况			
单位数	个	-	-	单位数	个	454	829
职工人数	人	-	-	职工人数	人	23682	54099
离退休人数	人	-	-	实收保险金	万元	107	395
实收保险金	万元	-	-	支付保险金	万元	52	271
支付保险金	万元	-	-	城镇职工基本医疗保险			
职工工(公)伤保险情况				单位数	个	1057	1084
单位数	个	483	610	职工人数	人	94332	101021
职工人数	人	39965	55573	退休人数	人	1563	1478
实收保险金	万元	366	512	实收保险金	万元	9610	11476
支付保险金	万元	561	356	支付保险金	万元	6943	8969

4. 固定资产投资和建筑业

CHAPTER 4 INVESTMENT IN FIXED ASSETS AND CONSTRUCTION

固定资产投资及构成

COMPOSITION OF INVESTMENT IN FIXED ASSETS(2007)

4－1　　(2007 年)

项　　目	单位	合计	城镇以上固定资产投资	房地产开发投资	农村固定资产投资
填报单位个数	个	410	347	100	63
一、计划总投资	**万元**	**1954415**	**1873419**	**248775**	**80996**
累计完成投资	万元	1215899	1147893	190325	68006
本年完成投资	**万元**	**850322**	**786846**	**123452**	**63476**
按构成分					
①建筑工程	万元	526094	481883	97460	44211
②安装工程	万元	79631	74006	3811	5625
③设备工具购置	万元	142000	136911	618	5089
④其他费用	万元	102597	94046	21563	8551
按隶属关系分					
1. 中央直属项目	万元	61118	61118	－	－
2. 省属项目	万元	54250	54250	9076	－
3. 州属项目	万元	63986	61986	8050	2000
4. 市属项目	万元	465127	422494	12007	42633
5. 其他	万元	205841	186998	94319	18843
本年新增固定资产	**万元**	**645308**	**590315**	**78018**	**54993**
二、资金来源合计	**万元**	**834507**	**770812**	**125169**	**63695**
1. 上年末结余资金	万元	5085	5085	2810	－
2. 本年资金来源	万元	829422	765727	122359	63695
(1)国家预算内资金	万元	13803	12556	－	1247
(2)国内贷款	万元	81097	80847	7394	250
(3)利用外资	万元	12584	7884	－	4700
#外商直接投资	万元	5754	1054	－	4700
(4)自筹资金	万元	630141	581343	80047	48798
#企事业单位自有资金	万元	130328	129828	51384	500
(5)其他资金来源	万元	91797	83097	34918	8700
三、本年施工面积	**万平方米**	**530.02**	**517.05**	**183.23**	**12.97**
#住宅	万平方米	338.81	338.5	153.59	0.31
本年竣工面积	**万平方米**	**272.46**	**261.09**	**60.95**	**11.37**
#住宅	万平方米	156.39	156.08	54.37	0.31

历年全社会固定资产投资

TNVES TM ENT IN FIXED ASSETS FOR TWE WHOLE SOCIETYOVER THE YEARS

4－2 单位:万元

年份	合计	城镇固定资产投资	房地产开发投资	私人建房投资	农村固定资产投资	增长速度(%)
1949	3	3	－	－	－	－
1952	213	213	－	－	－	2.6倍
1957	401	401	－	－	－	65.02
1962	174	174	－	－	－	－40.21
1965	387	387	－	－	－	－38.86
1970	315	315	－	－	－	1.76倍
1975	1285	1285	－	－	－	
1980	3773	3773	－	－	－	1.15倍
1981	4567	4567	－	135	－	21.04
1982	6171	6171	－	88	－	35.12
1983	7019	7019	－	75	－	13.74
1984	10286	10286	－	133	－	46.55
1985	14744	14744	－	982	－	43.34
1986	16957	16957	－	952	－	15.01
1987	22497	22497	－	1313	－	32.67
1988	30715	30715	－	2569	－	36.53
1989	21511	21511	－	1192	－	－29.97
1990	18881	18881	2893	772	－	－12.23
1991	29145	29145	6141	792	－	54.36
1992	55404	53784	9609	2248	1620	90.1
1993	118238	116951	29436	7684	1287	113.41
1994	102913	100988	26592	11365	1925	－12.96
1995	135184	132627	21248	7620	2557	31.36
1996	127526	122218	10155	9133	5308	－5.66
1997	118087	111145	4517	4188	6942	－7.4
1998	145489	140389	11038	4289	5100	23.2
1999	147612	141737	16284	9405	5875	1.46
2000	151479	144836	19306	3660	6643	2.62
2001	169967	164287	31368	5868	5680	12.2
2002	187453	183253	91931	2460	4200	1.29
2003	208934	208814	82971	2400	120	11.46
2004	230435	230425	95937	15120	10	10.29
2005	345803	340513	126102	4666	5290	50.07
2006	576784	563348	123364	－	13436	66.80
2007	850322	786846	123452	－	63476	47.42

市属单位固定资产投资

TOTAL INVESTMENT IN FIXED ASSETS AND ITS COMPOSI-TION(2007)

4－3 (2007年)

指　　标	单位	合计	城镇以上固定资产投资	房地产开发投资	农村固定资产投资
填报单位个数	个	180	150	8	30
一、本年完成投资	**万元**	**465127**	**422494**	**12007**	**42633**
1.建筑工程	万元	307790	274224	7992	33566
2.安装工程	万元	33318	30453	–	2865
3.设备购置	万元	89817	89081	–	736
4.其他费用	万元	34202	28736	4015	5466
二、按建设性质分					
1.新建	万元	81743	59807	12007	21936
2.扩建	万元	332195	311498	–	20697
3.改建和技术改造	万元	34848	34848	–	–
4.迁建	万元	3400	3400	–	–
5.单纯购置	万元	12941	12941	–	–
本年新增固定资产	**万元**	**364250**	**328380**	**4197**	**35870**
三、资金来源合计	**万元**	**451693**	**409871**	**17157**	**41822**
1.上年末结余资金	万元	877	877	–	–
2.资金来源小计	万元	450816	408994	17157	41822
(1)国家预算内资金	万元	11265	10018	–	1247
(2)国内贷款	万元	33399	33399	–	–
(3)利用外资	万元	9730	7030	–	2700
#外商直接投资	万元	2900	200	–	2700
(4)自筹资金	万元	351798	320523	12157	31275
企事业自筹	万元	73468	73468	12157	–
(5)其他资金来源	万元	44624	38024	5000	6600
四、施工面积	**万平方米**	**255.79**	**249.1**	**15.9**	**6.69**
#住宅	万平方米	173.98	173.67	12.82	0.31
竣工面积	万平方米	141.16	134.47	2.14	6.69
#住宅	万平方米	88.78	88.47	2.11	0.31

分行业固定资产投资

TOTAL INVESTMENT IN FIXED ASSETS BY VOCATION(2007)

4－4　　(2007 年)　　单位:万元

项　　目	合计	城镇固定资产投资	房地产开发投资	农村固定资产投资
本年完成投资额	**850322**	**786846**	**123452**	**63476**
一、按经济类型分				
国有经济	369112	351739	－	17373
集体经济	11273	1385	－	9888
有限责任公司	140557	138557	13031	2000
股份有限公司	100727	99327	2719	1400
私营经济	151078	140543	107702	10535
港澳台投资	30361	30361	－	－
外商投资	29354	24654	－	4700
其他经济	17860	280	－	17580
二、按国民经济行业分				
1. 农、林、牧、渔业	17843	3710	－	14133
2. 采矿业	665	665	－	－
3. 制造业	176922	170862	－	6060
4. 电力、燃气及水的生产和供应业	46639	46539	－	100
5. 建筑业	13300	13300	－	－
6. 交通运输、仓储和邮政业	21717	17784	－	3933
7. 信息传输、计算机服务和软件业	38649	38649	－	－
8. 批发和零售业	88025	88025	－	－
9. 住宿和餐饮业	20370	18870	－	1500
10. 金融业	3101	3101	－	－
11. 房地产业	228993	228993	123452	－
12. 租赁和商务服务业	1800	1800	－	－
13. 科学研究、技术服务与地质勘查业	56	56	－	－
14. 水利、环境和公共设施管理业	81643	64229	－	17414
15. 居民服务和其他服务业	2680	680	－	2000
16. 教育	28589	28518	－	71
17. 卫生、社会保障和社会福利业	16666	14261	－	2405
18. 文化、体育与娱乐业	16920	12920	－	4000
19. 公共管理与社会组织	45744	33884	－	11860

房地产开发投资情况

INVESTMENT IN REAL ESTATE DEVELOPMENT(2007)

4－5 （2007年）

项目	单位	合计	国有经济	集体经济	股份制经济	私营经济	港澳台经济
企业个数	**个**	**100**	**2**	**1**	**19**	**77**	**1**
本年完成投资	**万元**	**123452**	**－**	**－**	**15750**	**107702**	**－**
按构成分							
①建筑工程	万元	97460	－	－	12779	84681	－
②安装工程	万元	3811	－	－	－	3811	－
③设备工具购置	万元	618	－	－	112	506	－
④其他费用	万元	21563	－	－	2859	18704	－
本年新增固定资产	**万元**	**78018**	**－**	**－**	**11243**	**66775**	**－**
本年房屋施工面积	平方米	1832328	－	－	225403	1606925	－
#住宅	平方米	1535887	－	－	210133	1325754	－
本年房屋竣工面积	平方米	609526	－	－	72351	537175	－
#住宅	平方米	543726	－	－	67057	476669	－
商品房销售情况							
商品房销售面积	平方米	1051774	－	－	211334	838263	2177
#住宅	平方米	941510	－	－	156074	783259	2177
商品房销售额	万元	188212	－	－	36644	151113	455
#住宅	万元	154382	－	－	22352	131575	455
空置面积	平方米	221911	－	－	56835	159354	5722
#住宅	平方米	135650	－	－	32800	102850	－
资产总计	万元	524813	219	806	118516	402724	2548
负债总计	万元	426977	3	－	90403	334678	1893
所有者权益合计	万元	97836	216	806	28113	68046	655
销售费用	万元	2121	－	－	522	1580	19
管理费用	万元	8705	5	－	1550	6992	158
财务费用	万元	3995	－	－	357	3615	23
营业利润	万元	999	－5	－	118	1062	－176
应付工资	万元	2856	5	1	861	1956	33
从业人员平均人数	人	1522	6	3	374	1113	26

固定资产投资新增能力

CONSTUCTINS SCALE AND NEWLY INCKEASE CAPACITY(2007)

4－6

（2007 年）

生产能力（或效益）	单位	建设规模	本年施工规模	#本年新开工能力
高等院校:学生席位	个	880	880	880
医院病床	张	200	200	200
城市永久性桥梁	座	2	2	2
宾馆、旅馆、招待所客房数	间	8	8	8
高速公路	公里	8.7	8.7	8.7
城市排水管道铺设长度	公里	40.86	4.7	4.7
铝加工	吨/年	100	100	100
中成药	吨/年	500	500	500
移动通信基站设备(指安装能力)	个/年	30	30	30
客车制造	辆/年	100	100	100
城市道路扩建面积	万平方米	41.4	41.4	41.4

总承包和专业承包企业生产情况

PRODUCTION STATUS FOR GENERAL CONTRACTING ENTERPRISES AND PROFESSIONAL CONTRACTING ENTERPRISES(2007)

4－7

（2007 年）

项目	单位	总计	房屋和土木工程建筑业			建筑安装业	建筑装饰业	其它建筑业
				房屋工程建筑	土木工程建筑			
企业个数	**个**	**83**	**42**	**35**	**7**	**20**	**12**	**9**
建筑业总产值	**万元**	**181923**	**159205**	**136344**	**22861**	**16616**	**656**	**5446**
建筑工程产值	万元	170401	155847	132986	22861	8552	556	5446
安装工程产值	万元	11408	3244	3244	–	8064	100	–
其他产值	万元	114	114	114	–	–	–	–
竣工产值	**万元**	**131710**	**119594**	**99950**	**19644**	**8578**	**656**	**2882**
房屋建筑施工面积	平方米	2953592	2718755	2717635	1120	196077	–	38760
房屋建筑竣工面积	平方米	1411502	1367652	1366532	1120	20000	–	23850
机械设备年末总台数	台	2819	2442	1825	617	277	4	96
机械设备年末总功率	千瓦	87672	79058	45493	33565	5354	117	3143
从业人员平均人数	人	19350	16952	14937	2015	1601	180	617

总承包企业生产情况

PRODUCTION CONDITION DF OVERALL CONTRACTED ENTERPRISE(2007)

4－8　　(2007 年)

指　　标	单位	施工总承包	一级	二级	三级及以下
企业个数	**个**	**43**	**3**	**8**	**32**
建筑业总产值	**万元**	**159031**	**52810**	**22880**	**83341**
1. 建筑工程产值	万元	155673	51540	22690	81443
2. 安装工程产值	万元	3244	1270	190	1784
3. 其他产值	万元	114	–	–	114
竣工产值	**万元**	**112825**	**47134**	**16711**	**48980**
房屋建筑施工面积	平方米	2914832	956528	460023	1498281
房屋建筑竣工面积	平方米	1387652	649740	146172	591740
机械设备年末总台数	台	2266	1125	454	687
机械设备年末总功率	千瓦	77175	36322	17335	23518
从业人员平均人数	人	16944	5154	2834	8956

专业承包企业生产情况

PRODUCTION CONDITION OF SPECIALLY CONTRACTED ENTERPRISE(2007)

4－9　　(2007 年)

指　　标	单位	专业承包	一级	二级	三级及以下
企业个数	**个**	**40**	**1**	**9**	**30**
建筑业总产值	**万元**	**22892**	**1927**	**13074**	**7891**
1. 建筑工程产值	万元	14728	1927	7112	5689
2. 安装工程产值	万元	8164	–	5962	2202
竣工产值	**万元**	**18885**	**1078**	**12265**	**5542**
房屋建筑施工面积	平方米	38760	38760	–	–
房屋建筑竣工面积	平方米	23850	23850	–	–
机械设备年末总台数	台	553	20	393	140
机械设备年末总功率	千瓦	10497	600	5170	4727
从业人员平均人数	人	2406	276	1290	840

总承包和专业承包企业主要指标

MAIN INDEX OF OVERXLL CONTRACTED ENTERPRISE
AND SPECIALLY CONTRACTED ENTERPRISE(2007)

4－10

（2007 年）

指　　　标	单位	合计	集体经济	股份制经济	私营经济
企业个数	**个**	**83**	**2**	**33**	**48**
建筑业总产值	**万元**	**181923**	**253**	**98978**	**82692**
1. 建筑工程	万元	170401		89995	80406
2. 安装工程	万元	11408	253	8983	2172
3. 其他产值	万元	114	–	–	114
竣工产值	万元	131710	253	73562	57895
房屋建筑施工面积	平方米	2953592	–	1440993	1512599
房屋建筑竣工面积	平方米	1411502	–	680538	730964
机械设备年末总台数	台	2819	–	1553	1266
机械设备年末总功率	千瓦	87672	–	55516	32156
从业人员平均人数	人	19350	122	9223	10005
资本金					
流动资产合计	万元	172700	1954	109778	60968
固定资产合计	万元	61513	320	38263	22930
固定资产原价	万元	84391	629	52403	31359
#生产经营用	万元	59503	629	35530	23344
累计折旧	万元	29019	308	19229	9482
#本年折旧	万元	3731	27	2821	883
无形及递延资产合计	万元	3847	163	3132	552
资产总计	万元	245051	2438	157709	84904
流动负债合计	万元	141584	1211	92404	47969
长期负债合计	万元	6792	–	4612	2180
负债合计	万元	148376	1211	97016	50149
所有者权益合计	万元	96675	1227	60693	34755
工程结算收入	**万元**	**181613**	**253**	**97665**	**83695**
工程结算成本	万元	150644	130	79929	70585
工程结算税金	万元	6037	18	2989	3030
工程结算利润	万元	23884	50	13895	9939
其他业务利润	万元	1268	–	563	705
管理费用	万元	9982	68	6339	3575
财务费用	万元	1757	–	1219	538
营业利润	**万元**	**13414**	**－18**	**6901**	**6531**
利润总额	万元	13467	－14	6770	6711
应付工资	万元	27452	111	14993	12348
增加值	**万元**	**55347**	**161**	**30421**	**24765**

5. 财政、金融和保险

CHAPTER 5 PUBLIC FINANCE,BANKING AND INSURANCE

财政收入与支出

FINANCE REVENUE AND EXPENDITURE

5－1　　单位:万元

指　　标	2002年	2003年	2004年	2005年	2006年	2007年
一般预算全口径财政收入	**48252**	**55765**	**64651**	**82205**	**108088**	**257708**
#中央财政预算内收入	**14843**	**15961**	**15931**	**25627**	**35673**	**40282**
一般预算市级收入	**33409**	**39804**	**48720**	**56578**	**72415**	**102848**
市级财政收入	**22448**	**25888**	**34150**	**42972**	**72415**	**84305**
增值税	1824	1963	2372	2728	5609	6940
营业税	3831	4576	7002	8857	21765	24230
个人所得税	1490	1302	2117	2181	4168	5239
城市维护建设税	3618	5187	6933	10454	12328	12948
土地使用税	49	130	415	480	495	979
房产税	2164	2457	2570	2969	3490	4277
印花税	182	235	206	324	327	452
农牧业税和耕地占用税	238	169	89	460	632	390
企业所得税	2070	1012	945	851	2339	3202
国有企业计划亏损补贴	－590	－590	－590	－550	－	－
专项收入	2029	1926	2495	3088	5560	6417
其他收入	2	125	91	98	136	－
一般预算支出合计	**44303**	**53141**	**65273**	**85588**	**109057**	**125423**
#企业挖潜改造资金	1465	1876	1404	3438	1515	－
支援农村生产	231	－	－	－	－	－
农林水气事业费	781	1528	1623	1934	3031	6525
交通运输	425	409	438	575	969	2951
城乡社区事务	－	－	－	－	－	19093
科技三项费用	106	154	585	307	441	－
文化体育与传媒	910	1002	1071	1255	2340	2832
教育事业费	9721	9748	10775	13609	15107	31161
科学事业费	83	47	90	98	130	989
医疗卫生	615	1828	1619	1882	2676	5805
社会保障和就业	1758	2136	2940	3184	14053	17129
行政管理费	2432	2298	2796	4969	5435	－
政策性补贴	12	16	11	12	962	－
其他支出	193	478	5541	5796	4189	2040
专项支出	2029	1929	2507	3088	5594	－

注:2007年财政指标改变。

各项税收情况

GOVERNMENT TAXES REVENUE

5－2 单位:万元

指　　标	2002年	2003年	2004年	2005年	2006年	2007年
总计	**100147**	**110452**	**134876**	**177305**	**225300**	**253303**
1. 增值税	30667	35199	39104	49015	51515	57396
2. 消费税	32567	35745	46055	66449	88098	103704
3. 营业税	12692	13791	16422	20433	25787	28719
4. 企业所得税	7393	5722	6555	7507	15739	16127
5. 外商投资企业所得税	146	291	249	205	422	407
6. 个人所得税	5966	6598	8824	9286	10988	11833
7. 资源税	14	31	39	75	－	22
8. 固定资产投资方向调节	－	14	－	－	－	－
9. 城市维护建设税	3626	5238	6933	10462	12353	12963
10. 房产税和城市房地产税	2164	2492	2571	2976	3522	4311
11. 印花税	188	250	206	326	332	465
12. 城镇土地使用税	123	325	414	480	509	804
13. 土地增值税	195	295	326	532	715	1074
14. 车船使用税	91	110	225	243	－	187
15. 屠宰税	14	－	－	－	－	－
16. 农业四税	2595	2983	4876	6633	6422	5541
17. 教育费附加	1658	1318	2011	2609	5151	5611
18. 文化事业建设费	37	34	52	－	56	62
19. 其它	11	16	14	74	3691	4077

各项存贷款年末余额(人民币)

YEAR－END BALANCE(RMB) OF VARIOUS DEPOSIT AND LOAN

5－3 单位:万元

指　　　标	2002年	2003年	2004年	2005年	2006年	2007年
资金来源总计	**944167**	**1318131**	**1304974**	**1496084**	**1564874**	**1841454**
一、各项存款	**963589**	**1187824**	**1387507**	**1654679**	**1926987**	**1969747**
1. 企业存款	145468	158288	199727	246788	262706	445766
活期存款	135253	140277	175469	208353	203544	360663
定期存款	10215	18011	24258	38434	59163	85103
2. 财政存款	7467	7238	10736	7370	3779	8701
3. 机关团体部队存款	35715	38346	48842	62465	78224	58988
4. 居民储蓄存款	717315	912131	1065742	1241230	1371719	1407664
活期储蓄	318434	400117	437659	522373	576640	576543
定期储蓄	398881	512014	628083	718857	795079	831121
5. 农业存款	7578	14105	22834	27657	132194	2
6. 委托存款	－7156	－7155	－15357	15	187	535
7. 其他存款	57203	64871	54982	69155	78179	48091
二、金融债券	2	－3100	－50127	－	－	－
三、证券业务款项	－	－	－	－	－	－
四、所有者权益	－10944	－84682	－80739	－69507	－200383	－25024
#实收资本	4578	19910	28919	18469	16595	23820
当年结益	－45728	－36949	－33737	－16789	－18657	－36380
五、其他	90024	218089	48333	－89088	－161731	－103269
资金运用总计	**944167**	**1318131**	**1304974**	**1496084**	**1564874**	**1841454**
一、各项贷款	**861549**	**946409**	**1108652**	**1124049**	**1206273**	**1209291**
1. 短期贷款	586130	597185	722901	697020	722233	765141
工业贷款	122339	142257	156359	122287	123660	91498
商业贷款	244135	200980	259513	275098	121912	145798
建筑业贷款	4128	13008	5720	12445	11008	4882
农业贷款	12040	8373	36998	38125	19906	157599
乡镇企业贷款	7922	18983	26053	26011	－	－
三资企业贷款	14170	14199	18017	6498	4011	3601
私营企业及个体贷	16145	24925	17651	22244	14631	2874
其他短期贷款	165251	174460	202590	194312	427105	358889
2. 中期流动资金贷款	52524	34348	9246	－	－	－
3. 中长期贷款	216748	270961	348481	364212	409508	390784
基本建设贷款	77493	80656	74831	51262	56903	62635
技术改造贷款	3840	2459	2856	2856	－	320
其他中长期贷款	135415	187846	270794	310094	352605	327829
4. 其他贷款	－	－	－	－	74533	53366
二、有价证券及投资	11757	21357	17221	46180	45044	83413
三、证券业务占款	－	－	－	－	－	－
四、委托投资	559	559	829	－	－	－
五、金银占款	242	－	－	－	－	－
六、外汇占款	201	－481	－	1	－	584
七、库存现金	11750	10887	12850	13936	17798	26136
八、其它	58109	339400	165421	311918	295758	522030

注:从2002年开始,各项存款城镇存款中包括邮政储蓄存款。

金融机构现金收入与支出

CASH INCOME AND EXPENDITVRES PRS OF BANKING SYSTEM

5-4 单位:万元

指标	2002年	2003年	2004年	2005年	2006年	2007年
收入合计	**4066987**	**5416445**	**6978537**	**8084588**	**9131530**	**9101825**
一、商品销售收入	185633	212053	230289	251925	291004	193949
二、服务事业收入	160976	176732	197434	255550	273962	246126
三、税款收入	12876	12477	10102	24701	21110	27458
四、城乡个体经营收入	45728	56829	64671	63677	52706	52372
五、储蓄存款收入	3281405	4536102	6052539	6968370	7938777	7960191
六、其他金融机构收入	6689	5040	717	1043	691	2738
七、居民归还贷款收入	51393	52548	60433	95886	79794	69165
八、汇兑收入	72756	36623	39589	38701	46037	29830
九、有价证券收入	11839	15826	16861	12242	7977	57370
十、其他收入	237692	312215	305902	372493	419472	462626
#兑换外币收入	7964	12614	10631	-	13527	16283
支出合计	**4130003**	**5467341**	**7066369**	**8185658**	**9212951**	**9222599**
一、工资性支出	199954	224277	172726	126228	100565	85969
1. 国家工资及奖金	74420	75011	67114	60135	45405	-
2. 国家对个人其他支出	99826	96964	63320	36937	29609	-
3. 部队存款支出	8658	9210	9303	8215	11402	-
4. 其他单位工资性	17050	43092	32989	20941	14149	-
二、农副产品采购	23494	28569	42890	59352	61040	68520
三、工矿及其他产品	2720	18012	8423	12807	25993	22146
四、行政企事业管理费	191103	209305	241832	300316	385091	285627
五、城乡个体经营	9188	121760	130900	129637	102095	99578
六、储蓄存款支出	3184613	4328300	5820380	6750316	7698856	7625087
七、其他金融机构支出	10945	9229	1050	677	1410	1002
八、居民提取贷款支出	36378	29624	45801	73386	49607	15183
九、汇兑支出	22439	9817	6413	4422	3681	6004
十、有价证券支出	12090	17249	14097	8169	3814	33021
十一、其他支出	354379	471199	581858	720313	780799	980462
#兑换外币	185495	258037	346783	363717	491915	559209
投放	**63061**	**50896**	**87832**	**101070**	**81421**	**120774**

注:投放栏中的负数表示现金回笼。

储蓄存款年末余额

BALANCE OF SAVINGS DPOSITS

5－5 单位:万元

指　　标	2002年	2003年	2004年	2005年	2006年	2007年
合计	**974237**	**1119856**	**1233032**	**1393445**	**1533676**	**1524111**
#定期	591338	661661	731396	788471	765956	870848
工商银行储蓄存款	149866	167472	181788	203098	228330	223862
#定期存款	86424	88726	97838	105291	109541	108446
农业银行储蓄存款	51512	62837	75567	85403	99311	111062
#定期存款	26452	32818	35548	34027	41852	54802
中国银行储蓄存款	240904	286529	315075	325484	345225	348018
#定期存款	168833	201577	217320	202066	209213	216222
建设银行储蓄存款	73356	72300	74636	89430	100529	99711
#定期存款	36750	32926	34545	38919	52406	54138
交通银行	121496	156633	171738	188998	215771	232652
#定期存款	65581	79285	83178	84163	95714	109554
农村信用社储蓄存款	91297	92651	91389	103752	106707	221512
#定期存款	53707	46009	46797	50135	64651	167712
农村合作银行储蓄存款	174549	177841	206984	244402	260939	109906
#定期存款	114889	123600	151072	182425	192579	67502
其他储蓄存款	71258	103593	115854	152878	176864	177388
比重(%)	**100**	**100**	**100**	**100**	**100**	**100**
工商银行储蓄存款	15.38	14.95	14.74	14.58	14.89	14.69
农业银行储蓄存款	5.29	5.61	6.13	6.13	6.48	7.29
中国银行储蓄存款	24.73	25.59	25.55	23.36	22.51	22.84
建设银行储蓄存款	7.53	6.46	6.05	6.42	6.55	6.54
交通银行	12.47	13.99	13.93	13.56	14.07	15.26
农村信用社储蓄存款	9.37	8.27	7.41	7.44	6.96	14.53
农村合作银行储蓄存款	17.92	15.88	16.79	17.54	17.01	7.21
其他储蓄存款	7.31	9.25	9.40	10.97	11.53	11.64

注:城市信用社与农联社合并,改名为农村合作银行。

保险业务情况

INSURANCE BUSINESS

5－6 单位:万元

指　　标	保费收入		赔款支出	
	2006年	2007年	2006年	2007年
总计	**50478**	**72795**	**6890**	**7991**
一、国内业务合计	**50478**	**72795**	**6890**	**7991**
(一)财产险	7938	9459	3459	6032
1. 企财险	1321	1103	498	875
2. 运输险	4984	7954	2350	5019
3. 家庭财产险	386	365	53	89
4. 工程险	16	－18	60	49
5. 其它险	1231	55	498	－
(二)货运险	31	21	6	－
(三)农业险	8	296	7	383
(四)责任险	165	761	59	79
(五)保证险	－4	24	2	－
(六)人身险	42339	62234	3357	1497
1. 意外伤害险	15480	19324	928	495
2. 人寿保险	26859	42910	2429	1002
二、涉外业务合计	**1**	**－**	**－**	**－**
#财产险	1	－	－	－

6. 物价指数

CHAPTER 6 PRICE INDICES

各个时期各种物价平均总指数

GENERAL PRICE INDICES OF AVERAGE

6－1 单位:%

年　　份	居民消费价格总指数	零售物价总指数	集市贸易农产品成交指数	服务项目价格指数
1953—1957	113.5	113.5	－	－
1958—1962	109.3	108.5	－	101.3
1963—1965	114.9	112.9	－	95.0
			－	
1966—1970	100.1	100.1	－	99.9
1971—1975	100.0	100.0	－	100.0
1976—1980	101.5	101.5	96.3	100.4
1981—1985	104.1	104.0	104.1	105.4
1986—1990	110.7	110.6	113.0	112.0
1991—1995	112.1	99.5	111.4	112.2
1996—2007	102.3	105.7	94.2	107.9
1953—1978	106.0	105.6	－	104.3
1953—2005	106.4	105.6	－	104.3
1979—2005	106.6	105.4	110.0	109.7
2001—2007	103.1	101.7	－	107.5

各种物价累计总指数

VARIOUS PRICE INDICES OF ACCUMULATIVE

6－2 单位:%

年　　份	居民生活费用价格总指数	零售物价总指数	集市贸易农产品成交指数	服务项目价格指数
以1952年为100	2178.1	1644.9	－	967.5
以1957年为100	1156.7	843.6	－	967.2
以1965年为100	483.2	390.3	－	1058.2
以1970年为100	478.3	386.9	－	1061.3
以1975年为100	478.3	382.0	－	1063.6
以1978年为100	474.7	383.3	－	1063.6
以1980年为100	444.9	384.9	286.2	1044.0
以1985年为100	364.4	409.1	233.7	802.8
以1990年为100	219.0	178.5	126.9	456.1
以1995年为100	123.5	105.0	74.1	182.1
以2000年为100	116.7	109.1	－	126.6

2007 年居民消费

MONTHLY OVERALL CONSUMER PRICE INDICES

6-3 （上年同

类　　别	全年	1 月	2 月	3 月	4 月
居民消费价格指数	**105.3**	**102.8**	**104.2**	**104.8**	**103.6**
一、食品类	**110.6**	**100.8**	**105.4**	**106.8**	**103.4**
1. 粮食	105.8	105.1	105.1	105.1	105.1
2. 淀粉及薯类	107.8	100.0	100.0	100.0	100.0
3. 干豆及豆制品	105.7	100.2	100.2	100.2	102.1
4. 油脂类	118.6	106.9	106.9	107.4	117.4
5. 肉禽及其制品	133.9	107.8	110.6	109.3	114.3
6. 蛋类	126.6	120.8	120.8	122.2	135.2
7. 水产品类	100.9	96.0	97.0	98.1	102.0
8. 菜类	112.0	88.2	107.6	114.3	100.6
9. 调味品	100.3	100.0	100.0	100.0	100.0
10. 糖类	101.1	102.0	102.0	102.2	100.0
11. 茶及饮料	100.3	100.0	100.0	100.0	100.0
12. 干鲜瓜果类	98.1	109.7	113.4	117.1	93.6
13. 糕点饼干面包	102.6	100.0	100.0	100.0	100.0
14. 奶及奶制品	103.6	102.6	102.6	102.6	102.6
15. 在外用膳食品	108.0	99.2	99.2	99.2	99.2
16. 其他食品、食品加工服务	100.0	100.0	100.0	100.0	100.0
二、烟酒及用品	**100.2**	**100.3**	**100.3**	**100.3**	**100.3**
1. 烟草	100.0	100.0	100.0	100.0	100.0
2. 酒	100.3	100.5	100.5	100.5	100.5
3. 吸烟饮酒用品	100.0	100.0	100.0	100.0	100.0
三、衣着类	**101.4**	**102.1**	**102.1**	**102.1**	**102.0**
1. 服装	101.6	102.4	102.4	102.4	102.4
(1)男式服装	101.5	101.6	101.6	101.6	101.3
(2)女士服装	102.1	103.2	103.2	103.2	103.3
(3)儿童服装	99.4	101.6	101.6	101.6	101.6
2. 衣着材料	100.0	100.0	100.0	100.0	100.0
(1)棉布	100.0	100.0	100.0	100.0	100.0
3. 鞋袜帽	101.5	102.1	102.1	102.1	102.1
(1)鞋	101.6	102.3	102.3	102.3	102.3
(2)袜子	100.0	100.0	100.0	100.0	100.0
(3)帽子	100.0	100.0	100.0	100.0	100.0
四、家庭设备用品及维修服务	**100.2**	**99.9**	**99.9**	**100.5**	**100.5**
1. 耐用消费品	101.4	100.0	100.0	101.2	100.0
2. 室内装饰品	100.8	103.2	103.2	103.2	100.0
3. 床上用品	99.9	100.0	100.0	100.0	100.0
4. 家庭日用杂品	100.0	100.0	100.0	100.0	100.0
5. 家庭服务、加工维修服务	100.0	100.0	100.0	100.0	100.0

价格分月指数

OFHOUSEHOLDS(2007)

期=100)　　单位:%

5月	6月	7月	8月	9月	10月	11月	12月
105.2	**105.5**	**106.1**	**106.5**	**105.9**	**106.2**	**106.3**	**106.6**
109.4	**110.7**	**113.0**	**115.4**	**115.5**	**116.2**	**115.6**	**116.1**
105.8	106.0	106.0	108.0	107.1	107.3	104.6	104.6
109.5	109.5	109.5	109.5	109.5	109.5	109.5	126.5
102.1	102.1	102.1	101.9	104.2	110.0	117.0	119.8
117.4	117.4	117.0	127.5	128.2	125.4	122.9	127.7
136.4	128.1	142.9	154.3	149.1	149.6	152.7	151.0
178.7	157.9	149.1	139.6	128.1	118.2	114.1	107.0
105.1	103.4	102.3	102.6	102.6	98.6	98.6	104.8
108.4	118.3	125.5	122.1	130.4	134.7	121.4	104.9
100.0	100.0	100.0	100.0	100.0	100.0	100.0	103.8
102.7	102.7	102.7	102.7	102.7	105.0	105.0	105.8
100.4	100.4	100.4	100.4	100.4	100.4	100.7	100.7
93.2	92.3	84.7	85.7	87.9	93.9	100.3	114.2
100.0	102.2	102.2	102.2	102.2	106.0	107.9	107.9
102.6	103.5	103.5	103.5	103.5	105.2	105.2	106.0
100.7	110.5	112.1	112.1	112.1	110.6	111.4	113.8
100.0	100.0	100.0	100.0	100.0	100.0	100.0	100.0
100.3	**100.2**	**100.2**	**100.2**	**100.2**	**100.0**	**100.1**	**100.1**
100.0	100.0	100.0	100.0	100.0	100.0	100.0	100.0
100.5	100.3	100.3	100.3	100.3	100.0	100.2	100.2
100.0	100.0	100.0	100.0	100.0	100.0	100.0	100.0
102.0	**102.0**	**101.5**	**101.5**	**100.9**	**100.9**	**100.3**	**99.1**
102.4	102.4	101.5	101.5	101.1	101.1	100.1	99.2
102.0	102.0	101.4	101.4	100.9	101.0	102.0	101.0
102.6	102.6	102.3	102.3	102.3	102.3	99.7	99.0
102.5	102.5	98.5	98.5	96.5	96.5	96.5	95.0
100.0	100.0	100.0	100.0	100.0	100.0	100.0	100.0
100.0	100.0	100.0	100.0	100.0	100.0	100.0	100.0
102.1	102.1	102.1	102.1	100.9	100.9	100.9	98.4
102.3	102.3	102.3	102.3	101.0	101.0	101.0	98.2
100.0	100.0	100.0	100.0	100.0	100.0	100.0	100.0
100.0	100.0	100.0	100.0	100.0	100.0	100.0	100.0
100.5	**100.0**	**100.8**	**100.0**	**100.0**	**100.0**	**100.0**	**100.1**
101.2	101.4	103.3	101.5	101.5	101.5	101.6	101.7
100.0	100.0	100.0	100.0	100.0	100.0	100.0	100.0
99.3	99.3	99.3	99.3	98.9	98.9	98.9	99.2
100.0	98.2	98.2	98.2	98.2	98.2	98.2	98.2
100.0	100.0	100.0	100.0	100.0	100.0	100.0	100.0

6－3 续表

类　　别	全年	1月	2月	3月	4月
五、医疗保健个人用品	**100.0**	**100.3**	**100.3**	**99.9**	**100.1**
1. 医疗保健	98.9	100.0	100.0	99.4	99.4
(1)医疗器具及用品	102.1	106.5	106.5	106.5	106.5
(2)中药材及中成药	99.6	103.3	103.3	100.8	100.8
(3)西药	99.2	100.0	100.0	100.0	100.0
(4)保健器具及用品	95.2	100.0	100.0	100.0	100.0
(5)医疗保健服务	98.2	96.3	96.3	96.3	96.3
2. 个人用品及服务	102.3	100.9	100.9	100.9	101.5
(1)化妆美容用品	100.0	100.0	100.0	100.0	100.0
(2)卫生用品	100.0	100.0	100.0	100.0	100.0
(3)个人饰品	118.0	111.0	111.0	111.0	114.3
(4)个人服务	95.5	95.2	95.2	95.2	95.2
六、交通和通讯	**99.2**	**99.6**	**100.5**	**99.6**	**99.3**
1. 交通	102.0	100.9	101.4	101.3	101.4
(1)交通工具	100.0	100.1	100.1	100.1	100.1
(2)车用燃料及零配件	110.4	109.6	109.6	109.0	109.0
(3)市区公共交通	100.0	100.0	100.0	100.0	100.0
(4)城市间交通	106.6	102.0	102.0	102.0	102.3
2. 通信	97.3	98.8	100.0	98.4	97.8
(1)通信工具	85.3	93.4	100.0	91.0	87.9
(2)通信服务	99.9	100.0	100.0	100.0	100.0
七、娱乐、教育、文化用品及服务	**100.3**	**100.0**	**100.0**	**100.1**	**100.2**
1. 文娱用耐用消费品服务	99.5	98.5	98.9	99.6	99.6
2. 教育	100.2	100.5	100.5	100.4	100.4
(1)教材及参考书	101.5	103.2	103.2	103.2	103.2
(2)学杂托幼费	100.0	100.0	100.0	99.9	99.9
3. 文化娱乐	102.2	98.4	98.4	98.4	99.8
(1)文化娱乐用品	100.0	100.0	100.0	100.0	100.0
(2)书报杂志	100.0	100.0	100.0	100.0	100.0
(3)文娱费	104.8	96.5	96.5	96.5	99.5
4. 旅游及外出	100.0	100.0	100.0	100.0	100.0
八、居住	**105.6**	**103.6**	**104.2**	**104.2**	**101.8**
1. 建房及装修材料	102.6	101.2	101.2	101.2	99.2
2. 租房	110.4	100.0	100.0	100.0	100.0
3. 自有住房	102.9	101.1	101.1	100.6	100.0
4. 水、电、燃料	106.2	105.6	106.6	106.6	103.5

5月	6月	7月	8月	9月	10月	11月	12月
107.7	**107.6**	**107.7**	**107.9**	**107.1**	**107.4**	**105.9**	**107.6**
110.5	111.1	111.3	111.6	110.4	110.8	108.2	110.8
100.0	100.0	100.0	100.0	100.0	105.8	105.8	105.8
83.9	84.0	83.2	83.2	81.2	81.2	81.9	87.5
94.5	95.6	95.6	95.6	94.4	95.2	95.6	97.2
85.1	82.1	87.0	91.6	89.5	89.5	86.0	86.0
175.4	175.4	175.4	175.4	175.4	175.4	163.8	163.8
101.7	100.3	100.4	100.4	100.4	100.5	101.2	101.2
100.0	100.0	100.0	100.0	100.0	100.0	98.6	98.6
100.0	100.0	100.0	100.0	100.0	100.0	100.0	100.0
108.3	101.5	102.1	102.1	102.1	102.8	107.8	107.8
100.0	100.0	100.0	100.0	100.0	100.0	100.0	100.0
94.5	**95.0**	**95.7**	**95.7**	**96.2**	**96.4**	**96.3**	**97.4**
100.1	99.9	100.1	100.1	100.0	100.0	99.3	99.6
99.5	99.5	101.5	101.5	101.5	101.5	91.4	91.1
100.8	98.0	98.0	98.0	98.0	98.0	104.2	104.2
100.0	100.0	100.0	100.0	100.0	100.0	100.0	100.0
100.3	100.3	100.3	100.3	99.8	99.8	100.0	100.0
90.8	91.6	92.6	92.6	93.6	93.8	94.2	95.7
59.0	61.2	64.1	64.1	67.5	67.9	68.9	72.1
99.1	99.1	99.1	99.1	99.1	99.1	99.1	100.0
100.8	**100.7**	**100.6**	**99.7**	**99.9**	**100.4**	**100.0**	**100.0**
99.0	99.0	99.0	99.0	99.0	99.0	99.0	99.9
99.7	99.7	99.7	98.3	98.6	98.6	98.6	98.6
98.2	98.2	98.2	88.9	90.5	90.5	90.5	90.5
100.0	100.0	100.0	100.0	100.0	100.0	100.0	100.0
99.4	96.1	95.4	95.4	95.4	100.9	100.9	99.3
100.0	100.0	97.8	97.8	97.8	97.8	97.8	97.8
100.0	100.0	100.0	100.0	100.0	100.0	100.0	100.0
98.7	92.1	92.1	92.1	92.1	103.4	103.4	100.0
108.4	109.8	109.8	109.8	109.8	109.8	106.9	106.9
110.9	**110.5**	**109.6**	**107.4**	**102.7**	**102.7**	**106.2**	**105.5**
108.8	108.6	105.6	104.6	104.6	101.3	102.4	103.7
117.8	100.0	100.0	100.0	100.0	100.0	100.0	100.0
113.7	114.0	114.3	111.2	112.3	112.8	112.8	106.3
110.3	113.4	113.2	109.9	102.0	103.4	108.7	107.3

2007 年商品零售

MONTHLY OVERALL RETAIL PRICE INDICES OF

6－4 （上年同

类　　　别	全年	1 月	2 月	3 月	4 月
商品零售价格指数	**103.5**	**100.4**	**101.3**	**102.1**	**101.2**
一、食品类	**112.0**	**101.4**	**106.2**	**107.5**	**105.2**
1. 粮食	106.8	106.5	106.5	106.5	106.5
(1)大米	104.8	103.4	103.4	103.4	103.4
(2)面粉	113.6	115.7	115.7	115.7	115.7
2. 淀粉及薯类	107.8	100.0	100.0	100.0	100.0
3. 干豆及豆制品	106.7	100.3	100.3	100.3	103.2
4. 油脂	117.8	107.4	107.4	107.9	117.3
5. 肉禽及其制品	132.7	109.7	111.1	109.3	115.4
6. 蛋	127.9	121.9	121.9	123.4	137.4
7. 水产品	103.3	95.7	96.2	96.6	106.3
8. 菜	112.8	89.3	107.0	113.0	100.8
(1)鲜菜	110.7	86.7	108.4	116.1	100.4
(2)干菜及菜制品	102.4	100.9	100.9	100.9	100.9
9. 调味品	100.3	100.0	100.0	100.0	100.0
二、饮料烟酒	**100.5**	**100.5**	**100.5**	**100.5**	**100.5**
1. 茶及饮料	100.1	100.0	100.0	100.0	100.0
2. 烟草	100.0	100.0	100.0	100.0	100.0
3. 酒	101.0	101.2	101.2	101.2	101.2
三、服装、鞋帽类	**101.1**	**101.9**	**101.9**	**102.1**	**102.1**
1. 服装	101.2	102.2	102.2	102.5	102.5
(1)男式服装	101.4	101.4	101.4	102.4	102.4
(2)女士服装	101.9	103.1	103.1	103.1	102.9
2. 鞋袜帽	101.0	101.5	101.5	100.0	101.5
四、纺织品类	**99.2**	**99.2**	**99.2**	**99.2**	**99.2**
1. 衣着材料	100.0	100.0	100.0	100.0	100.0
2. 床上用品	98.9	98.9	98.9	98.9	98.9

价格分月指数

COMMODITIES(2007)

期 = 100)　　　　单位:%

5月	6月	7月	8月	9月	10月	11月	12月
103.2	**103.4**	**104.4**	**104.5**	**104.1**	**104.6**	**104.8**	**104.9**
113.0	**113.1**	**115.9**	**117.7**	**117.3**	**117.9**	**116.4**	**115.4**
107.4	106.9	106.9	109.4	108.6	108.6	104.3	104.3
103.4	105.3	105.3	106.5	105.3	106.1	106.1	106.1
119.3	112.7	112.7	119.3	119.3	117.5	101.6	101.6
109.5	109.5	109.5	109.5	109.5	109.5	109.5	126.5
103.2	103.2	103.2	103.0	105.0	110.6	117.6	120.6
117.3	117.3	116.9	125.8	126.5	124.2	120.1	125.6
137.2	126.7	144.5	153.3	146.6	144.5	147.2	144.9
183.4	161.4	152.1	141.6	129.3	118.9	114.7	107.3
112.0	108.1	103.5	104.4	104.4	104.1	104.1	106.3
108.0	119.3	125.4	122.5	129.8	135.4	123.7	108.7
109.1	116.6	125.9	121.5	131.4	133.8	118.0	99.4
107.4	107.4	93.1	93.1	101.7	101.7	101.7	122.5
100.0	100.0	100.0	100.0	100.0	100.0	100.0	100.0
100.7	**100.6**	**100.6**	**100.6**	**100.6**	**100.2**	**100.7**	**100.7**
101.1	101.1	101.1	101.1	101.1	101.1	101.8	101.8
100.0	100.0	100.0	100.0	100.0	100.0	100.0	100.0
101.2	101.0	101.0	101.0	101.0	100.0	100.8	100.8
102.0	**102.0**	**101.1**	**101.1**	**100.4**	**100.4**	**99.9**	**98.6**
102.4	102.4	101.0	101.0	100.3	100.4	99.6	98.5
102.2	102.2	101.3	101.3	100.6	100.8	101.5	99.8
102.4	102.4	101.8	101.8	101.8	101.8	99.5	99.0
101.5	101.5	101.5	101.5	100.6	100.6	100.6	98.6
99.2	**99.2**	**99.2**	**99.2**	**99.0**	**99.0**	**99.0**	**99.4**
100.0	100.0	100.0	100.0	100.0	100.0	100.0	100.0
98.9	98.9	98.9	98.9	98.6	98.6	98.6	99.2

6-4续表

类　　别	全年	1月	2月	3月	4月
五、家用电器及音像器材	**101.1**	**98.8**	**98.8**	**100.8**	**100.8**
1. 家庭设备	102.7	100.2	100.2	101.9	101.9
2. 文娱用耐用消费品	97.4	95.1	97.9	97.9	97.9
3. 音像器材类	100.0	100.0	100.0	100.0	100.0
六、文化办公用品	**98.8**	**99.2**	**99.2**	**99.2**	**99.2**
七、日用品	**99.5**	**100.0**	**100.0**	**100.0**	**100.0**
1. 日用百货	100.0	100.0	100.0	100.0	100.0
2. 日用杂品	97.8	100.0	100.0	100.00	100.0
3. 洗涤用品	100.0	100.0	100.0	100.0	100.0
4. 其他日用品	100.0	100.0	100.0	100.0	100.0
八、体育娱乐用品	**102.1**	**102.0**	**102.0**	**102.0**	**102.0**
九、交通、通信用品	**79.8**	**79.0**	**72.6**	**76.8**	**76.9**
1. 交通运输机械	96.7	100.0	100.0	100.0	100.0
2. 通讯器材类	72.1	72.4	63.6	68.3	68.1
十、家具	**100.2**	**100.0**	**100.0**	**100.0**	**100.0**
十一、化妆品类	**100.0**	**100.0**	**100.0**	**100.0**	**100.0**
十二、金银珠宝类	**134.6**	**126.7**	**126.7**	**132.7**	**132.7**
十三、中西药品及医疗保健用品类	**93.3**	**95.1**	**93.6**	**92.3**	**92.3**
1. 医疗器具及用品	101.5	100.0	100.0	100.0	100.0
2. 中药材及中成药	87.7	90.3	89.6	88.4	88.4
3. 西药	95.4	97.2	95.1	94.3	94.3
4. 保健品及器具	84.5	87.5	87.5	82.2	82.2
十四、书报杂志及电子出版物类	**95.9**	**98.6**	**98.6**	**98.6**	**98.6**
1. 教材及参考书	93.9	97.9	97.9	97.9	97.9
2. 书报杂志	100.0	100.0	100.0	100.0	100.0
3. 电子音像制品	100.0	100.0	100.0	100.0	116.2
十五、燃料类	**108.5**	**116.2**	**116.2**	**116.2**	**113.2**
十六、建筑材料及五金电料类	**104.6**	**104.0**	**104.0**	**104.0**	**104.0**

5月	6月	7月	8月	9月	10月	11月	12月
100.8	**100.9**	**103.6**	**101.9**	**101.9**	**101.9**	**101.9**	**102.2**
101.9	102.2	106.1	103.6	103.6	103.6	103.6	103.6
97.9	97.9	97.9	98.0	98.0	98.0	98.0	99.2
100.0	100.0	100.0	100.0	100.0	100.0	100.0	100.0
99.2	**99.2**	**97.7**	**97.7**	**97.7**	**97.7**	**97.1**	**97.9**
100.0	**99.1**	**99.1**	**99.1**	**99.1**	**99.1**	**99.1**	**99.1**
100.0	100.0	100.0	100.0	100.0	100.0	100.0	100.0
96.2	96.2	96.2	96.2	96.2	96.2	96.2	96.2
100.0	100.0	100.0	100.0	100.0	100.0	100.0	100.0
100.0	100.0	100.0	100.0	100.0	100.0	100.0	100.0
102.0	**102.0**	**103.4**	**103.4**	**101.4**	**101.4**	**101.4**	**101.4**
73.9	**75.9**	**78.6**	**78.6**	**81.2**	**81.8**	**77.0**	**78.9**
99.0	99.0	99.8	99.8	99.8	99.8	82.1	81.3
64.7	66.9	69.8	69.8	73.0	73.6	74.8	77.7
100.0	**100.0**	**100.0**	**100.0**	**100.0**	**100.0**	**100.7**	**101.3**
97.8	**100.0**	**100.0**	**100.0**	**100.0**	**100.0**	**100.0**	**100.0**
132.7	**132.7**	**132.7**	**132.7**	**132.7**	**137.3**	**147.9**	**148.4**
92.1	**92.5**	**93.0**	**93.7**	**92.1**	**93.4**	**93.4**	**95.8**
100.0	100.0	100.0	100.0	100.0	105.8	105.8	105.8
87.5	87.6	86.3	86.3	85.2	85.2	85.6	91.8
94.3	95.7	95.7	95.7	94.0	95.1	95.8	97.8
82.2	78.6	84.3	89.8	87.2	87.2	82.9	82.9
98.6	**98.6**	**98.6**	**91.2**	**92.4**	**92.4**	**92.4**	**92.4**
97.9	97.9	97.9	86.7	88.4	88.4	88.4	88.4
100.0	100.0	100.0	100.0	100.0	100.0	100.0	100.0
100.0	100.0	100.0	100.0	100.0	100.0	100.0	100.0
106.1	**108.3**	**108.1**	**105.0**	**101.1**	**102.7**	**111.3**	**109.8**
105.9	**105.5**	**105.2**	**104.4**	**104.4**	**102.9**	**103.8**	**105.2**

商品零售价

OVERALL RETAIL PRICE INDICES

6－5 （上年同

年份	商品零售价格总指数	食品类	粮食	鲜菜	肉禽
1959	104.9	－	100.4	101.7	－
1960	106.5	－	100.5	101.9	－
1961	115.8	－	101.1	102.1	－
1962	119.6	－	101.1	102.3	－
1964	114.3	－	101.0	102.7	－
1965	117.7	－	109.5	102.9	－
1966	100.6	－	114.1	102.0	－
1967	101.3	－	107.2	103.9	100.0
1968	99.5	－	100.0	88.3	100.0
1969	99.6	－	100.0	102.2	100.0
1970	99.7	－	100.0	96.8	100.0
1971	100.1	－	100.0	101.7	100.1
1972	99.8	－	100.0	94.0	100.1
1973	100.5	－	100.2	100.1	100.0
1974	100.2	－	100.0	103.0	100.0
1975	99.6	－	100.0	92.1	100.0
1976	100.5	－	100.0	107.8	100.0
1977	100.0	100.0	100.0	100.7	100.0
1978	100.4	100.1	100.0	106.0	100.0
1979	101.0	101.3	100.0	103.0	104.6
1980	105.6	108.3	100.0	104.4	120.0
1981	102.0	101.7	100.1	105.1	100.0
1982	103.0	101.9	100.1	106.5	100.0
1983	101.7	101.5	100.0	105.5	100.0
1984	102.6	103.5	98.1	108.6	105.9
1985	110.8	115.2	93.4	178.1	125.2
1986	107.3	109.4	103.9	130.8	103.9
1987	107.2	107.3	102.7	96.8	112.5
1988	121.3	128.1	116.4	139.9	142.2
1989	115.4	114.6	116.4	109.1	114.9
1990	102.9	103.4	98.9	111.7	101.7
1991	105.7	107.1	113.8	113.7	97.5
1992	107.6	111.1	138.5	116.7	98.2
1993	111.6	114.1	131.8	114.4	110.2
1994	117.5	126.0	141.6	114.6	137.5
1995	113.1	127.6	143.8	133.3	123.3
1996	103.5	104.5	107.7	106.5	100.9
1997	101.8	101.6	89.5	112.3	97.3
1998	97.7	96.9	97.8	94.7	95.7
1999	96.4	94.8	94.3	98.6	91.1
2000	97.7	95.4	92.3	99.8	95.3
2001	100.5	102.8	108.5	96.4	105.0
2002	99.2	98.3	96.1	89.0	105.0
2003	99.4	101.9	96.5	113.5	101.3
2004	103.9	109.9	128.7	100.2	100.6
2005	101.2	102.8	98.3	108.2	104.8
2006	101.3	103.3	106.5	101.9	108.8
2007	103.5	112.0	106.8	110.8	132.7

格分类指数

BY CATEGORY

期=100）　　单位:%

水产品	服装鞋帽	日用品类	体育娱乐用品	中西药品	燃料类
-	104.5	102.7	109.6	84.5	100.0
-	105.0	116.1	111.2	76.4	100.0
-	112.6	123.8	113.4	81.1	100.0
-	110.7	144.5	111.9	93.5	103.0
-	111.1	132.7	105.1	120.4	101.5
-	103.7	119.3	111.7	94.4	111.1
-	98.6	96.7	99.2	91.7	102.1
101.5	100.0	100.5	99.9	99.1	100.0
100.0	100.0	100.0	100.0	100.0	100.0
97.9	100.0	100.0	100.0	89.4	100.0
100.1	100.0	98.2	100.0	98.8	100.0
100.0	99.8	99.5	100.0	99.4	100.0
99.9	99.9	100.6	97.2	100.0	99.8
98.8	100.0	100.4	100.0	100.0	100.0
100.0	100.0	100.6	100.0	100.0	100.0
100.0	100.0	99.3	100.0	100.1	100.0
100.0	100.0	99.9	101.5	100.2	100.0
100.0	100.0	100.0	100.0	100.0	100.0
100.0	99.9	100.0	100.1	100.1	100.0
104.3	100.0	100.4	100.4	101.3	100.0
125.8	100.0	101.2	102.1	102.3	100.0
100.0	99.9	102.0	102.1	105.1	100.0
100.0	99.4	105.0	100.1	101.7	100.0
103.0	102.2	99.8	100.3	101.4	100.0
114.2	101.0	100.9	100.0	107.8	100.7
118.8	101.4	102.7	101.9	113.9	104.5
117.7	110.2	105.6	100.3	105.0	114.0
123.4	107.3	111.4	101.5	101.9	114.0
133.3	109.2	108.9	110.5	114.0	119.3
123.8	113.8	113.9	111.8	126.7	116.5
95.6	103.2	101.9	98.4	99.6	110.8
103.5	102.7	101.2	99.0	102.6	133.4
96.2	101.6	100.3	97.3	112.6	110.4
123.5	100.9	103.3	100.3	109.4	158.6
112.4	108.0	107.7	110.4	106.1	116.3
107.3	102.7	100.8	105.4	105.8	103.3
101.3	104.8	108.1	105.0	105.0	101.8
112.5	107.6	103.7	106.4	102.1	107.4
92.4	103.1	100.6	97.7	99.5	102.4
89.9	101.0	98.1	98.2	101.5	97.0
95.9	100.6	97.6	99.6	102.4	108.6
101.8	96.2	98.0	99.7	100.6	106.6
97.2	99.0	99.3	101.1	102.4	98.5
98.8	94.8	98.7	100.0	101.2	105.5
108.8	103.0	99.6	100.0	99.6	108.0
105.0	100.3	100.4	100.3	98.0	114.9
94.8	101.9	100.0	102.0	95.6	117.2
103.3	101.2	99.5	102.1	93.3	108.5

历年各种物价总指数

OVERALL VARIOUS PRICE INDICES

6－6　　（上年＝100）　　单位:%

年份	居民消费价格总指数	零售物价总指数	服务项目价格总指数	集市贸易农产品成交指数
1953	108.6	108.6	–	–
1960	106.5	106.4	105.5	–
1962	119.6	117.7	100.5	–
1964	114.3	112.1	92.1	–
1965	117.7	115.6	97.1	–
1966	100.6	100.6	100.0	–
1967	101.3	101.3	100.0	–
1968	99.5	99.5	99.7	–
1969	99.6	99.6	100.0	–
1970	99.7	99.7	100.0	–
1971	100.1	100.1	100.0	–
1972	99.8	99.8	99.3	–
1973	100.5	100.5	100.0	–
1974	100.2	100.2	100.5	–
1975	99.6	99.6	100.0	–
1976	100.5	100.5	100.0	–
				–
1977	100.0	100.0	100.0	–
1978	100.4	100.4	100.0	–
1979	101.0	101.0	101.0	–
1980	105.6	105.6	100.8	96.3
1981	102.0	102.0	100.0	106.5
1982	103.0	103.0	100.0	100.0
1983	101.7	101.7	106.6	96.3
1984	103.5	102.6	115.8	104.3
1985	110.4	110.8	105.4	114.5
1986	107.2	107.3	105.4	114.5
1987	107.2	107.2	106.9	107.9
1988	122.7	121.3	139.0	128.4
1989	114.5	115.4	105.3	115.8
1990	103.2	102.9	106.7	100.2
1991	106.6	105.7	113.8	103.7
1992	109.0	107.6	122.4	102.7
1993	114.6	111.6	137.0	110.8
1994	117.1	117.5	119.7	115.3
1995	113.6	113.1	109.7	125.9
1996	105.6	103.5	106.8	98.7
1997	103.8	101.8	111.2	98.7
1998	99.3	97.7	101.7	92.0
1999	98.4	96.4	109.4	89.4
2000	98.9	97.7	106.4	92.5
2001	102.4	100.5	112.7	–
2002	100.6	99.2	106.5	–
2003	100.0	99.4	98.4	–
2004	104.7	103.9	101.4	–
2005	101.3	101.2	100.7	–
2006	101.5	101.3	100.6	–
2007	105.3	103.5	107.3	–

7. 人民生活

CHAPTER 7　PEOPLE'S LIVELIHOOD

城市居民家庭基本情况

BASIC INDICATORS OF URBAN HOUSEHOLD

7－1

项　　　　目	单位	1990年	1995年	2000年	2005年	2006年	2007年
调查户数	**户**	**100**	**100**	**100**	**100**	**100**	**100**
平均每户人口	**人**	**3.49**	**3.19**	**3.02**	**2.75**	**2.69**	**2.65**
平均每户就业人口数	**人**	**1.96**	**1.6**	**1.26**	**1.15**	**1.08**	**1.21**
国有单位职工	人	1.51	1.35	0.88	0.59	0.6	0.53
集体单位职工	人	0.38	0.11	0.12	0.04	0.02	0.03
个体劳动者	人	0.04	0.11	0.16	0.17	0.15	0.15
其他就业者	人	0.04	0.03	0.02	0.05	0.06	0.1
平均每户就业面	%	56.16	50.16	41.58	41.8	40.1	45.7
退休人口	人	25.08	47	57	74	80	76
平均每一就业者负担系数	人	1.78	1.99	2.4	2.39	2.49	2.19
平均每人每年家庭总收入	元	1199	3744	5530	10235	11590	16953
平均每人每年可支配收入	元	1239	3744	5526	10001	11128	13155
就业人员年人均劳动收入							
工资性收入	元	1141	2678	3143	5630	6354	7473
工资及补贴收入	元	982	2595	2984	5343	5910	7118
其他劳动收入	元	11	83	131	287	444	355
经营净收入	元	35	294	544	896	1035	1172
财产性收入	元	11	17	139	154	157	68
利息收入	元	6	1	2	1	-	-
出租房屋收入	元	6	16	137	111	146	55
转移性收入	元	178	839	1706	3555	4045	4963
养老金或离退休金	元	173	682	1319	2825	3302	4077
捐赠收入	元	60	145	300	620	589	566
赡养收入	元	9	12	36	80	40	249
其他转移性收入	元	28	-	42	0	78	4
借贷收入	元	178	418	1386	2577	2281	2872
提取储蓄存款	元	131	390	1288	2372	1901	2851
住房贷款	元	6	-	-	6	-	-
平均每人每年家庭总支出	元	1258	3295	5765	10995	11342	13656
平均每人每年消费性支出	元	1083	2898	4752	7792	8841	10083
非消费支出	元	21	398	1012	2108	2114	3573
借贷支出	元	278	812	969	1836	2476	2734
储蓄性保险	元	3	106	27	85	101	54

城市居民家庭人均消费收支情况

URBAN HOUSEHOLD ANNUAL LIVING INCOME AND EXPENDI TURES PER CAPITA AND IT'S COMPOSITION

7－2

年份	人均可支配收入（元）	人均消费性支出（元）	人均食品支出	就业者负担系数（人）	人均住宅居住面积（平方米）
1981	423	355	188	1.85	3.15
1985	598	590	287	1.79	5.93
1986	745	710	353	1.81	6.8
1987	827	745	384	1.82	6.76
1988	1021	936	423	1.77	6.32
1989	1089	980	499	1.86	7.53
1990	1239	1083	550	1.78	7.47
1991	1527	1242	628	1.75	8.92
1992	1652	1393	667	1.68	11.88
1993	2084	1642	689	1.57	11.72
1994	2996	2411	935	1.63	13.28
1995	3744	2898	1380	1.99	11.62
1996	4728	3610	1489	1.87	14.92
1997	5664	4343	1705	1.8	15.03
1998	5836	4561	1677	1.81	15.19
1999	5836	4561	1677	1.81	15.19
2000	5526	4752	1440	2.4	13.96
2001	6550	5225	1553	2.2	14.16
2002	7834	6601	1907	2.29	20.95
2003	8597	7015	1935	2.24	21.7
2004	9109	7363	2154	2.35	21.14
2005	10001	7792	2343	2.39	23.84
2006	11128	8841	2437	2.49	24.2
2007	13155	10083	3134	2.19	24.2

城市居民家庭年人均主要食品购买量

URBAN HOUSEHOLD ANNUAL NUMBER OF PRINCIPAL FOODSTUFF PER HOUSEHOLDS

7－3

项目	单位	1990年	1995年	2000年	2005年	2006年	2007年
粮食	千克	106.8	79.2	70.2	68.9	69.6	71.8
食油	千克	3.6	4.8	5.1	6.2	6.1	8.2
鲜菜	千克	146.4	112.8	96.8	111.6	114.1	133.3
猪肉	千克	8.4	8.4	7.7	10.4	10.8	11.8
牛羊肉	千克	4.8	4.8	3.4	6	5.6	5.7
家禽	千克	1.2	2.4	1.9	2.2	1.6	2.9
鲜蛋	千克	7.2	10.8	9.5	9.8	9.1	12
水产品	千克	4.8	6	8.3	7.7	7.7	8.1
茶叶	克	3.6	3.6	16.5	10	10	3.8
白酒	千克	2.4	2.4	2.8	2.7	2.5	3
啤酒	千克	10.8	10.8	9.3	7	7.4	14
干鲜瓜果	千克	30	28.8	40.8	47.2	48.3	53.5
糕点	千克	2.4	2.4	2.4	3.8	3.6	4.6

城市居民家庭年人均消费性支出

URBAN HOUSEHOLD PER ANNUAL NUMBER CONSUMERL EXPENDITURES

7－4 单位:元

项　　目	1990年	1995年	2000年	2005年	2006年	2007年
消费性支出	**1083**	**2898**	**4752**	**7792**	**8841**	**10083**
1.食品类支出	550	1380	1440	2343	2437	3134
(1)粮食	92	245	153	227	237	343
(2)副食	321	692	890	1508	1513	1964
(3)烟酒茶	42	89	105	96	126	142
2.衣着类支出	196	586	643	1014	1143	1312
服装	–	388	457	775	854	986
鞋帽袜及其它	33	165	160	217	261	304
3.设备用品及服务	61	115	286	415	424	533
(1)耐用消费品	–	33	128	171	198	238
(2)床上用品	–	11	15	29	34	42
(3)家庭日用杂品	5	62	121	160	158	193
4.医疗保健支出	46	200	518	1018	1004	1276
5.交通和通信支出	19	134	369	774	1364	949
(1)交通支出	14	47	157	341	861	449
#出租汽车费	4	25	55	80	90	150
(2)通信费	–	61	212	433	503	500
#电信费	–	57	155	347	381	411
6.教育文化娱乐服务支出	106	242	634	676	755	1202
(1)教育费	46	155	381	377	357	623
(2)文化娱乐费	4	75	147	136	239	297
7.居住类支出	46	147	521	1214	1293	1192
建筑材料	5	12	114	58	26	29
8.杂项商品和服务	60	93	341	338	421	485
(1)杂项商品	–	81	284	239	301	322
(2)化妆品	–	27	49	103	97	95
在消费性支出中:						
租赁房房租	5	1	40	–	–	–
水　费	3	13	25	45	53	60
电　费	11	30	85	198	231	260
市内交通费	4	25	55	51	57	101
其它交通费	10	22	70	1	8	12
邮 电 费	2	59	161	355	393	423
医 疗 费	7	4	38	379	307	535
学 杂 费	46	96	190	118	67	79
托幼费	14	12	45	31	86	63

城市居民百户家庭年末耐用消费品拥有量

URBAN HOUSEHOLD YEAR – END POSSESSION OF DURABLE CONSUMERL GOODS PER 100 HOUSEHOLDS

7 – 5

项目	单位	1990年	1995年	2000年	2005年	2006年	2007年
摩托车	辆	–	5	10	9	11	8
助力车	辆	–	–	–	–	–	5
家用汽车	辆	–	–	–	5	6	5
洗衣机	台	79	86	91	98	97	95
电冰箱/柜	台	23	61	90	106	103	100
彩色电视机	台	30	85	108	126	124	122
家用电脑	台	–	–	7	42	46	49
组合音响	套	–	7	15	16	13	14
摄像机	台	–	–	1	5	9	12
照相机	架	18	37	45	48	54	48
钢琴	架	–	3	–	1	1	1
其它中高档乐器	台	27	6	7	11	9	7
微波炉	台	–	–	6	46	43	48
空调器	台	–	–	1	4	4	5
消毒碗柜	台	–	–	–	8	8	5
淋浴热水器	台	–	17	24	58	59	60
健身器材	件	–	–	8	5	3	6
固定电话	部	–	59	92	91	93	82
移动电话	部	–	–	24	161	174	191

城市居民居住情况

HOUSEHOLD CONDITIONS OF URBAN RESIDENTS

7-6 单位:户

项目	调查户数					
	1990年	1995年	2000年	2005年	2006年	2007年
一、按居住状况分:	**100**	**100**	**100**	**100**	**100**	**100**
1.家庭居住人口	3.46	3.19	3.08	2.73	2.69	2.65
2.现住房总建筑面积	11	19	19	32	32	32
3.现住房总使用	6	14	14	24	24	24
二、按房屋产权分						
1.公房	50	10	–	–	–	–
2.租赁私房	–	1	4	4	3	2
3.自有房	50	89	96	96	97	98
三、按自来水使用情况分						
1.无自来水	4	–	1	–	–	–
2.独用自来水	96	100	99	100	100	100
四、按卫生设备拥有量分						
1.无卫生设备	81	24	20	1	2	2
2.有浴室厕所	13	41	29	61	64	62
3.有厕所无浴室	6	35	51	38	34	36
五、按取暖设备分						
1.暖气	6	56	56	93	92	89
2.火炕、火炉	94	44	44	7	8	11
六、按厨房使用情况分						
1.独用厨房	100	97	100	100	100	100
2.公用厨房	–	3	–	–	–	–
七、按炊用燃料使用情况分						
1.液化石油气	6	49	49	71	68	70
2.煤	94	47	46	2	1	4
3.管道煤气	–	4	5	27	31	24
4.其它(用电)	–	–	–	–	–	2
八、按电话拥有情况分						
1.无电话	–	41	8	9	7	18
2.公费电话	–	5	–	–	–	–
3.自费电话	–	54	92	91	93	82
九、按住宅建筑样式分						
1.单元式套房	–	43	68	95	94	89
(1)一居室	–	6	19	15	15	14
(2)二居室	–	28	38	59	58	55
(3)三居室以上	–	9	11	21	21	20
2.普通楼房	–	15	8	4	4	9
3.普通平房	–	42	24	1	2	2

城市居民家庭人均收入来源

PER CAPITA ANNUAL SOURCES OF INCOME IN URBAN RESIDENTS(2007)

7－7　　　　(2007年)　　　　单位:元

项　目	总计	最低收入户	低收入户	中等偏下户	中等收入户	中等偏上户	高收入户	最高收入户
一、期初手存现金	**678**	**294**	**402**	**868**	**698**	**757**	**511**	**1034**
二、家庭总收入	**13656**	**5050**	**7205**	**9576**	**12777**	**16800**	**20335**	**30474**
#可支配收入	13155	4585	6905	9170	12249	16168	19895	29520
(一) 工资性收入	7473	3453	4429	4909	5827	8490	10402	21235
1. 工资及补贴收入	7118	2728	4218	4909	5516	8250	8950	21235
2. 其他劳动收入	355	725	212	–	311	240	1452	–
(二) 经营净收入	1172	214	497	453	2430	1189	2816	–
(三) 财产收入	68	–	–	35	–	94	120	373
1. 利息收入	–	–	–	–	–	–	–	–
2. 出租房屋收入	55	–	–	–	–	94	120	300
(四) 转移收入	4963	1383	2278	4180	4520	7027	6996	8867
1. 养老金或离退休金	4077	1124	1625	3487	4062	6055	4800	6974
2. 捐赠收入	566	129	402	469	267	328	1580	1786
3. 赡养收入	249	–	212	166	127	563	568	23
三、出售财物收入	**3**	**2**	**–**	**2**	**–**	**11**	**–**	**–**
四、借贷收入	**2872**	**971**	**1015**	**875**	**658**	**8171**	**4748**	**3112**
1. 提取储蓄存款	2851	829	1015	875	658	8171	4700	3112
2. 住房贷款	–	–	–	–	–	–	–	–
3. 借入款	17	142	–	–	–	–	–	–
五、期末手存现金	**842**	**493**	**750**	**800**	**948**	**1072**	**478**	**1139**

城市居民家庭人均消费性支出

PER CAPITA ANNUAL LIVING EXPENDITURE OF URBAN RESIDENTS(2007)

7－8　(2007年)　单位:元

项　目	总平均	最低收入户	低收入户	中等偏下户	中等收入户	中等偏上户	高收入户	最高收入户
消费性支出	**10083**	**4311**	**6187**	**7572**	**7759**	**12875**	**17905**	**19024**
1.食品	3134	1949	2781	2855	2891	3573	4219	4196
(1)粮食	343	229	352	357	288	386	377	459
(2)副食	1964	1159	1674	1764	1814	2242	2787	2690
(3)烟酒茶	145	109	159	121	147	155	176	168
2.衣着	1312	363	685	737	983	1536	2286	3951
服装	986	232	434	527	673	1207	1771	3165
鞋帽袜及其它	304	127	242	199	286	297	483	740
3.设备用品及服务	533	112	163	340	361	783	933	1401
(1)耐用消费品	238			105	122	363	420	961
(2)床上用品	42	6	11	28	14	80	25	154
(3)家庭日用杂品	193	90	148	170	199	255	224	240
4.医疗保健	1276	436	428	682	910	1955	3659	1460
5.交通和通讯	949	354	417	643	732	963	1903	2579
(1)交通支出	449	74	145	213	326	425	1051	1592
#出租汽车	150	30	47	70	104	145	328	564
(2)通信支出	500	280	272	430	406	538	852	987
#电信费	411	231	256	357	338	454	689	747
6.娱乐文教服务	1202	456	912	765	656	1845	2323	2182
(1)教育	623	279	527	467	431	672	1348	1134
(2)文化娱乐用品	282	138	207	154	174	749	220	96
7.居住	1192	561	675	1255	869	1711	1511	1729
(1)建筑材料	29	3		12	6	7	238	9
8.杂项商品和服务	485	80	126	295	357	509	1070	1526
(1)杂项商品	322	43	74	170	246	330	600	1234
(2)化妆品	95	16	30	46	72	96	216	316
在消费性支出中								
房租	–	–	–	–	–	–	–	–
水费	60	32	43	59	36	77	105	84
电费	260	152	192	262	225	267	322	487
市内交通费	101	17	52	66	60	101	270	275
长途汽车费	27	4	11	11	9	34	53	115
邮电费	423	233	263	364	341	459	734	783
医疗费	535	95	142	256	470	606	2252	329
学杂费	79	71	69	68	99	35	145	109
保育费	63	4	60	29	22	76	220	118

城市居民人均主要消费品购买量及拥有量

URBAN HOUSEHOLD CONSUMERL GOODS PER NUMBER PURCHASE AND YEAR - END POSSESSION(2007)

7-9

(2007 年)

项目	单位	总平均	最低收入户	低收入户	中等偏下户	中等收入户	中等偏上户	高收入户	最高收入户
一、平均每人全年购买量									
食油	千克	8.2	0.6	0.8	1.8	1.5	1.5	1.0	1.0
鲜菜	千克	133.3	9.3	12.4	25.0	24.0	29.6	14.1	18.9
猪肉	千克	11.8	0.8	1.1	2.4	2.2	2.6	1.2	1.5
牛羊肉	千克	5.7	0.3	0.5	1.0	1.0	1.3	0.7	0.9
家禽	千克	2.9	0.2	0.2	0.6	0.6	0.6	0.3	0.4
鲜蛋	千克	12	0.8	1.1	2.5	2.4	2.4	1.2	1.6
水产品	千克	8.1	0.5	0.8	1.6	1.5	1.7	1.0	1.0
白酒	千克	3	0.2	0.4	0.6	0.5	0.6	0.3	0.4
啤酒	千克	14	1.1	1.5	2.3	3.5	2.6	1.4	1.6
干鲜瓜果	千克	53.5	4	4.6	10.0	9.6	12.0	6.3	7.0
二、百户居民主要消费品拥有量									
助力车	辆	5	-	-	1	2	1	1	-
洗衣机	台	95	9	10	19	18	19	10	10
电冰箱/柜	台	100	8	8	19	20	22	11	12
摩托车	台	8	-	1	1	3	1	2	-
家用汽车	辆	5	-	-	-	-	2	1	2
彩色电视机	台	122	10	10	23	26	29	11	13
摄像机	台	12	-	-	2	-	6	2	2
组合音响	台	14	-	-	2	2	5	3	2
照相机	架	48	2	1	4	15	14	7	5
中高档乐器	台	7	1		-	2	3	1	-
健身器材	台	6	-	-	-	3	2	1	-
钢琴	台	1	-	-	-	-	1	-	-
空调器	台	5	-	-	-	1	1	1	2
淋浴热水器	台	60	2	2	11	11	18	6	10
微波炉	台	48	1	1	9	11	16	7	3
消毒碗柜	台	5	1	-	1	-	1	1	1
家用电脑	台	49	2	1	9	8	14	9	6
固定电话	台	82	5	7	15	18	18	9	10
移动电话	台	191	18	16	36	39	39	19	24

农村居民家庭基本情况

BASIC CONDITIONS OF RURAL HOUSEHOLDS

7－10

指　　标	单位	1990年	1995年	2000年	2005年	2006年	2007年
一、调查户数	**户**	**95**	**90**	**100**	**50**	**50**	**50**
调查户人口	人	402	360	369	157	140	144
二、常住人口	**人**	**402**	**360**	**369**	**157**	**140**	**144**
#整半劳动力	人	272	243	253	111	121	123
整劳动力	人	218	204	215	97	58	66
职工	人	4	17	4	5	4	4
村企业从业人员	人	2	3	8	4	5	4
在外从事其它劳动人员	人	10	21	16	14	15	16
学龄前儿童	人	15	10	7	2	1	－
在校学生	人	56	70	52	30	25	21
平均每户常住人口	人	4.2	4.0	3.7	3.1	2.8	2.9
平均每户整半劳动力	人	2.9	2.7	2.5	2.2	2.4	2.5
平均每个劳动力负担人口	人	1.4	1.5	1.5	1.4	1.2	1.2
三、劳动力文化程度构成	**%**	**100**	**100**	**100**	**100**	**100**	**100**
文盲或半文盲	%	2.94	－	2.37	0.90	0.90	－
小学文化	%	15.07	18.62	17.00	5.40	5.40	4.1
初中文化	%	64.34	57.89	54.55	72.00	69.70	88.6
高中文化	%	13.60	19.84	19.76	18.90	22.30	6.5
大中专文化	%	4.05	3.65	6.32	2.80	1.70	0.8
四、人均耕地面积	**公顷**	**0.246**	**0.202**	**0.245**	**0.270**	**0.210**	**0.200**
承包耕地面积	公顷	0.246	0.192	0.209	0.223	0.173	0.170
自留地面积	公顷	－	0.010	0.036	0.047	0.037	0.030
平均每个劳动力拥有耕地面积	公顷	0.364	0.299	0.357	0.381	0.237	0.234
五、年末人均房屋使用面积	**平方米**	**17.94**	**19.09**	**20.38**	**28.03**	**28.65**	**28.77**
居住面积	平方米	13.52	15.71	17.63	24.53	25.15	25.27
生产用房面积	平方米	4.42	3.38	2.75	3.50	3.50	3.50

农村居民家庭年人均纯收入

PER CAPITA ANNUAL NET INCOME OF RURAL HOUSEHOLDS

7－11　　单位:元

镇　　别	1990年	1995年	2000年	2005年	2006年	2007年
全市	745	1599	2586	4149	5830	6131
小营镇	889	1842	3076	4448	6696	6749
依兰镇	984	1054	2058	4336	6105	6108
三道湾镇	1017	1200	2010	3203	3740	4035

农村每百户居民家庭生产性固定资产

FIXED ASSETS IN PRODUCE NATURE OF RURAL HOUSEHOLDS(2007)

7－12

(2007 年)

项　　目	单位	全市	小营镇	依兰镇	三道湾镇
年末生产性固定资产原值	**万元**	**32**	**11.7**	**16.7**	**3.6**
1. 役畜、产品畜	万元	8	3	4	1
2. 大中型铁木农具	万元	1	0.4	0.4	0.2
3. 农林牧渔业机械	万元	4	2	1.6	0.4
4. 工业机械	万元	–	–	–	–
5. 运输机械	万元	5	2.3	2.7	–
6. 生产用房	万元	9	2	6	1
7. 其他	万元	5	2	2	1
		–	–	–	–
大中型拖拉机	台	2	1	1	–
小型及手扶拖拉机	台	25	10	13	2
机动脱粒机	台	2	1	1	–
胶轮大车	辆	18	5	8	5
胶轮手推车	辆	17	7	6	4
水泵	台	7	2	3	2
役畜	头	16	4	7	5
产品畜	头	14	4	6	4

农村每百户居民家庭年末耐用消费品拥有量

NUMBER OF DURABLE CONSUMER GOODS OWNED PER 100
RURAL HOUSEHOLDS AT THE YEAR－END

7－13

项　　目	单位	1990年	1995年	2000年	2005年	2006年	2007年
一、自行车	辆	152	160	113	60	32	30
二、缝纫机	架	75	82	64	30	28	24
三、钟表	块	291	301	290	180	160	150
#手表	块	191	201	189	120	120	114
四、电风扇	台	9	19	34	48	46	48
五、洗衣机	台	25	32	46	64	68	70
六、电冰箱	台	3	6	16	34	38	40
七、摩托车	辆	1	2	7	18	20	20
八、电视机	台	86	104	96	102	100	100
#彩电	台	10	31	67	102	100	100
九、收录机、影碟机	台	50	93	69	94	96	18
十、照相机	架	2	7	15	26	30	32

注:2007 年开始,不含收录机。

农村居民家庭人均总收入和总支出

PER CAPITA ANNUAL GROSS INCOME AND EXPENDITURE OF RURAL HOUSEHOLDS

7－14 单位:元

项　　　目	1990年	1995年	2000年	2005年	2006年	2007年
人均总收入	**1442**	**3188**	**3659**	**6594**	**7800**	**7208**
一、工资性收入	**70**	**120**	**337**	**1056**	**2881**	**3906**
二、家庭经营收入	**1237**	**2804**	**2769**	**4538**	**3745**	**1384**
(1)第一产业收入	1189	2725	2649	4432	3632	1281
#农业	905	1686	1801	3800	2939	893
牧业	178	455	402	560	668	388
(2)第二产业收入	18	19	30	13	19	–
#工业	18	19	30	13	19	–
(3)第三产业收入	30	60	90	93	94	103
三、财产性收入	**75**	**164**	**332**	**600**	**636**	**1556**
四、转移性收入	**60**	**100**	**221**	**400**	**538**	**362**
人均总支出	**1452**	**3783**	**3464**	**6102**	**6295**	**5612**
一、家庭经营费用支出	**414**	**1421**	**1022**	**2172**	**1608**	**770**
(1)第一产业生产费用支出	396	1402	1002	2150	1545	760
(2)第二产业生产费用支出	8	9	9	10	50	5
(3)第三产业生产费用支出	10	10	11	12	13	5
二、购置生产性固定资产	**29**	**63**	**36**	**80**	**45**	**75**
三、税费支出	**31**	**43**	**29**	**–**	**12**	**7**
四、生活消费支出	**856**	**2001**	**1806**	**2900**	**4029**	**4195**
#食品消费支出	382	794	563	720	1399	1327
衣着消费支出	98	169	159	300	247	282
居住消费支出	106	332	110	450	530	593
文化教育、娱乐消费支出	60	250	300	400	463	507
#学杂费	10	50	220	300	183	183
五、财产性支出	**76**	**155**	**371**	**560**	**65**	**17**
六、转移性支出	**46**	**100**	**200**	**390**	**536**	**548**

农村居民家庭人均生活消费支出

PER CAPITA LIVING EXPENDITURE OF RURAL HOUSEHOLDS

7－15　　　　单位:元

项　　目	1990年	1995年	2000年	2005年	2006年	2007年
生活消费支出	**856**	**2001**	**1806**	**2900**	**4029**	**4195**
生活消费品支出	**709**	**1571**	**1133**	**1920**	**3017**	**2564**
食品	382	794	563	720	1293	1174
#主食	186	312	73	108	406	332
副食	109	322	295	420	887	842
衣着	98	169	159	300	247	281
住房	106	332	110	450	388	593
燃料	34	55	69	80	98	91
其他	89	219	231	370	991	425
服务性支出	**147**	**430**	**673**	**980**	**1012**	**1631**
食品	15	46	68	100	107	90
衣着	1	1	1	1	1	－
住房	21	60	98	136	142	130
燃料	3	5	6	8	10	8
其他	107	318	500	736	752	1403

农村居民家庭主要实物人均消费量

PER CAPITA CONSUMPTION OF MAJOR CONSUMER GOODS IN RURAL HOUSEHOLDS

7－16

项　　目	单位	1990年	1995年	2000年	2005年	2006年	2007年
蔬菜	千克	156	120	36	150	153	140
植物油	千克	6	3	3	4	4	2
动物油	千克	－	－	3	－	－	－
猪肉	千克	5	5	6	7	8	8
牛羊肉	千克	3	2	2	3	4	3
牛羊奶	千克	－	－	－	2	2	2
家禽	千克	1	1	－	2	4	1
蛋类	千克	4	5	5	6	7	3
鱼虾	千克	3	5	9	7	7	4
食糖	千克	1	1	－	2	2	1
卷烟	盒	1	9	14	16	15	24
酒	千克	12	12	11	15	14	21
茶叶	克	－	5	－	10	10	1
糖果	千克	1	－	－	2	2	4
糕点	千克	2	3	－	2	3	2
水果	千克	10	22	7	13	13	14
棉花	千克	－	－	－	－	－	－
烧柴	公担	6	12	25	31	30	25
烧草	公担	14	－	1	－	－	－
煤炭	千克	250	506	310	390	390	292

各镇农村居民家庭人均总收入和总支出

PER CAPITA ANNUAL GROSS INCOME AND EXPENDITURE OF RURAL HOUSEHOLDS(2007)

7－17 （2007 年） 单位:元

项目	合计	小营镇	依兰镇	三道湾镇
人均总收入	**7208**	**8051**	**7598**	**4841**
一、工资性收入	**3906**	**4364**	**4118**	**2624**
二、家庭经营收入	**1384**	**1545**	**1458**	**929**
(1)第一产业收入	1281	1431	1350	860
#农业	893	998	941	600
牧业	388	433	409	261
(2)第二产业收入	–	–	–	–
#工业	–	–	–	–
(3)第三产业收入	103	114	108	69
三、财产性收入	**1556**	**1738**	**1640**	**1045**
四、转移性收入	**362**	**404**	**382**	**243**
人均总支出	**5612**	**6271**	**5916**	**3771**
一、家庭经营费用	**770**	**861**	**811**	**517**
(1)第一产业生产费用	760	849	801	511
(2)第二产业生产费用	5	6	5	3
(3)第三产业生产费用	5	6	5	3
二、购置生产性固定资产	**75**	**84**	**79**	**50**
三、税费支出	**7**	**8**	**7**	**5**
四、生活消费支出	**4195**	**4687**	**4423**	**2820**
#食品消费支出	1327	1481	1398	891
衣着消费支出	282	314	296	189
居住消费支出	593	663	625	398
文化教育、娱乐消费支出	507	566	535	341
#学杂费	183	204	193	123
五、财产性支出	**17**	**19**	**18**	**11**
六、转移性支出	**548**	**612**	**578**	**368**

农村居民家庭人均现金收入

PER CAPITA INCOME IN CASH OF RURAL HOUSEHOLDS

7－18 单位:元

项目	1990年	1995年	2000年	2005年	2006年	2007年
期初手持现金	**215**	**234**	**127**	**1000**	**800**	**950**
现金收入	**1573**	**3594**	**4085**	**6500**	**6886**	**9155**
一、工资性收入	**67**	**372**	**262**	**550**	**2881**	**3906**
1. 在非企业组织中劳动得到收	4	20	14	29	154	160
2. 在本乡地域内劳动得到收入	22	120	85	178	930	731
3. 外出从业得到收入	41	232	163	343	1797	3015
二、家庭经营现金收入	**959**	**1882**	**1978**	**3770**	**3351**	**4682**
1. 第一产业现金收入	799	1538	1547	2635	3238	4580
农业现金收入	623	1184	1166	2100	2597	3619
林业现金收入	1	28	1	35	24	252
牧业现金收入	171	326	365	500	617	709
渔业现金收入	4	–	15	–	–	–
2. 第二产业现金收入	34	59	31	118	19	–
工业现金收入	28	20	31	28	19	–
建筑业现金收入	6	39	–	90	–	–
3. 第三产业现金收入	126	285	400	1017	94	102
出售其他产品收入	39	90	81	150	–	–
第三产业服务性现金收入	87	195	319	867	94	102
交通、运输、邮电业现金收入	23	38	95	270	5	21
批零贸易业、饮食业现金收入	17	98	11	220	89	80
其他行业现金收入	47	59	213	377	–	–
三、财产性收入	**340**	**924**	**676**	**530**	**116**	**205**
#土地征用补偿收入	5	10	30	39	27	9
转让承包土地经营权收入	10	20	50	298	54	64
四、转移性收入	**207**	**416**	**1169**	**1650**	**538**	**362**
#农村亲友赠送	80	100	200	300	270	183
城市亲友赠送	100	200	300	325	205	125

农村居民家庭人均现金支出

PER CAPITA EXPENDITURE IN CASH OF RURAL HOUSEHOLDS

7－19 单位:元

项目	1990年	1995年	2000年	2005年	2006年	2007年
现金总支出	**1480**	**3791**	**3833**	**7100**	**6241**	**5611**
一、生产费用支出	**269**	**1004**	**520**	**900**	**1653**	**844**
1. 家庭经营费用支出	240	944	483	825	1608	770
(1)第一产业生产费用支出	194	642	442	685	1545	760
农业生产费用支出	145	429	327	500	1447	750
林业生产费用支出	–	1	17	–	3	2
牧业生产费用支出	49	213	87	185	95	8
渔业生产费用支出	–	–	11	–	–	–
(2)第二产业生产费用支出	7	19	–	6	50	5
工业生产费用支出	6	18	–	–	–	–
建筑业生产费用支出	1	1	–	6	50	5
(3)第三产业生产费用支出	39	283	41	134	13	5
#交通、运输业、邮电业生产支出	18	4	36	93	3	4
批零贸易、餐饮业生产支出	16	18	–	43	2	–
2. 购买生产性固定资产支出	29	60	37	75	45	75
二、税费消费支出	**27**	**22**	**29**	**–**	**12**	**7**
三、生活消费支出	**693**	**1768**	**1730**	**2850**	**3974**	**4195**
#食品消费支出	238	611	516	700	1345	1327
衣着消费支出	98	167	159	300	247	282
居住消费支出	106	332	110	450	530	593
家庭设备备用品支出	38	99	142	210	277	289
交通和通讯	50	132	189	280	372	399
文化教育、娱乐用品及服务	63	165	237	350	463	507
#学杂费	25	87	200	337	183	183
医疗保健支出	95	250	359	532	709	725
四、财产性支出	**332**	**668**	**983**	**2500**	**65**	**17**
五、转移性支出	**159**	**329**	**571**	**850**	**537**	**548**

农村居民家庭人均非生产性现金收支

PER CAPITA NON－PRODUCE NATURE INCOME AND EXPENDITURE IN CASH OF RURAL HOUSEHOLDS

7－20

单位:元

项目	1990年	1995年	2000年	2005年	2006年	2007年
一、非生产性现金收入	**207**	**416**	**1169**	**1650**	**3635**	**4593**
在外人口寄回和带回	2	21	273	693	1796	3016
工资收入	65	47	361	603	1085	891
#行政事业单位	3	6	–	180	154	160
国家财政	3	–	5	80	100	120
出售财物	33	120	36	–	116	205
亲友赠送	49	108	362	215	475	308
#农村亲友	15	66	57	215	270	183
其它	55	120	132	59	63	53
二、储蓄借贷现金收入	**340**	**924**	**676**	**530**	**351**	**485**
信用社贷款	76	162	112	72	73	20
借入款	128	376	150	218	115	19
收回借出款	45	66	25	20	–	131
取款	91	255	389	220	163	315
#兑换国库券	–	–	–	–	–	–
收回投资款	–	–	–	–	–	–
三、非生产性现金支出	**122**	**269**	**544**	**800**	**536**	**548**
寄给和带给在外人口	7	11	7	5	–	–
亲友	103	226	318	520	368	317
#农村亲友	41	118	114	130	359	274
其它	12	32	219	275	177	231
四、储蓄借贷现金支出	**332**	**668**	**983**	**2500**	**2505**	**549**
归还贷款	73	56	59	160	30	53
借出款	60	45	27	2	–	107
还借款	83	164	63	50	175	197
存款	116	376	834	2288	2300	190

8. 城市建设

CHAPTER 8 URBAN CONSTRUCTION

城市市政建设情况

BASIC STATISTICS ON CITY MUNICIPAL CIVIL CONWTRUCTION

8－1

指　　标	单位	1990年	1995年	2000年	2005年	2006年	2007年
一、城市维护建设资金收入	**万元**	**4137**	**6955**	**11885**	**42669**	**23953**	**18075**
二、城市维护投资	**万元**	**1601**	**4746**	**4196**	**12165**	**13611**	**6712**
三、城市建设投资	**万元**	**2470**	**2209**	**6909**	**30504**	**10342**	**11363**
#自来水	万元	1795	250	235	1420	800	311
排水	万元	104	354	2267	3077	1722	1474
道路、桥梁	万元	318	944	2330	8346	5571	8206
公共交通	万元	99	4	520	1089	–	–
园林绿化	万元	20	–	281	1161	2261	1561
环境卫生	万元	73	249	80	2708	4151	3084
其它	万元	11	11	405	8645	9448	3439
四、年末实有房屋建筑面积	**万平方米**	**568**	**875**	**1305**	**2016**	**2213**	**2573**
#住宅建筑面积	万平方米	278	513	782	1269	1415	1661
房产局直管房	万平方米	21	12	9	–	–	–
私人住宅	万平方米	152	467	745	1231	1389	1635
住宅私人占有率	%	54.7	91.0	95.3	97.0	98.2	98.4
实有住宅使用面积	万平方米	202	381	571	926	1033	1213
实有住宅居住面积	万平方米	132	233	375	609	679	797
居住人口	万人	22.0	31.2	35.5	38.8	39.7	40.4
人均住宅使用面积	平方米	9.2	12.2	16.1	23.9	26.0	30.0
集中供热面积	万平方米	–	–	–	1500	1600	2100
#住宅	万平方米	–	–	–	1275	1360	1550
五、市政设施							
实有道路长度	公里	66	108	121	143	147	156
实有道路面积	万平方米	66	104	130	308	314	341
城市桥梁数	座	6	8	10	12	13	14
防洪堤长度	公里	19	19	19	19	27	27

8－1续表1

指　　　　标	单位	1990年	1995年	2000年	2005年	2006年	2007年
城市排水道长度	公里	73	113	134	177	181	186
城市污水排放量	万吨/日	4.2	5.7	6.8	6.6	6.9	6.2
城市路灯盏数	盏	2399	3023	3855	6217	6738	7436
人均道路面积	平方米	3.0	3.4	3.8	7.3	7.6	7.3
人均排水管道长度	米	0.3	0.4	0.3	0.4	0.4	0.4
六、供水							
自来水水厂	个	1	2	1	1	1	1
水厂综合生产能力	万吨/日	7.5	12.6	10.0	10	10.6	10.0
各单位自备水源能力	万吨/日	2.2	3.5	5.6	5.6	5.0	5.0
全年供水总量	万吨	2071	3100	3094	3031	4737	3703
#自来水厂	万吨	1461	2621	2802	2829	4490	3520
供水量中生活用水量	万吨	1276	1690	2618	2054	1760	1847
#自来水厂	万吨	1053	1564	2494	1921	1597	1739
人均日生活用水量	吨	0.17	0.17	0.20	0.15	0.13	0.12
自来水普及率	%	80.0	87.5	94.7	89.0	92.1	95.5
七、公共交通							
公交专用车道条数	条	－	－	－	－	42	42
营运线路长度	公里	106	246	66	77	77	156
营运车辆	辆	76	392	433	476	511	521
营运标准车台	标台	86	341	353	361	396	406
全年运客总量	万人次	347	589	4765	4814	5192	5672
出租汽车营运车辆	辆	772	2138	3975	2464	2485	2500
#系统内营运车辆	辆	10	11	－	－	－	－
每万人拥有公共交通车辆	标台	3.7	11.2	10.4	11.3	11.9	8.7
每万人拥有出租汽车	辆	27.3	60.0	102.1	58.6	57.9	57.3
八、园林绿化							
园林绿地总面积	公顷	509	466	890	912	940	922
#建成区	公顷	455	455	799	811	894	911
公园绿地面积	公顷	115	105	150	166	227	231

8－1续表2

指　　标	单位	1990年	1995年	2000年	2005年	2006年	2007年
建成区绿化覆盖率	%	26.4	17.7	26.1	25.7	27.1	30.5
人均公园绿地面积	平方米	5.0	3.5	4.4	3.9	5.5	5.0
城市公园个数	个	2	3	4	4	4	4
公园面积	公顷	38.6	93	129.5	129.5	130	130
全年植树量	万株	7.8	4	3.6	15	1.5	1.2
年末苗圃面积	公顷	56	73	69.9	69.9	69.9	69.6
九、煤气和液化气							
（一）煤气生产能力	万立方米/日	–	4.5	4.5	2.4	2.4	2.4
储气能力	万立方米	–	4.5	2.0	–	97	97
管道长度	公里	–	25	67	155	181	191
供气总量	万立方米	–	42	67	190	233	264
#家庭用量	万立方米	–	42	67	170	179	182
用气户数	户	–	5000	12227	22150	25833	29496
#家庭用户	户	–	5000	11927	22140	25722	29395
用气人口	万人	–	2	4.3	7.8	9.0	12.0
（二）液化气储气能力	吨	–	75	380	466	466	466
供气总量	吨	–	1945	5361	7439	7500	7580
#家庭用气	吨	–	1945	5311	6939	7000	7070
家庭用气户数	万户	–	1.8	7.4	8.8	8.5	8.8
用气人口	万人	–	14.8	26.0	30.9	29.7	31.0
（三）煤气液化气普及率	%	–	55.4	90.0	92.0	92.9	92.4
十、城市环卫							
清扫面积	万平方米	117	145	213	262	342	428
全年工作量	万吨	29.0	34.0	38.6	39.3	39.3	40.0
#清运垃圾	万吨	22.7	28.0	32.0	32.5	32.5	33.0
清运粪便	万吨	6.3	6.0	6.6	6.8	6.8	7.0
全市公共厕所数	座	388	315	287	215	223	178
环卫机械设备	辆	72	71	63	59	78	78

当年城市建设情况

URBAN CONSTRUCTION SITUATION OF THE YEAR(2007)

8－2 （2007年）

指　　　　　　标	单位	2007年
一、城市供水		
年水质综合合格率	%	99
管网水水质综合合格率	%	99
管网水修漏及时率	%	99
自来水漏失率	%	39.9
出厂水合格率	%	99.5
供水管网改造	公里	10
二、市政工程		
人民路基础工程	万平方米	4.2
#建设规模	万平方米	14.4
延龙路等工程建设规模	万平方米	27
完成74条小街小巷道路工程其规模	万平方米	12
新建排水	条	15
#排水长度	公里	5
新建路灯	盏	698
新建桥梁	座	2
三、环境卫生		
垃圾袋化覆盖率	%	92.5
制作垃圾箱	个	50
新建水冲厕所公厕	座	20
医疗垃圾废弃处理厂全年投资	万元	1616
四、城市公交		
新购置公交车辆	台	20

8－2续表

指　　　　标	单位	2007年
全年车辆完好率	%	100
车辆利用率	%	99.8
服务合格率	%	97
正点率	%	98.2
五、城市燃气		
盛世光华燃气公司新增管网	千米	10.5
煤气管网改造	公里	12
增加煤气用户	户	3663
六、集中供热工程		
全市供热面积已达	万平方米	21000
建设二期工程全年供热面积	万平方米	91
累计供热面积	万平方米	771
铁南供热总面积	万平方米	120
荣祥热力公司供热面积	万平方米	65.65
东晨环能供热公司	万平方米	180
七、污水处理工程		
污水处理厂全年运行天数	天	145
污水深度处理前期工程投资	万元	9764
污水管网改造工程完成人民路排水工程	米	4750
八、园林绿化		
完成栽植地被植物	万株	33
栽植行道树	万株	0.8
栽植草花	万株	130
新铺草坪	万平方米	2
摆放上街艺术花盆	盒	195
新增公共绿地	公顷	7

城市基本情况

URBAN BASIC DATA(2007)

8－3　　(2007年)

指　　标	计量单位	数量
一、城区面积	**平方公里**	40.66
城市建设用地面积	平方公里	30.9
居住用地	平方公里	13.32
公共设施用地	平方公里	4.42
工业用地	平方公里	3.51
仓储用地	平方公里	0.81
对外交通用地	平方公里	0.63
道路广场用地	平方公里	4.1
市政公用设施用地	平方公里	1.39
绿地	平方公里	1.64
特殊用地	平方公里	1.08
二、绿化覆盖面积	**公顷**	1136
#建成区	公顷	1056
园林绿地面积	公顷	922
#建成区	公顷	911
合计中:公园绿地	公顷	231
生产绿地	公顷	70
防护绿地	公顷	-
附属绿地	公顷	524
其他绿地	公顷	97
三、公园个数	**个**	4
其中:门票免费公园	个	2
公园面积	公顷	130
其中:水域面积	公顷	4

环境保护情况

ENVIRONMENTAL PROTECTION

8－4

指　　　　标	单位	2006 年	2007 年
API 指数≤100 的天数占全年天数比例	%	83.01	87.57
可吸入颗粒物浓度年均值	毫克/立方米	0.106	0.09
二氧化硫浓度年均值	毫克/立方米	0.046	0.025
二氧化氮浓度年均值	毫克/立方米	0.039	0.035
工业废水排放总量	万吨	120	193.79
工业废水排放达标量	万吨	115	186.23
工业废水排放达标率	%	95.83	96.1
工业废水中化学需氧量排放量	吨	153	595.97
工业废气排放总量	万标立方米	52785	65722
工业二氧化硫排放量	万吨	0.13	0.147
工业二氧化硫排放达标率	%	100	100
工业烟尘排放量	万吨	0.07	0.046
工业烟尘排放达标率	%	95.56	95.3
工业固体废物产生量	万吨	5.4	6.69
工业固体废物综合利用量	万吨	5	6.42
工业固体废物处置利用率	%	91.85	96.12
工业危险废物处置率	%	100	100
医疗废物集中处理率	%	100	100
万元工业增加值废水排放强度	吨/万元	5.618	5.601
万元工业增加值化学需氧量排放强度	吨/万元	0.00072	0.00172
万元工业增加值烟尘排放强度	吨/万元	0.0035	0.00132
万元工业增加值二氧化硫排放强度	吨/万元	0.00612	0.00426

8－4续表

指　　　　标	单位	2006年	2007年
集中式饮用水水源地水质达标率	%	16.18	83.37
地表水环境功能区水质达标率	%	100	100
区域环境噪声平均值	dB(A)	55.1	55.1
交通干线噪声平均值	dB(A)	69.5	68.7
清洁能源使用率	%	70.16	72.99
环境污染治理投入	亿元	10.69	8.4168
环境保护投资指数	%	11.2	7.55
烟尘控制区覆盖率	%	100	100
环境噪声达标区覆盖率	%	40	85
生活污水集中处理率	%	-	100
城镇生活污水中化学需氧量产生量	吨	8760	8979
污水处理厂去除生活污水中COD量	吨	-	2880
城镇生活污水中化学需氧量排放量	吨	8760	6099
城镇生活污水中氨氮产生量	吨	1022	1047.55
污水处理厂去除生活污水中氨氮量	吨	-	136.4
城镇生活污水中氨氮排放量	吨	1022	911.15
生活及其他二氧化硫排放量	吨	5120	6083
生活及其他烟尘排放量	吨	3200	3284
生活及其他氮氧化物排放量	吨	752	772
生活垃圾无害化处理率	%	100	100

9. 农 业

CHAPTER 9 AGRICULTURE

主要年份农村基层组织情况

BASIC CONDITIONS OF RURAL AREA IN MAIN YEARS

9－1

指　　标	单位	1990年	1995年	2000年	2005年	2006年	2007年
1. 年末乡(镇)政府	个	5	6	6	3	3	3
乡政府	个	4	4	4	–	–	–
镇政府	个	1	2	2	3	3	3
2. 年末村民委员会	个	55	67	69	34	34	34
3. 年末村民小组	个	298	341	338	267	267	268
4. 年末乡村居民户数	户	11756	13376	12260	13340	14379	14383
汉族	户	4175	6010	5388	6061	6402	6570
朝鲜族	户	7451	7191	6716	7128	7798	7571
其它少数民族	户	130	175	156	151	179	242
5. 年末乡村人口	人	42435	45270	37722	41160	40799	40793
汉族	人	15231	19227	16780	19004	18714	19009
朝鲜族	人	26731	25373	20374	21639	21558	21069
其它少数民族	人	473	670	568	517	527	715
6. 年末乡村劳动力	人	22486	25949	22016	24089	24023	24130
#女劳动力	人	11193	12945	10725	11441	11452	11770
农林牧渔业	人	18000	20114	16803	15510	14109	13610
工业	人	1098	756	748	1062	1421	1428
建筑业	人	322	353	384	443	615	751
交通运输、邮电业、仓储业	人	357	458	499	480	433	461
批发零售、住宿、餐饮	人	605	853	879	1296	1160	1770
其它	人	2104	3415	2703	5298	6285	6110
#外出临时工、合同工	人	965	1326	999	1200	1300	1360

农村基层组织情况

BASIC CONDITIONS OF RURAL AREA(END OF 2007)

9－2　（2007年末）

指　　　标	单位	全市	小营镇	依兰镇	三道湾镇
一、农村基层组织					
镇政府	个	3	1	1	1
村民委员会	个	34	13	12	9
村民小组	个	268	126	105	37
二、乡村居民户数	**户**	**14383**	**5782**	**6821**	**1780**
汉族	户	6570	2235	2597	1738
朝鲜族	户	7571	3519	4040	12
其它少数民族	户	242	28	184	30
三、乡村人口	**人**	**40793**	**16409**	**19204**	**5180**
汉族	人	19009	5908	8070	5031
朝鲜族	人	21069	10432	10596	41
其它少数民族	人	715	69	538	108
四、乡村劳动力	**人**	**24130**	**9276**	**11750**	**3104**
男劳动力	人	12360	4368	6277	1715
女劳动力	人	11770	4908	5473	1389
按国民经济行业划分					
1. 农林牧渔业	人	13610	4826	6364	2420
2. 工业	人	1428	245	1135	48
3. 建筑业	人	751	116	556	79
4. 运输、邮电、仓储业	人	461	162	258	41
5. 批发零售、住宿、餐饮	人	1770	527	1059	184
6. 其它	人	6110	3400	2378	332
#外出临时工、合同工	人	1360	270	830	260

主要年份农业总产值

GORSS OUTPUT VALUE OF AGRICULTURE IN MAIN YEARS

9-3　　单位:万元

指　　标	1990年	1995年	2000年	2005年	2006年	2007年
农林牧渔服务业总产值(按现行价格计算)	**6426**	**12928**	**17377**	**25977**	**27944**	**34881**
一、农业	4382	6365	9338	11649	13106	16515
1.种植业	4229	5549	8549	11649	13106	16515
2.其它农业	153	816	789	-	-	-
二、林业	217	347	518	1216	1235	1594
1.营林	104	125	187	124	103	117
2.林产品	10	30	64	236	79	-
3.采伐	103	192	267	856	1053	1477
三、牧业	1798	6158	7460	10996	11417	14413
1.牲畜	742	3008	3690	2544	2739	3291
2.家禽	108	498	546	2597	2357	3172
3.其它	948	2652	3224	5855	6321	7950
四、渔业	29	58	61	86	86	74
五、服务业	-	-	-	2030	2100	2285
各行业所占比重(%)						
一、农业	68.2	49.2	53.7	44.8	46.9	47.3
二、林业	3.4	2.7	3.0	4.7	4.4	4.6
三、牧业	2.0	47.6	42.9	42.3	40.9	41.3
四、渔业	0.4	0.5	0.4	0.3	0.3	0.2
五、服务业	-	-	-	7.9	7.5	6.6
农林牧渔服务业总产值(按1990年不变价格计算)	**6617**	**7685**	**9932**	**16855**	**18131**	**22513**
一、农业	4550	3826	5090	6897	7760	9778
二、林业	314	236	319	1012	1027	1326
三、牧业	1735	3593	4491	6862	7190	9077
四、渔业	18	30	32	54	54	47
五、服务业	-	-	-	2030	2100	2285
农林牧渔服务业总产值(按可比价格计算)	**-**	**-**	**-**	**25971**	**27164**	**30113**
一、农业	-	-	-	11700	12440	14156
二、林业	-	-	-	1168	1075	1322
三、牧业	-	-	-	11018	11463	12378
四、渔业	-	-	-	85	86	72
五、服务业	-	-	-	2000	2100	2185

主要年份农业增加值

ADDED VALUE OF AGRICULTURE IN MAIN YEARS

9－4 单位:万元

指标	1990年	1995年	2000年	2005年	2006年	2007年
农林牧渔服务业总产值	**6426**	**12928**	**17377**	**25977**	**27944**	**34881**
1. 农业	4380	6365	9338	11649	13106	16515
2. 林业	217	347	518	1216	1235	1594
3. 牧业	1800	6158	7460	10996	11417	14413
4. 渔业	29	58	61	86	86	74
5. 服务业	–	–	–	2030	2100	2285
中间消耗	**2575**	**5002**	**5788**	**8429**	**9055**	**11341**
1. 农业	1517	2335	2825	3751	4220	5340
2. 林业	79	124	167	366	382	493
3. 牧业	967	2521	2506	3728	3850	4870
4. 渔业	12	22	24	44	44	38
5. 服务业	–	–	–	540	559	600
增加值	**3851**	**7926**	**11589**	**17548**	**18889**	**23540**
1. 农业	2863	4030	6458	7898	8886	11175
2. 林业	138	223	344	850	853	1101
3. 牧业	833	3637	4751	7268	7567	9543
4. 渔业	17	36	36	42	42	36
5. 服务业	–	–	–	1490	1541	1685

农业增加值

ADDED VALUE OF AGRICULTURE(2007)

9－5 (2007年) 单位:万元

指标	合计	农业	林业	牧业	渔业	服务业
一、总产值	**34881**	**16515**	**1594**	**14413**	**74**	**2285**
二、中间物质消耗	**11341**	**5340**	**493**	**4870**	**38**	**600**
物质消耗	11050	5250	467	4700	33	600
劳务消耗	291	90	26	170	5	–
三、增加值	**235404**	**11175**	**1101**	**9543**	**36**	**1685**
固定资产折旧	2500	–	–	–	–	–
劳动者报酬	21219	–	–	–	–	–
生产税	–	–	–	–	–	–
生产补贴(－)	379	–	–	–	–	–
营业盈余	200	–	–	–	–	–

主要年份耕地面积

AREAS UNDER CULTIVATION IN MAIN YEARS

9－6　　　　单位:公顷

项　　　目	1990年	1995年	2000年	2005年	2006年	2007年
1. 年初耕地总资源	7598	8069	7979	7282	7246	7236
2. 当年增加耕地面积	1	112	10	–	55	85
3. 当年减少耕地面积	35	110	41	36	65	158
4. 年末耕地总资源	7564	8071	7948	7246	7236	7163
水田	1570	1541	1482	695	684	609
旱田	5994	6530	6466	6551	6552	6554
#国有单位	141	230	203	195	174	166

各乡镇耕地面积

AREAS UNDER CULTIVATION(2007)

9－7　　　　(2007 年)　　　　单位:公顷

单　　位	年初耕地总资源	年内增加耕地面积	当年减少耕地面积			年末耕地总资源		
				国家基地占地	其他基建占地		水田	旱田
合计	**7236**	**85**	**158**	**80**	**5**	**7163**	**609**	**6554**
小营镇	2388	48	85	80	5	2351	133	2218
依兰镇	4030	37	65	–	–	4002	392	3610
三道湾镇	644	–	–	–	–	644	84	560
园艺农场	62	–	–	–	–	62	–	62
种畜场	20	–	–	–	–	20	–	20
种羊场	68	–	8	–	–	60	–	60
鹿场	–	–	–	–	–	–	–	–
机关团体	10	–	–	–	–	10	–	10
人参场	14	–	–	–	–	14	–	14

农作物播种面积

TOTAL SOWN AREAS OF FARM CROPS(2007)

9－8　　（2007 年）　　单位：公顷

指　　标	合计	小营镇	依兰镇	三道湾镇	农场
农作物总播种面积	**7259**	**2527**	**3982**	**614**	**136**
一、粮食播种面积	**4494**	**1081**	**2786**	**556**	**71**
1. 谷物	2585	736	1527	279	43
（1）水稻	568	120	364	84	–
（2）玉米	1992	616	1140	193	43
#杂交玉米	1992	616	1140	193	43
（3）谷子	11	–	9	2	–
（4）高粱	–	–	–	–	–
（5）其它	14	–	14	–	–
2. 豆类	1683	281	1119	257	26
（1）大豆	1540	279	979	256	26
（2）杂豆	143	2	140	1	–
3. 薯类	226	64	140	20	2
#马铃薯	226	64	140	20	2
二、油料	**531**	**3**	**512**	**16**	**–**
#向日葵籽	30	2	12	16	–
苏子	500	–	500	–	–
三、烟叶	**251**	**101**	**150**	**–**	**–**
#烤烟	78	28	50	–	–
四、药材	**4**	**–**	**–**	**4**	**–**
五、蔬菜、瓜类	**1929**	**1342**	**506**	**18**	**63**
1. 蔬菜	1802	1248	473	18	63
2. 瓜类	127	94	33	–	–
六、其它作物	**50**	**–**	**28**	**20**	**2**
#青饲料	–	–	–	–	–

农作物总产量

TOTAL OUTPUT OF FARM CROPS(2007)

9－9　（2007 年）　单位：吨

指　　标	合计	小营镇	依兰镇	三道湾镇	农场
一、粮食产量	**20308**	**5804**	**12842**	**1420**	**242**
1. 谷物	16596	5249	10100	1050	197
(1)水稻	3616	816	2530	270	–
(2)玉米	12931	4433	7524	777	197
#杂交玉米	12931	4433	7524	777	197
(3)谷子	21	–	18	3	–
(4)高粱	–	–	–	–	–
(5)其它	28	–	28	–	–
2. 豆类	2954	427	2182	306	39
(1)大豆	2698	425	1929	305	39
(2)杂豆	256	2	253	1	–
3. 薯类	758	128	560	64	6
#马铃薯	758	128	560	64	6
二、油料合计	**782**	**4**	**738**	**40**	**–**
#向日葵籽	61	2	19	40	–
苏子	719	–	719	–	–
三、烟叶	**490**	**187**	**303**	**–**	**–**
#烤烟	161	56	105	–	–
四、蔬菜、瓜类	**85608**	**60227**	**20081**	**870**	**4430**
1. 蔬菜	83921	59407	19214	870	4430
2. 瓜类	1687	820	867	–	–

主要年份农作物

OUTPUT AND PLANTING AREAS

9－10

指标	1990年			1995年		
	面积（公顷）	产量（吨）	单产（千克）	面积（公顷）	产量（吨）	单产（千克）
合计	7686	–	–	7758	–	–
一、粮食作物	5723	19914	3480	5243	16190	3088
1. 水稻	1635	9496	5805	1293	6541	5059
2. 薯类	149	299	1995	233	419	1798
#马铃薯	147	297	2010	230	418	1817
3. 玉米	1414	6500	4590	1491	6629	4446
4. 高粱	–	–	–	1	–	–
5. 谷子	218	482	2220	77	120	1558
6. 其它杂粮	166	116	705	69	75	1087
7. 豆类	2141	3021	1410	2079	2406	1157
二、油料作物	93	95	1020	615	334	543
#葵花籽	80	90	1125	55	30	545
三、甜菜	–	–	–	27	91	3370
四、烟叶	463	957	2070	241	454	1884
烤烟	14	26	1845	–	–	–
晒烟	449	931	2070	241	454	1884
五、药材	11	–	–	5	3	600
#园参	9	–	–	1	3	3000
六、蔬菜、瓜类	1321	54761	41454	1375	37708	27424
1. 蔬菜	1272	54294	42690	1280	37445	29254
2. 瓜类	49	469	9571	77	263	3416
七、其他作物	59	537	9102	70	–	–
#青饲料	20	207	10350	23	–	–

播种面积和产量

OF CROPS IN MAIN YEARS

2000年			2005年			2006年			2007年		
面积（公顷）	产量（吨）	单产（千克）	面积（公顷）	产量（吨）	单产（千克）	面积（公顷）	产量（吨）	单产（千克）	面积（公顷）	产量（吨）	单产（千克）
7515	–	–	6997	–	–	7439	–	–	7259	–	–
4623	19609	4242	4312	18671	4330	4706	22261	4730	4494	20308	4519
1332	8563	6429	598	3562	5957	599	4142	6915	568	3616	6366
169	308	1822	199	550	2764	205	675	3293	226	758	3354
169	308	1822	197	540	2741	205	675	3293	226	758	3354
1367	8102	5927	1759	11698	6650	2117	14144	6681	1992	12931	6491
2	2	1000	4	4	1000	13	18	1385	–	–	–
46	96	2087	14	14	1000	5	5	1000	11	21	1909
47	45	957	55	55	1000	15	23	1533	14	28	2000
1660	2493	1502	1683	2788	1657	1752	3254	1857	1683	2954	1755
1046	855	817	522	635	1216	523	649	1241	531	782	1473
31	31	1000	22	35	1591	23	38	1652	30	61	2033
4	26	6500	–	–	–	–	–	–	–	–	–
451	761	1687	175	342	1954	252	485	1925	251	490	1952
17	32	1882	59	123	2085	95	192	2021	78	161	2064
434	729	1680	116	219	1888	157	293	1866	173	329	1902
4	–	–	54	–	–	41	68	1659	4	4	1000
–	–	–	–	–	–	–	–	–	–	–	–
1353	50101	37030	1880	78045	41513	1894	80047	42263	1929	85608	44379
1296	49752	38389	1749	76805	43914	1771	78774	46394	1802	83921	46571
57	349	6123	131	1240	9466	123	1273	10350	127	1687	13283
34	–	–	54	–	–	23	46	2000	50	228	4560
26	–	–	8	–	–	8	32	4000	–	–	–

农作物单位面积产量

PER HECTARE YIELD OF FARM CROPS(2007)

9－11　　(2007 年)　　单位：千克/公顷

指　　标	合计	小营镇	依兰镇	三道湾镇	农场
一、粮食作物	**4519**	**5369**	**4609**	**2554**	**3408**
1. 谷物	6420	7132	6614	3763	4581
(1)水稻	6366	6800	6951	3214	–
(2)玉米	6491	7196	6600	4026	4581
#杂交玉米	6491	7196	6600	4026	4581
(3)谷子	1909	–	2000	1500	–
(4)高粱	–	–	–	–	–
(5)其它	2000	–	2000	–	–
2. 豆类	1755	1520	1950	1191	1500
(1)大豆	1752	1523	1970	1191	1500
(2)杂豆	1790	1000	1807	1000	–
3. 薯类	3354	2000	4000	3200	3000
#马铃薯	3354	2000	4000	3200	3000
二、油料作物	**1473**	**1333**	**1441**	**2500**	**–**
#向日葵籽	2033	1000	1583	2500	–
苏子	1438	–	1438	–	–
三、烟叶	**1952**	**1851**	**2020**	**–**	**–**
#烤烟	2064	2000	2100	–	–
四、蔬菜、瓜类	**44379**	**44879**	**39686**	**48333**	**70317**
1. 蔬菜	46571	47602	40622	48333	70317
2. 瓜类	13283	8723	26273	–	–

主要年份畜牧业生产情况

PRODUTION OF ANIMAL HUSBANDRY IN MAIN YEARS

9－12

指　　标	单位	1990年	1995年	2000年	2005年	2006年	2007年
一、大牲畜年末存栏	**头**	**9157**	**12875**	**15222**	**13722**	**13681**	**13964**
#役畜	头	5604	8298	5923	3110	2885	2850
1. 牛	头	8762	12485	15100	13626	13575	13897
#役牛	头	5257	7932	5801	3042	2855	2808
奶牛	头	137	227	345	432	450	468
2. 马	头	269	241	30	12	15	11
3. 驴	头	125	147	92	84	91	56
二、生猪年末存栏	**头**	**14358**	**21197**	**23769**	**41989**	**38275**	**38739**
#母猪	头	1502	1684	2646	2493	2226	2429
当年出栏肥猪	头	14778	19770	24025	39076	44258	46309
1. 集市上出售的	头	12445	18830	23306	37884	43258	45538
2. 自宰自食的	头	731	940	719	1192	1000	771
三、羊年末存栏	**只**	**2938**	**3502**	**2962**	**10380**	**11557**	**11810**
1. 山羊年末存栏	只	31	70	226	2433	2244	2248
2. 绵羊年末存栏	只	2907	3432	2736	7947	9313	9562
四、鹿年末存栏	**只**	**948**	**822**	**583**	**1003**	**1105**	**1224**
五、养蜂年末存栏	**箱**	**637**	**942**	**843**	**3832**	**4123**	**3603**
六、家禽年末存栏	**万只**	**33.0**	**44.8**	**34.8**	**36.4**	**41.3**	**38.2**
七、主要畜禽产品							
1. 牛奶	吨	251	289	623	1300	1039	1049
2. 羊奶	吨	3	11	27	191	99	110
3. 羊毛	吨	9	15	16	24	23	29
4. 蜂蜜	吨	22	33	35	144	84	135
5. 鹿茸	千克	343	491	455	585	548	581

畜牧业主要产品产量

OUTPUT OF LIVESTOCK PRODUCTS(2007)

9－13　　(2007 年)

指　　标	单位	合计	小营镇	依兰镇	三道湾镇	农场
1. 出栏肉猪	头	46309	27380	4168	3744	11017
2. 出栏肉用牛	头	16825	1154	3541	1050	11080
3. 出栏肉用羊	只	10774	3070	2380	64	5260
4. 家禽出栏数	万只	33.9	5.8	2.6	12.7	12.8
5. 兔出栏数	只	6255	5270	985	–	–
6. 肉类总产量	吨	6615	2685	854	640	2436
#猪肉	吨	3717	2297	313	281	826
牛肉	吨	1834	139	425	116	1154
羊肉	吨	177	61	36	1	79
禽肉	吨	558	122	47	197	192
7. 奶类	吨	1159	845	297	17	–
羊奶	吨	110	9	84	17	–
#出售	吨	107	9	82	16	–
牛奶	吨	1049	836	213	–	–
#出售	吨	1018	812	206	–	–
8. 绵羊毛	吨	29	12	14	–	3
9. 蜂蜜	吨	135	19	36	71	9
10. 禽蛋	吨	4477	284	517	782	2894
鸡蛋	吨	4291	250	387	760	2894
鸭蛋	吨	93	17	65	11	–
鹅蛋	吨	93	17	65	11	–
11. 鹿茸	千克	581	–	570	11	–

牲畜饲养情况

NUMBER OF LIVESTOCK(END OF 2007)

9－14 （2007年末）

指 标	单位	合计	小营镇	依兰镇	三道湾镇	农场
1. 大牲畜	**头**	**13964**	**1753**	**8746**	**2725**	**740**
牛	头	13897	1686	8746	2725	740
#奶牛	头	468	309	159	–	–
马	头	11	11	–	–	–
驴	头	56	56	–	–	–
#从事农事劳役	头	2850	349	1829	672	–
牛	头	2808	307	1829	672	–
马	头	8	8	–	–	–
驴	头	34	34	–	–	–
#能繁殖的母畜	头	5662	743	3603	886	430
牛	头	5630	711	3603	886	430
#当年生仔畜	头	4773	749	2819	969	236
牛	头	4748	724	2819	969	236
2. 猪年末头数	**头**	**38739**	**23830**	**3464**	**1810**	**9635**
#能繁殖的母猪	头	2429	796	445	158	1030
后备母猪	头	714	331	118	15	250
3. 羊年末只数	**只**	**11810**	**3700**	**6371**	**439**	**1300**
4. 鹿年末只数	**只**	**1224**	**–**	**1199**	**25**	**–**
5. 养蜂箱数	**箱**	**3603**	**480**	**1500**	**1423**	**200**
6. 家禽	**万只**	**38.2**	**6.7**	**3.7**	**7.8**	**20.0**
鸡	万只	36.4	6.1	3.2	7.1	20.0
鸭	万只	0.9	0.3	0.3	0.3	–
鹅	万只	0.9	0.3	0.2	0.4	–
7. 家兔	**只**	**7456**	**6980**	**476**	**–**	**–**

主要年份水果生产情况

OUTPUT OF FRUITS IN MAIN YEARS

9－15

项目	单位	1990年	1995年	2000年	2005年	2006年	2007年
一、木耳产量	**吨**	**3**	**4**	**11**	**15**	**16**	**161**
二、果园年末实有面积	**公顷**	**2071**	**2295**	**2263**	**1775**	**1665**	**1605**
1. 苹果	公顷	7	28	14	11	11	11
2. 梨	公顷	1526	1975	1973	1626	1516	1287
#苹果梨	公顷	1313	1767	1682	1382	1272	1127
3. 葡萄	公顷	7	3	1	1	1	68
4. 其它	公顷	531	289	275	137	137	239
三、水果产量	**吨**	**8532**	**7037**	**12616**	**8643**	**9279**	**9987**
1. 苹果	吨	32	126	49	51	51	51
2. 梨	吨	7956	6228	11409	8249	8823	9442
#苹果梨	吨	5994	5607	9326	7726	6365	6706
3. 葡萄	吨	1	4	–	3	3	10
4. 其它	吨	543	679	1158	340	402	484

水果生产情况

OUTPUT OF FRUITS(2007)

9－16 (2007 年)

项目	单位	合计	小营镇	依兰镇	三道湾镇	农场
一、年末果园面积	**公顷**	**1605**	**550**	**575**	**47**	**433**
1. 苹果	公顷	11	11	–		–
2. 梨	公顷	1287	481	413	–	393
#苹果梨	公顷	1127	419	358	–	350
3. 葡萄	公顷	68	1	20	47	–
4. 其它	公顷	239	57	142	–	40
二、木耳总产量	**千克**	**160500**	**10500**	**150000**	**–**	**–**
出售	千克	160500	10500	150000	–	–
三、水果总产量	**吨**	**9987**	**4195**	**2052**	**7**	**3733**
1. 苹果	吨	51	51	–	–	–
2. 梨	吨	9442	3847	1932	–	3663
#苹果梨	吨	6706	3259	1547	–	1900
3. 葡萄	吨	10	3	–	7	–
4. 其它	吨	484	294	120	–	70

主要年份农业用电、化肥施用情况

CONSUMPTION OF ELECTRICITY AND
CHEMICAL FERTILIZERS IN MAIN YEARS

9－17

项　目	单位	1990年	1995年	2000年	2005年	2006年	2007年
农业用电量	**万千瓦小时**	**1514.3**	**2677.0**	**2620.0**	**7478.8**	**7539.2**	**10684.2**
农业化肥施用量	**吨**	**6578**	**4255**	**4716**	**4481**	**4222**	**4710**
1. 氮肥	吨	5659	3545	3728	3339	3051	3310
硫酸铵	吨	6	93	100	222	152	145
硝酸铵	吨	1813	1396	1386	739	733	700
尿素	吨	636	500	699	1439	1331	1608
炭酸氢铵	吨	2889	1480	1428	618	538	574
氨水	吨	315	15	20	9	9	9
其它	吨	–	61	95	312	288	274
2. 磷肥	吨	7	320	314	363	367	414
3. 钾肥	吨	85	58	62	132	99	140
4. 复合肥	吨	827	332	612	647	705	846

农业化肥消费情况

CONSUMPTION OF CHEMICAL FERTILIZERS
IN AGRICULTURE(2007)

9－18　　(2007 年)　　单位:吨

项　目	合计	小营镇	依兰镇	三道湾镇	农场
1. 化肥	**4710**	**1720**	**2589**	**281**	**120**
(1)氮肥	3310	1217	1892	181	20
硫酸铵	145	31	86	28	–
硝酸铵	700	117	583	–	–
尿素	1608	829	664	115	–
碳酸氢铵	574	229	293	32	20
氨水	9	–	9	–	–
其它	274	11	257	6	–
(2)磷肥	414	151	243	7	13
(3)钾肥	140	92	37	3	8
(4)复合肥	846	260	417	90	79
2. 农膜使用量	**111**	**51**	**53**	**7**	**–**
3. 农药使用量	**73**	**27**	**40**	**6**	**–**

主要年份农田灌溉情况

DRAINAGE IRRIGATION IN MAIN YEARS

9－19 单位：千公顷

项　目	1990年	1995年	2000年	2005年	2006年	2007年
1. 设计灌溉面积	**2.86**	**0.77**	**3.02**	**3.18**	**4.0**	**3.86**
水田	1.85	0.60	1.99	2.15	2.70	1.46
旱田	1.01	0.17	1.03	1.03	1.30	2.40
2. 有效灌溉面积	**2.71**	**0.51**	**2.46**	**3.18**	**3.23**	**3.52**
水田	1.69	0.43	1.57	2.15	2.18	1.29
旱田	1.02	0.08	0.89	1.03	1.05	2.23
3. 实际灌溉面积	**2.11**	**0.43**	**1.67**	**1.99**	**2.52**	**2.81**
水田	1.53	0.35	1.26	1.22	1.54	0.69
旱田	0.58	0.08	0.41	0.77	0.98	2.12
4. 旱涝保收面积	–	**1.99**	**1.71**	**1.08**	**1.08**	**1.08**

主要年份农业机械拥有量(年末数)

POSSESSION OF AGRICULTURE MACHINERY IN MAIN YEARS(YEAR－END)

9－20

项　目	单位	1990年	1995年	2000年	2005年	2006年	2007年
农业机械总动力	**千瓦**	**43726**	**33106**	**58550**	**39902**	**52897**	**48863**
1. 各类拖拉机	台/千瓦	1095/14496	959/12594	1575/18801	1974/20033	2381/23105	2309/22645
2. 大中型配套农具	部	81	112	139	90	123	204
3. 小型配套农具	部	375	405	1410	1287	1428	1546
4. 排灌动力机械	台/千瓦	737/4542	509/4002	1042/15719	1237/4479	1256/9546	1126/7414
5. 农用水泵	台	306	451	954	1084	1216	1069
6. 喷灌机械	套	13	11	–	–	–	–
7. 机动脱粒机	台	517	408	536	346	440	413
8. 机动喷雾机	部/千瓦	24/72	59/101	221/892	200/706	236/1387	242/1342
9. 畜牧机械	台	290	435	396	120	112	111
10. 加工机械动力	千瓦	1884	2620	2369	1766	2197	2303
11. 磨面机、炸油机	部	290	129	190	232	251	214
12. 各类拖车	辆	1143	894	–	–	–	–

农业机械年末拥有量

POSSESSION OF AGRICULTURE MACHINERY(2007)

9－21　　(2007 年)

名　称	单位	合计	小营镇	依兰镇	三道湾镇	农场	其它
1. 总动力	**千瓦**	**48862**	**19475**	**23552**	**4960**	**465**	**410**
柴油发动机	千瓦	36724	15820	16327	3702	465	410
汽油发动机	千瓦	3343	343	3000	－	－	－
电动机动力	千瓦	8795	3312	4225	1258	－	－
2. 大中型拖拉机	**台**	**129**	**83**	**37**	**4**	**－**	**5**
（功率）	千瓦	4742	3266	988	209	－	279
#轮式	台	80	40	35	2	－	3
（功率）	千瓦	1982	873	878	84	－	147
3. 小型拖拉机	**台**	**2180**	**820**	**960**	**305**	**90**	**5**
（功率）	千瓦	17902	7232	7797	2351	465	57
#小四轮	台	556	236	288	26	3	3
（功率）	千瓦	6439	2801	3170	401	27	40
4. 大中型拖拉机							
配套农具	部	204	46	152	6	－	－
#机引犁	部	34	12	20	2	－	－
旋耕机	部	61	22	38	1	－	－
机引耙	部	14	12	2	－	－	－
机引铺膜机	部	5	－	5	－	－	－
灭茬机	部	25	－	24	1	－	－
5. 小型拖拉机							
配套农具	部	1546	780	475	291	－	－
#机引犁	部	1045	602	262	181	－	－
旋耕机	部	191	156	35	－	－	－
机引耙	部	－	－	－	－	－	－
机引播种机	部	204	14	80	110	－	－

主要年份乡镇企业基本情况

BASIC CONDITIONS OF TOWNSHIP AND VILLAGE ENTERPRISES IN MAIN YEARS

9－22

指　　标	单位	1990年	1995年	2000年	2005年	2006年	2007年
企业单位数	**个**	**1828**	**2473**	**3997**	**4089**	**4132**	**4207**
按隶属关系分							
乡办	个	46	48	35	13	13	13
村办	个	30	24	–	–	–	–
个体	个	1752	2401	3962	4076	4119	4194
按行业分							
农业	个	4	4	1	–	–	–
工业	个	500	436	556	566	584	606
建筑业	个	35	33	26	29	34	34
运输业	个	683	625	900	916	931	949
商饮业	个	606	1375	2514	2492	2497	2532
其它	个	–	–	–	86	86	86
企业人数	**人**	**6632**	**6404**	**9556**	**10714**	**11271**	**11459**
按隶属关系分							
乡办	人	1868	1447	1511	473	483	517
村办	人	1169	484	–	–	–	–
个体	人	3595	4473	8045	10241	10788	10942
按行业分							
农业	人	57	44	4	–	–	–
工业	人	4341	3230	3800	4495	4929	5168
建筑业	人	485	452	1060	635	656	660
运输业	人	835	660	1010	1038	1078	1120
商饮业	人	914	2018	3682	4357	4419	4322
其它	人	–	–	–	189	189	189
总产值	**万元**	**11822**	**44113**	**104324**	**171009**	**205683**	**257056**
按隶属关系分							
乡办	万元	3247	14253	29449	7750	12238	6930
村办	万元	1249	2977	–	–	–	–
个体	万元	7326	26883	74875	163259	193445	250126
按行业分							
农业	万元	15	118	8	–	–	–
工业	万元	7577	24051	58724	108541	131695	165720
建筑业	万元	765	5372	9820	7900	8553	13600
运输业	万元	1928	3628	8580	19786	22268	29047
商饮业	万元	1537	10944	27192	25782	30167	36659
#饮食业	万元	1035	2630	9316	14319	17290	18689
其它	万元	–	–	–	9000	13000	12030
营业收入	**万元**	**2941**	**10806**	**19033**	**164505**	**194138**	**243460**
乡办	万元	2395	8823	19033	2172	4729	5139
村办	万元	546	1980	–	–	–	–
利润总额	**万元**	**99**	**65**	**560**	**8642**	**10093**	**11405**
乡办	万元	133	49	560	–88	122	–403
村办	万元	–34	16	–	–	–	–
税金总额	**万元**	**254**	**825**	**442**	**7370**	**8403**	**9786**
乡办	万元	227	666	442	94	160	146
村办	万元	27	159	–	–	–	–
工资总额	**万元**	**411**	**917**	**1031**	**6825**	**7866**	**10815**
乡办	万元	276	589	1031	246	226	372
村办	万元	135	328	–	–	–	–
年末固定资产原值	**万元**	**4464**	**10609**	**21269**	**60364**	**74127**	**60561**
#乡办	万元	2440	8634	21269	6745	6985	7579

乡镇企业基本情况

BASIC CONDITIONS OF TOWNSHIP AND VILLAGE ENTERPRISES(2007)

9－23　　(2007年)

指　标	单位	合计	小营镇	依兰镇	三道湾镇
企业单位数	**个**	**4207**	**2307**	**1675**	**225**
集体企业	个	13	7	6	－
私营企业	个	88	76	10	2
个体企业	个	4106	2224	1659	223
按行业分	**个**	**4207**	**2307**	**1675**	**225**
工业	个	606	341	246	19
建筑业	个	34	18	16	－
交通运输业	个	949	388	493	68
商业	个	2532	1474	920	138
其它	个	86	86	－	－
年末从业人员	**人**	**11459**	**6195**	**4740**	**524**
集体	人	517	280	237	－
私营	人	2385	1030	1110	245
个体	人	8557	4885	3393	279
总产值	**万元**	**257056**	**140462**	**114436**	**2158**
工业	万元	165720	71332	92937	1451
建筑业	万元	13600	7500	6100	－
交通运输业	万元	29047	22800	6039	208
商业	万元	36659	26800	9360	499
其它	万元	12030	12030	－	－
营业收入	万元	243460	147928	94015	1517
利润总额	万元	11405	6026	4844	535
税金总额	万元	9786	5620	4097	69
工资总额	万元	10815	5554	4765	496
固定资产原值	万元	60561	6895	52986	680
工资水平	元/人	9438	8965	10053	9466

延吉市乡村之最

LEADING IN RURAL OF YAN JI(2007)

9－24

（2007 年）

项　　目	单位	镇村名称	数值
乡村人口最多的乡镇	人	依兰镇	19204
耕地面积最多的乡镇	公顷	依兰镇	4002
农村劳动力最多的乡镇	人	依兰镇	11750
乡镇企业劳动力比重最高的乡镇	%	小营镇	40.0
工农业总产值最高的乡镇	万元	依兰镇	102237
农业总产值最高的乡镇	万元	小营镇	12596
农村经济总收入最高的乡镇	万元	小营镇	12755
上缴国家税金最高的乡镇	万元	小营镇	118
农村人均纯收入最高的乡镇	元	小营镇	6749
粮豆总产量最高的乡镇	吨	依兰镇	12842
粮食人均占有量最多的乡镇	千克	依兰镇	669
大牲畜存栏最多的乡镇	头	依兰镇	8746
奶牛存栏最多的乡镇	头	小营镇	309
生猪存栏最多的乡镇	头	小营镇	23830
家禽存栏最多的乡镇	千只	三道湾镇	78
肉产量最高的乡镇	吨	小营镇	2685
禽蛋产量最高的乡镇	吨	三道湾镇	782
牛奶产量最高的乡镇	吨	小营镇	836
生猪出栏最多的乡镇	头	小营镇	27380
农村财政收入最高的乡镇	万元	小营镇	1143
农业机械总动力最高的乡镇	千瓦	依兰镇	23552
大中型拖拉机最多的乡镇	台	小营镇	83
化肥施用量最多的乡镇	吨	依兰镇	2589
科技人员最多的乡镇	人	小营镇	332
农民存款最多的乡镇	万元	小营镇	45000

9－24 续表

项　　　目	单位	镇村名称	数值
大豆总产量最高的乡镇	吨	依兰镇	1929
玉米总产量最高的乡镇	吨	依兰镇	7524
水稻总产量最高的乡镇	吨	依兰镇	2530
蔬菜总产量最高的乡镇	吨	小营镇	59407
晒烟总产量最高的乡镇	吨	依兰镇	198
农村人口最多的村	人	依兰镇兴农村	3125
农村劳动力最多的村	人	依兰镇兴农村	1625
农村经济纯收入最多的村	万元	依兰镇兴农村	1907
农村居民人均纯收入最高的村	元	小营镇小营村	10500
人均耕地最多的村	公顷	依兰镇台岩村	0.52
大牲畜存栏最多的村	头	依兰镇春兴村	1086
生猪存栏最多的村	头	小营镇光明村	9200
奶牛存栏最多的村	头	小营镇河龙村	64
猪、牛、羊肉总产量最多的村	吨	小营镇光明村	629
牛奶产量最高的村	吨	小营镇理化村	231
禽蛋产量最多的村	吨	三道湾镇中心村	432
粮豆产量最多的村	吨	依兰镇台岩村	3087
水稻产量最高的村	吨	依兰镇春兴村	813
玉米产量最高的村	吨	依兰镇台岩村	2423
大豆产量最高的村	吨	依兰镇台岩村	445
粮豆平均每公顷产量最高的村	千克	小营镇民主村	6759
玉米平均每公顷产量最高的村	千克	小营镇吉兴村	7460
大豆平均每公顷产量最高的村	千克	依兰镇龙渊村	2070
水稻平均每公顷产量最高的村	千克	依兰镇春兴村	7600
生猪出栏最多的村	头	小营镇光明村	7500

乡(镇)企业"十强"榜

10 LEADING IN TOWNSHIP AND VILLAGE ENTERPRISES(2007)

9－25 （2007 年） 单位:万元

名次	企业名称	数值
营业收入		
1	中国白头山实业公司	26867
2	延边三汉物产有限公司	6989
3	延边娃哈哈长白山食品饮料有限公司	6706
4	延吉市大地单板有限公司	6200
5	吉林新元集团延吉管业有限公司	3209
6	延边引兑力至股份有限公司	2393
7	延吉市新树杰木业有限公司	2309
8	延吉市人与树饮品有限公司	1829
9	延边可利亚物产有限公司	1307
10	延吉市长兴制衣有限公司	975
总产值		
1	中国白头山实业公司	38100
2	延边娃哈哈长白山食品饮料有限公司	9009
3	延吉市大地单板有限公司	7628
4	延边三汉物产有限公司	7517
5	延吉市新权杰木业有限公司	6201
6	吉林新元集团延吉管业有限公司	4700
7	延边引兑利至股份有限公司	2519
8	延吉市人与树饮品有限公司	2100
9	延边可利亚物产有限公司	1307
10	延吉市长兴制衣有限公司	975
增加值		
1	中国白头山实业公司	11840
2	延边三汉物产有限公司	2600
3	延边娃哈哈长白山食品饮料有限公司	2430
4	延吉大地单板有限公司	1510
5	吉林新元集团延吉管业有限公司	1000
6	延吉市新树杰木业有限公司	1000
7	延边引兑利至股份有限公司	583
8	延吉市人与树饮品有限公司	420
9	延边可利亚物产有限公司	260
10	延吉市长兴制衣有限公司	200

10. 工 业

CHAPTER 10 INDUSTRY

全市工业企业单位数

NUMBER OF INDUWTRIAL ENTERPRISES

10－1 单位:个

类 别	1990年	1995年	2000年	2005年	2006年	2007年
总计	**379**	**471**	**331**	**75**	**82**	**84**
一、按注册登记类型分						
1. 国有企业	66	87	52	13	9	3
中央企业	2	2	3	1	–	–
省属企业	2	2	2	–	–	–
州属企业	14	21	7	3	3	–
市属企业	41	62	40	9	6	3
2. 集体企业	313	251	148	4	–	–
3. 三资企业	–	118	83	28	36	38
4. 私营企业	–	6	12	8	16	19
5. 联营企业	–	1	1	–	–	–
6. 股份制企业	–	8	35	22	21	24
二、按轻重工业分						
1. 轻工业	235	281	203	47	47	49
农产品为原料	157	177	138	–	–	–
非农产品为原料	78	104	65	–	–	–
2. 重工业	144	190	128	28	35	35
采掘工业	3	2	4	–	–	–
原料工业	30	46	26	–	–	–
加工工业	111	142	98	–	–	–
三、按企业规模分						
大中型企业	15	18	15	9	9	10
大型企业	2	1	2	–	1	1
中型企业	13	17	13	9	8	9
小型企业	364	453	316	66	73	74
在总计中:规模以上企业	**–**	**–**	**70**	**75**	**82**	**84**
中央属	–	–	3	1	1	1
省 属	–	–	2	–	–	–
州 属	–	–	9	4	4	1
市 属	–	–	56	70	77	82
轻工业	–	–	42	47	47	49
重工业	–	–	28	28	35	35

独立核算工业企业主要经济指标

MAJOR ECONOMIC BENEFICIAL INDICATORS OF ALL INDUWTRIAL INDNPENDENT ACCOUNTING

10－2　　　　单位:万元

指　　标	1990年	1995年	2000年	2005年	2006年	2007年
一、产品销售收入	**125732**	**215308**	**223495**	**442170**	**565483**	**736860**
中央企业	62434	76906	80025	218845	253862	325713
省属企业	1672	2163	883	–	–	–
州属企业	13763	31552	19386	3173	2751	3497
市属企业	47863	104687	123200	220152	308870	407650
轻工业	87724	145610	162621	399760	461426	571490
重工业	38008	69698	60874	42410	104057	165370
国有经济	106432	144130	104768	229527	9257	6833
集体经济	19299	20742	23253	29253	–	–
三资企业	–	36777	34825	112091	140762	217622
私营企业	–	854	2924	5994	29751	37093
联营企业	–	3486	100	–	–	–
股份制企业	–	9319	57627	65305	385713	475312
规模以上企业	–	–	211599	442170	565483	736860
#市属	–	–	111496	220152	308870	407650
二、盈利企业利润总额	**8569**	**6431**	**11113**	**27728**	**40213**	**60659**
中央企业	6141	1512	5831	15628	25982	38192
省属企业	26	–	3	–	–	–
州属企业	619	256	320	229	239	339
市属企业	1783	4663	4960	11871	13992	22128
轻工业	2076	2618	6919	24758	35212	55237
重工业	6943	3813	4195	2970	5000	5422
国有经济	7705	3648	6100	15664	257	215
集体经济	864	1241	1351	663	–	–
三资企业	–	1239	925	6426	7973	14856
私营企业	–	100	50	486	1304	1883
联营企业	–	–	–	–	–	–
股份制企业	–	203	2688	4489	30679	43705
规模以上企业	–	–	10259	27728	40213	60659
#市属	–	–	4105	11871	13992	22128

10－2 续表 1

指　　　标	1990年	1995年	2000年	2005年	2006年	2007年
三、亏损企业亏损总额	**2764**	**11822**	**7850**	**4958**	**1255**	**1245**
中央企业	－	－	－	－	－	－
省属企业	2	580	91	－	－	－
州属企业	367	3219	2514	60	54	－
市属企业	2395	8023	5245	4898	1201	1245
轻工业	1048	6268	3433	1988	99	996
重工业	1716	5554	4417	2970	1157	249
国有经济	2183	3574	2355	624	336	5
集体经济	581	1932	522	54	－	－
三资企业	－	4922	2837	948	85	567
私营企业	－	25	213	8	170	107
联营企业	－	1329	1414	－	－	－
股份制企业	－	40	510	3324	663	566
规模以上企业	－	－	5520	4958	1255	1245
#市属	－	－	3012	4898	1201	1245
四、盈亏相抵后利润总额	**5805**	**－5391**	**3263**	**22770**	**38957**	**59413**
中央企业	6141	1512	5831	15628	25982	38192
省属企业	24	－580	－89	－	－	－
州属企业	252	－2963	－2194	169	183	338
市属企业	－612	－3360	－285	6973	12792	20883
轻工业	1028	－3650	3486	22740	35114	54241
重工业	4777	－1741	－223	30	3843	5172
国有经济	5522	74	3746	15040	－80	210
集体经济	283	－691	829	609	－	－
三资企业	－	－3683	－1912	5478	7887	14289
私营企业	－	75	－164	478	1133	1776
联营企业	－	－1329	－1414	－	－	－
股份制企业	－	163	2178	1165	30016	43138
规模以上企业	－	－	4739	22770	38957	59413
#市属	－	－	1093	6973	12792	20883

10－2 续表 2

指　　标	1990年	1995年	2000年	2005年	2006年	2007年
五、利税总额	**36547**	**36214**	**52515**	**137221**	**166963**	**228889**
中央企业	32293	34652	45151	118792	144142	191795
省属企业	86	－486	－7	－	－	－
州属企业	1606	－2707	－1234	526	471	730
市属企业	3600	4755	8604	17903	22350	36364
轻工业	29817	30800	39746	135552	160602	219347
重工业	6730	5414	12769	1669	6361	9542
国有经济	34977	37395	44532	118908	472	527
集体经济	1570	856	1458	893	－	－
三资企业	－	－2977	－522	11567	12654	22274
私营企业	－	159	－42	751	2191	3295
联营企业	－	－1307	－1414	－	－	－
股份制企业	－	2088	8501	5102	151646	202793
规模以上企业	－	－	53204	137221	166963	228889
#市属	－	－	9196	17903	22350	36364
六、全部职工平均人数	**48544**	**42482**	**26152**	**12621**	**12104**	**12563**
中央企业	5103	5026	3638	1963	2035	2035
省属企业	558	449	114	－	－	－
州属企业	7482	5172	2745	431	387	343
市属企业	35401	31839	19655	10227	9682	10185
轻工业	28559	25439	16439	9127	8379	8556
重工业	19985	17043	9713	3494	3725	4007
国有经济	31715	24696	9155	2769	553	426
集体经济	16829	9628	4084	527	－	－
三资企业	－	5575	5018	3916	4021	4187
私营企业	－	174	704	692	1277	1429
联营企业	－	928	142	－	－	－
股份制企业	－	1481	7049	4717	6253	6521
规模以上企业	－	－	19683	12621	12104	12563
#市属	－	－	13337	10227	9682	10185

10－2 续表 3

指　　　　　标	1990年	1995年	2000年	2005年	2006年	2007年
七、年末固定资产原值	**87096**	**250710**	**409907**	**297006**	**340849**	**310037**
中央企业	32526	70791	137713	76042	82897	95517
省属企业	1697	2419	254	–	–	–
州属企业	9427	37786	51191	6199	6325	5466
市属企业	43446	139714	220749	214765	251627	209054
轻工业	41552	103763	216170	212695	238225	243707
重工业	45574	146947	193737	84311	102624	66330
国有经济	73460	175969	212704	103739	34546	29468
集体经济	13636	19975	31913	26672	–	–
三资企业	–	35552	55183	49400	56794	65367
私营企业	–	269	2716	4417	12005	14109
联营企业	–	6776	21513	–	–	–
股份制企业	–	12169	85879	112778	237504	201093
规模以上企业	–	–	362552	297006	340849	310037
#市属	–	–	173724	214765	251627	209054
八、固定资产净值平均余额	**68115**	**146737**	**241259**	**217090**	**219158**	**185278**
中央企业	24801	42178	76009	46085	35939	39754
省属企业	1435	1469	190	–	–	–
州属企业	7264	22965	22698	3351	6064	2740
市属企业	34615	80125	142363	167654	177155	142784
轻工业	34482	73908	142142	144070	140119	138493
重工业	33633	72829	99117	73020	79040	46785
国有工业	57673	89758	111680	67886	19958	19107
集体工业	10442	14372	25513	17616	–	–
三资企业	–	27234	42238	33379	37882	40522
私营企业	–	189	1575	3365	10100	10435
联营企业	–	5439	2645	–	–	–
股份制企业	–	9745	57608	94844	151219	115214
规模以上企业	–	–	200464	217090	219158	185278
#市属	–	–	101826	167654	177155	142783

10－2 续表4

指　　标	1990年	1995年	2000年	2005年	2006年	2007年
九、流动资产平均余额	**97781**	**200916**	**215683**	**260438**	**322626**	**369781**
中央企业	25178	58711	55048	115916	151085	163342
省属企业	2176	2140	1182	－	－	－
州属企业	13319	23736	14801	2458	2358	2059
市属企业	53108	116329	144653	142064	169183	204380
轻工业	66731	130699	144014	211484	258119	290041
重工业	27050	70217	71669	48954	64507	79740
国有经济	72170	125627	85627	122385	6134	6418
集体经济	21611	28836	32306	34520	－	－
三资企业	－	33217	35997	42337	52181	73680
私营企业	－	695	3572	3184	12400	16140
联营企业	－	5555	2149	－	－	－
股份制企业	－	6986	56033	58012	251910	273543
规模以上企业	－	－	180521	260438	322626	369781
#市属	－	－	109795	142064	169183	204380
十、工业中间投入	**－**	**141041**	**177537**	**312969**	**387644**	**489236**
中央企业	－	36233	51656	117594	130076	143443
省属企业	－	2267	858	－	－	－
州属企业	－	25412	15367	1570	1418	1573
市属企业	－	77129	109656	193805	256150	344220
轻工业	－	98102	124719	275415	300811	348808
重工业	－	42939	52818	37554	86833	140428
国有经济	－	89848	70645	125097	5969	4630
集体经济	－	11719	17914	21674	－	－
三资企业	－	29247	31809	98141	113761	167216
私营企业	－	536	2377	5004	22000	30724
联营企业	－	2245	124	－	－	－
股份制企业	－	7446	54668	63053	245914	286666
规模以上企业	－	－	168877	312969	387644	489236
#市属	－	－	101099	193805	256150	344220

独立核算工业企业现价总产值、销售产值

OUTPUT VALUE AND SALES VALUE OF INDUWTRY

10－3　　　　单位:万元

类别	企业单位数(个)	工业总产值		工业销售产值	
		2006年	2007年	2006年	2007年
总计	**84**	**660183**	**855675**	**638518**	**846520**
一、按隶属关系分					
中央企业	1	265000	328766	257344	339537
省属企业	–	–	–	–	–
州属企业	1	2941	3245	2945	3214
市属企业	82	392242	523664	378230	503769
二、按注册登记类型分					
国有企业	3	10268	8173	9995	8179
集体企业	–	–	–	–	–
三资企业	38	175017	252806	169294	243196
私营企业	19	32913	47694	32079	46832
股份制企业	24	441985	547002	427150	548313
三、按轻重工业分					
轻工业	49	533028	646701	516896	647785
重工业	35	127155	208974	121622	198735
四、按企业规模分					
大中型企业	10	415524	502715	403345	507554
大型企业	1	265000	328766	257344	339537
中型企业	9	150524	173950	146002	168017
小型企业	74	244659	352959	235173	338966
在总计中:规模以上企业	**84**	**660183**	**855675**	**638518**	**846520**
#市属	82	392242	523664	378230	503769

独立核算工业企业增加值及构成

STRUCTVRE OF VALUE ADDED OF INDUSTRY

10－4 单位:万元

类　　别	2002年	2003年	2004年	2005年	2006年	2007年
总计	**155809**	**173213**	**171672**	**232787**	**306114**	**413686**
在总计中:国有经济	**91665**	**99226**	**91512**	**131412**	**4789**	**3833**
中央企业	84280	92425	86917	127625	－	－
省属企业	72	119	－	－	－	－
州属企业	1282	1202	88	41	16	－
市属企业	6031	5480	4507	3746	4773	3833
集体经济	12771	14427	9780	13143	－	－
三资企业	15132	20561	29748	51625	64347	92001
私营企业	7383	8962	10411	2784	11835	18100
联营企业	－	－	－	－	－	－
股份制企业	28859	30037	30222	33823	225143	299752
在总计中:轻工业	**121587**	**134655**	**152279**	**214909**	**263562**	**340998**
重工业	34221	38558	19393	17878	42553	72688
在总计中:大中型企业	**111602**	**133678**	**129937**	**167857**	**217979**	**286312**
大型企业	72446	77339	86916	－	160939	219076
中型企业	39156	56340	43021	167857	57040	67236
小型企业	44207	39535	41735	64930	88135	127374
在总计中:规模以上企业	**152424**	**167956**	**171672**	**232787**	**306114**	**413686**
#市属	61175	68097	80610	103376	143393	192583
在总计中:煤炭采选业	**465**	**683**	**343**	**803**	**833**	**1549**
非金属矿采选业	12	－	－	－	－	－
食品加工业	1337	1408	1080	3487	8077	9255
食品制造业	353	348	1707	1657	374	960
饮料制造业	6542	8529	10636	9931	10804	12588

10－4 续表

类　　　　　别	2002年	2003年	2004年	2005年	2006年	2007年
烟草加工业	72880	79833	90111	130915	164369	224298
纺织业	6367	4433	2343	7505	5911	4699
服装及其他纤维制品制造业	595	647	–	–	–	–
皮革、毛皮制造业	–	–	–	–	212	1343
木材加工及制品业	2077	1959	2886	2748	4193	7351
家具制造业	46	49	–	182	293	982
造纸及纸制品业	1097	1887	1489	1724	2386	3382
印刷业、记录媒介的复制	3775	2284	2474	2975	3453	6224
文教体育用品制造业	5	1428	698	1066	2029	2314
化学原料及化学制品业	2796	2684	2549	3477	3065	5095
医药制造业	20776	23569	21381	22188	25859	30173
化学纤维制造业	143	–	–	–	–	–
橡胶制品业	4	8	–	–	–	–
塑料制品业	2738	3098	2427	2529	4193	6861
金属矿物制造业	3715	4120	4148	4833	6314	7807
黑色金属冶炼及压延加工业	–	–	–	–	–	–
有色金属冶炼及压延加工业	6892	5687	9935	2432	6211	18847
金属制品业	274	26	–	227	280	236
普通机械制造业	1703	472	266	476	974	593
专用机械制造业	1947	6117	12534	26250	33299	38098
交通运输设备制造业	332	3918	1230	1119	8979	12967
电气机械设备制造业	845	690	191	1139	3208	5390
电子通讯设备制造业	46	–	–	327	519	1766
仪器仪表设备制造业	125	–	–	–	–	–
电力、热力生产和供应业	15350	16895	480	2084	5932	7321
煤气生产和供应业	59	581	780	463	782	839
自来水生产和供应业	2419	1828	1758	1841	2917	2748
其他制造业	94	33	230	409	652	–

2007年独立核算工业

MAJOR FINANCIAL INDICATORS OF INDUWTRIAL ENTERPRISES

10－5

类别	企业数（个）	亏损企业	工业总产值	销售产值	工业增加值	产品销售收入	成本费用合计
合计	**84**	**15**	**855675**	**846520**	**413686**	**736860**	**629342**
#市属企业	82	15	523664	503769	192583	407650	390771
在总计中：							
1. 国有企业	3	1	8173	8179	3833	6833	7482
#市属企业	3	1	8173	8179	3833	6833	7482
2. 三资企业	38	6	252806	243196	92001	217622	205005
3. 私营企业	19	3	47694	46832	18100	37093	35151
4. 有限责任公司	20	5	506117	507920	283260	459695	367080
5. 股份有限公司	4	–	40885	40393	16492	15617	14624
在总计中：							
1. 轻工业	49	9	646701	647786	340998	571490	468681
#市属企业	47	9	314690	305035	119895	242280	230110
2. 重工业	35	6	208974	198734	72688	165370	160661
#市属企业	35	6	208974	198734	72688	165370	160661
在总计中：							
大中型企业	10	3	502715	507554	286312	434395	340872
大型企业	1	–	328766	339537	219076	325713	235423
中型企业	9	3	173950	168017	67236	108682	105449
小型企业	74	12	352959	338966	127374	302465	288470

企业经济效益指标

WITH INDEPENDENT ACCOUNTING SYSTE(2007)

单位:万元、人

利润总额	亏损企业亏损额	利税总额	资产合计	流动资产年平均余额	负债合计	应收帐款净额	产成品	本年应交增值税	从业人员年平均人数
59413	**1245**	**228889**	**675928**	**369781**	**388118**	**36571**	**26582**	**47247**	**12563**
20883	1245	36364	404249	204380	248682	23349	21811	13139	10185
210	5	528	23444	6418	20604	636	84	289	426
210	5	528	23444	6418	20604	636	84	289	426
14289	567	22274	135147	73680	87537	9950	8732	6412	4187
1776	107	3295	29506	16140	19516	5753	2188	1130	1429
42007	566	200558	455124	258370	245931	19033	15563	38462	5777
1131	–	2234	32707	15173	14530	1199	15	954	744
54241	996	219347	522196	290041	292528	24230	18794	43105	8556
15711	996	26822	250517	124641	153092	11008	14023	8997	6178
5172	249	9542	153732	79740	95590	12341	7788	4142	4007
5172	249	9542	153732	79740	95590	12341	7788	4142	4007
39616	880	199577	441129	252385	244065	18563	15437	38539	6896
38192	–	191795	266629	163342	137460	12125	4510	33753	2035
1424	880	7782	174500	89043	106605	6438	10927	4786	4861
19797	365	29312	234799	117396	144053	18008	11145	8708	5667

10－5 续表

类　　别	企业数（个）	亏损企业	工　业总产值	销售产值	工　业增加值	产品销售收入	成本费用合计
煤炭采选业	2	－	3478	2740	1549	2468	2411
农副食品加工业	5	2	26469	25941	9255	24140	23989
食品制造业	2	1	2709	2774	960	2774	2456
饮料制造业	5	1	26394	26563	12588	22070	18575
烟草制品业	3	－	342367	353086	224298	339276	248732
纺织业	1	－	18686	18124	4699	15834	15803
皮革制品业	1	－	4030	3149	1343	3849	3043
木材加工及木制品业	4	－	18278	17530	7351	16102	15707
家具制造业	1	－	3017	2717	982	2318	1958
造纸及纸制品业	3	－	11875	12066	3382	11361	11033
印刷业和记录媒介的复	4	－	13859	13827	6224	14150	12739
文教体育用品制造业	1	－	7616	7616	2314	7616	7486
化学原料及化学制品制	4	1	12975	13527	5095	6115	5597
医药制造业	5	－	73659	71092	30173	36279	36202
塑料制品业	8	4	20673	20525	6861	17112	16693
非金属矿物制品业	6	2	23012	21098	7807	13575	14148
有色金属冶炼及压延加	3	1	55388	52435	18847	42260	42302
金属制品业	1	－	770	690	236	690	672
通用设备制造业	2	1	1573	1594	593	1408	1358
专用设备制造业	5	－	97855	94597	38098	73966	67643
交通运输设备制造业	2	－	41436	37515	12967	37515	37161
电气机械及器材制造业	8	－	16100	14542	5390	13785	12551
通信设备制造业	2	－	6567	6138	1766	6233	5355
电力、热力的生产和供	4	2	19751	19680	7321	19067	18517
燃气生产和供应业	1	－	2148	1964	839	2692	2394
水的生产和供应业	1	－	4990	4990	2748	4205	4817

利润总额	亏损企业亏损额	利税总额	资产合计	流动资产年平均余额	负债合计	应收帐款净额	产成品	本年应交增值税	从业人员年平均人数
19	–	201	6692	2678	3361	751	897	147	351
161	35	199	14086	7182	5348	1285	533	38	569
608	5	717	492	172	261	98	–	99	58
163	464	2827	19760	6624	10905	371	205	1093	790
38421	–	192696	274642	165002	138407	12445	4575	34363	2352
262	–	262	16084	6842	17488	2577	1825	–	976
644	–	802	1679	1214	997	875	–	158	99
307	–	372	9369	5849	7270	1067	1995	62	379
340	–	445	629	540	169	255	5	105	80
373	–	768	8057	4441	4618	782	1100	302	269
6273	–	6917	24602	7797	9170	1229	292	587	550
147	–	147	2312	1138	1090	–	–	–	240
399	147	830	9675	5609	4742	512	811	403	540
1167	–	2492	85101	46818	42946	1288	1868	1211	937
429	91	662	12971	4554	11271	761	1572	230	240
143	438	555	19590	10180	17527	2175	5684	378	962
10	50	335	9562	7426	6163	433	106	305	174
23	–	43	269	152	130	26	–	18	25
–	–	41	2188	1297	2691	1208	70	27	118
5988	–	10955	44926	35198	30459	1254	3415	4773	805
517	–	894	38546	17358	16930	247	883	377	182
1092	–	1382	6506	5116	3150	2437	550	246	381
876	–	1107	3231	1333	1536	1414	196	231	145
588	15	2443	32954	15285	25762	2973	–	1841	903
256	–	311	10687	4583	6446	45	–	–	156
207	–	485	21319	5393	19281	63	–	253	282

2007 年独立核算工业企

INDUWTRIAL ENTERPRISES WITH INDEPENDENT

10－6

组　别	企业个数（个）	工业总产值（现价）	工业增加值（生产法）	产品销售收入	年末总资产	固定资产净值平均额
总计	**84**	**855675**	**413686**	**736860**	**675928**	**185278**
一、按工业总产值分组						
1 亿元以上	14	668782	343823	573067	524629	122242
5000－1 亿元	11	81453	29420	65757	38808	5476
3000－5000 万元	11	42003	15859	40498	38381	25649
1000－3000 万元	28	50385	19757	44680	60459	27054
500－1000 万元	19	12565	4683	12355	13563	4808
100－500 万元	1	487	144	503	88	49
二、按总资产分组						
1 亿元以上	13	605569	325115	525120	543916	137926
8000－1 亿元	3	65608	21199	50098	28174	8805
5000－8000 万元	4	18150	8154	12965	25788	12910
3000－5000 万元	6	21742	8883	18369	24701	6906
1000－3000 元	23	82151	27359	75356	38222	13800
800－1000 万元	4	7042	2583	6785	3420	812
500－800 万元	13	28520	10059	25876	7813	2578
300－500 万元	5	7746	2660	7304	2042	1013
100－300 万元	7	5866	2258	5720	1370	406
100 万元以下	6	13281	5416	9267	482	122
三、按固定资产净值平均余额分组						
1 亿元以上	5	425861	257456	405818	408712	99752
5000 万元－1 亿元	5	73881	26922	36360	64300	34106
3000－5000 万元	3	32918	11777	30627	35924	12003
1000－3000 万元	14	171993	63602	134986	110118	24693
500－1000 万元	11	38901	13254	30777	23292	8406
300－500 万元	10	26049	8749	25047	7941	3737
100－300 万元	10	13000	4523	11815	5654	1554
50－100 万元	9	24008	9121	21523	11491	645
10－50 万元	13	38664	13898	32226	8180	372
10 万元以下	4	10400	4384	7681	316	10

业主要经济指标分组

ACCOUNTING SYSTEM BY ECONOMIC RESULTS INDICATORS(2007)

单位：万元

流动资产平均余额	所有者权益	年末从业人员（人）	利税总额	利润总额	成本费用利润率（%）	全员劳动生产率（元/人）	资产负债率（%）
369781	**287810**	**12563**	**228889**	**59413**	**9.4**	**32929**	**57.4**
302227	226549	7276	210085	45631	9.6	47254	56.8
20065	19098	967	9483	8045	12.9	30424	50.8
14102	11256	1444	4057	2628	6.9	10983	70.7
25900	25468	2174	3612	2050	4.8	9087	57.9
7454	5398	694	1638	1069	9.1	6748	60.2
33	41	8	14	-10	-1.9	18000	53.4
301376	232179	6985	216157	51514	12.1	46545	57.3
14563	9544	680	235	135	0.3	31175	66.1
10822	12760	919	2123	1002	8.5	8873	50.5
13907	6987	733	1024	852	4.7	12119	71.7
19660	19857	1941	6099	4033	5.7	14095	48
2408	1235	194	133	-	-	13314	63.9
5011	3495	702	1282	714	2.8	14329	55.3
896	825	164	599	431	6.3	16220	59.6
787	616	158	1103	772	15.1	14291	55
351	312	87	134	-40	-0.4	62253	35.1
227682	189473	3588	195826	38762	12.4	71755	53.6
27768	20186	2285	2388	834	2.3	11782	68.6
16787	12627	1156	2417	588	2	10188	64.9
62364	41221	2460	18327	12523	9.8	25854	62.6
12054	10935	1238	2150	1614	5.4	10705	53.1
3878	4861	440	1176	752	3.1	19884	38.8
3903	1654	455	407	177	1.5	9941	70.7
8553	4193	474	3773	2878	15.8	19243	63.5
6485	2476	414	2300	1298	4.2	33570	69.7
307	184	53	125	-13	-0.2	82717	41.8

10－6 续表

组别	企业数（个）	工业总产值（现价）	工业增加值（生产法）	产品销售收入	年末总资产	固定资产净值平均额
四、按利税分组						
1 亿元以上	1	328766	219076	325713	266629	39754
3000－5000 万元	2	75952	30644	66437	47641	3219
1000－3000 万元	4	67212	28905	38343	56302	24656
500－1000 万元	12	133482	48292	98165	143265	42834
300－500 万元	6	31015	11399	28423	35581	24733
100－300 万元	18	90664	30603	80895	58824	23889
50－100 万元	8	15750	6212	12227	6633	2240
10－50 万元	16	21850	7907	19827	11326	3591
10 万元以下	17	90984	30648	66830	49727	20362
五、按利润分组						
1 亿元以上	1	328766	219076	325713	266629	39754
5000－1 亿元	2	75952	30645	66437	47641	3219
500－1000 万元	8	100134	35753	68320	83225	25643
300－500 万元	6	67145	26190	46565	78483	22006
100－300 万元	20	121795	42041	101149	107487	54635
50－100 万元	2	9660	3557	9643	791	105
10－50 万元	13	20579	7871	17557	12486	3991
0－10 万元	17	65271	21796	50578	25753	8343
亏损企业	15	66373	26757	50898	53433	27582
六、按从业人员分组						
2000 人以上	1	328766	219076	325713	266629	39754
500－1000 人	4	64871	24039	50310	65639	31552
400－500 人	3	72783	27231	47992	86025	23423
300－400 人	3	38565	17062	11910	27254	12499
200－300 人	6	97144	39861	79963	70319	30072
100－200 人	10	101677	32179	86923	73786	26631
50－100 人	20	76535	26689	66984	42454	11951
50 人以下	37	75334	27549	67065	43822	9396

单位:万元

流动资产平均余额	所有者权益	年末从业人员(人)	利税总额	利润总额	成本费用利润率(%)	全员劳动生产率(元/人)	资产负债率(%)
163341	129168	2035	191794	38191	16.2	107654	51.6
28631	17252	300	15613	11250	18.8	102150	63.8
24190	25265	1723	6632	1510	4.5	16777	55.1
77518	73647	2278	8378	5316	5.6	21199	48.6
12658	8188	682	2202	1235	4.4	16714	77
27337	11687	2505	3456	2382	3	12217	80.1
3649	2566	341	586	80	0.7	18217	61.3
5919	3786	652	399	149	0.8	12127	66.6
26538	16251	2047	-171	-700	-1	14972	67.3
163342	129169	2035	191795	38192	16.2	107654	51.6
28632	17253	300	15613	11250	18.8	1021490	63.8
40492	41394	1433	8668	5062	7.9	24950	50.3
45034	37349	1252	3538	2204	4.9	20919	52.4
46626	28995	3426	5659	3468	3.5	12271	73
604	457	35	353	141	1.5	101629	42.2
7146	6947	656	863	270	1.6	11998	44.4
15589	8573	1021	631	71	0.1	21348	66.7
22316	17673	2405	1769	-1245	-2.5	11126	66.9
163341	129169	2035	191795	38192	16.2	107654	51.6
27926	11708	2799	4267	-101	-0.2	8588	82.2
50169	41988	1344	1398	590	1.2	20261	51.2
13146	16688	1028	2228	943	8.5	16597	38.8
36379	21849	1493	11644	6357	8.6	26699	68.9
37161	33669	1460	2217	1373	1.6	22040	54.4
21058	12119	1447	5918	4321	6.9	18444	71.5
20601	20620	957	9422	7737	11.9	28787	52.9

工业企业出口产值

GROSS OUTPUT VALUE EXPORTS OF INDUWTRY

10－7　　单位:万元

企业名称	工业总产值	出口产值	
		2007年	2006年
总计	**146797**	**57257**	**61168**
延吉市秀爱食品有限公司	16198	16198	15504
大京延吉纺织有限公司	18686	14428	14593
延吉先特罗渔具有限公司	7616	7616	6488
延边三汉物产有限公司	7517	4916	5006
延吉大地单板有限公司	7628	2540	5850
延边引兑利至服饰品有限公司	2519	2393	1006
中国白头山实业公司	38100	1902	2470
天三(延边)木业新产品开发有限公司	3276	1371	1719
延边金龙药材加工有限公司	1144	1161	1375
延边科技大食品有限公司	957	1022	-
延吉市小溪木钉厂	1172	978	673
延吉市永立食品厂	944	944	948
哈尔滨啤酒(延吉)有限公司	14800	863	668
延吉新树杰木业有限公司	6201	743	953
延吉起林半导体有限公司	1554	129	880
延吉插秧机制造有限公司	18485	53	120

2007年工业企业出口产品产量

OUTPOT EXPORTS OF INDUWTRY,2007

10－8

产品名称	单位	产量	企业名称
线	吨	702	大京延吉纺织有限公司
纱	吨	2699	大京延吉纺织有限公司
布	万米	632	大京延吉纺织有限公司
单板	立方米	650	延吉大地单板有限公司
单板	立方米	1819	延吉新树杰木业有限公司
木线	立方米	125	天三木业新产品开发有限公司
木钉	个	12364	延吉市小溪木钉厂
玻璃珠	吨	88	延边引兑利至服饰品有限公司
吊转节	万个	2889	延吉先特罗鱼具有限公司
硅片	万个	3.18	延吉起林半导体有限公司
干果	吨	1359	延吉市秀爱食品有限公司
啤酒	千升	5880	哈尔滨(延吉)啤酒有限公司
山野菜	吨	3526	延边三汉物产有限公司
农副产品	吨	217	延吉市永立食品厂
浓缩液	吨	25	中国白头山实业有限公司
大米(蒸米)	吨	10217	延边科技大食品有限公司
中药材	吨	477	延边金龙药材有限公司

2007年主要工业产品生产、销售量

OUTPUT AND SALES OF SELECTED INDUWTRIAL PRODUCTS(2007)

10-9

产品名称	单位	生产量	销售量
卷烟	万箱	36.66	37.86
原煤	万吨	19.19	14.93
啤酒	千升	65545	67433
软饮料	吨	64000	63930
多色印刷	万对开色	74.02	79.44
布	万米	661	632
线	吨	801	702
泡菜保鲜箱	台	300	260
吊环节	万个	2889	2889
胶合板	立方米	669	523
吸顶灯	万个	18.25	14.29
管道煤气供应量	万立方米	266.7	237
农药	吨	1186	1380
纸制品	吨	3781	3668
干果	吨	1359	1359
中成药	吨	1386	1164
嘴棒	亿只	38.21	37.56
塑料制品	吨	3286	3171
蒸米	吨	9570	10217
香精	吨	128	128
铝材	吨	650	650
日用玻璃	吨	61250	55851
温热治疗器	台	108870	108870
种植机械	台	20921	15000
工业锅炉	蒸吨	253	257
铝	吨	15745	15745
纱	吨	4782	2699
客车	辆	1105	1105
自动售货机	台	12052	9240
自来水	吨	2839	1703

2007年大中型工

MAJOR INDICATORS OF LARGE AND

10－10

序号	企业名称	企业规模	经济类型	隶属关系	工业总产值
1	吉林烟草工业有限责任公司	大型	有限责任	中央	328766
2	延边新华印刷有限公司	中型	有限责任	州属	3245
3	大京延吉纺织有限公司	中型	中外合资	市属	18686
4	吉林敖东药业集团延吉股份有限公司	中型	股份制	市属	33050
5	延吉文化医药包装有限责任公司	中型	有限责任	市属	17035
6	哈尔滨啤酒(延吉)有限公司	中型	中外合资	市属	14800
7	延吉市集中供热有限责任公司	中型	有限责任	市属	14351
8	中国白头山实业公司	中型	有限责任	市属	38100
9	延吉插秧机制造有限公司	中型	有限责任	市属	18485
10	延吉市秀爱食品有限公司	中型	外商独资	市属	16198

10－10续

企业名称	总资产贡献率(%)	资本保值增值率(%)	资产负债率(%)	流动资金周转次数(次)
吉林烟草工业有限责任公司	72.2	159	51.6	2
延边新华印刷有限公司	15.2	99.8	39.1	1.7
大京延吉纺织有限公司	3	91.1	108.7	2.3
吉林敖东药业集团延吉股份有限公司	9.4	101	37.5	0.8
延吉文化医药包装有限责任公司	-0.2	-16.2	100.6	1.2
哈尔滨啤酒(延吉)有限公司	12.5	85	58.9	2.6
延吉市集中供热有限责任公司	12.6	97	69.1	1.4
中国白头山实业公司	3.6	73.1	54	0.7
延吉插秧机制造有限公司	5.8	104.7	49.5	0.7
延吉市秀爱食品有限公司	-0.2	98.4	33.2	3.2

业企业主要指标

MEDIUM INDUSTRIAL ENTERPRISES(2007)

单位：万元

工业增加值	产品销售收入	年末固定资产净值	年末资产合计	负债合计	所有者权益合计	盈亏相抵后利润	利税总额	人均利税(元)
219076	325713	39754	266629	137460	129169	38192	191795	942484
2027	3498	2740	5049	1976	3074	339	730	21271
4699	15834	8880	16084	17488	-1404	262	262	2685
13939	6882	8109	17787	6662	11125	596	1387	36973
5618	8028	6180	12811	12885	-74	-401	-140	-2553
8282	13748	11990	17976	10586	7390	-464	1862	28779
5440	12700	4502	18768	12973	5795	503	2284	36479
15245	26867	17832	65324	35297	30027	320	798	16625
6479	6728	1834	11426	5656	5770	285	615	14857
5507	14397	3757	9273	3082	6191	-15	-15	-336

成本费用利润率(%)	全员劳动生产率(%)	产品销售率(%)	主要产品			年末从业人员(人)
			名称	单位	产量	
16.2	1076539	103.3	卷烟	万箱	36.66	2035
10.8	59105	99	印刷品	万对开色令	56.15	343
1.7	48150	97	纱	吨	4782	976
9.2	371709	98	中成药	吨	408	375
-4.8	102140	91	玻璃制品	吨	61250	550
-4.2	128011	101.7	啤酒	千升	65545	647
4.1	86898	100	供热	万焦	415.8	626
1.2	317594	95	中成药	吨	501	480
4.5	156495	92.1	插秧机	台	20921	414
-0.1	122384	100	干果	吨	1359	450

电力消耗情况

ELECTRITY CONSUMPTION

10－11　　　　单位:万千瓦小时

行　　业	2002年	2003年	2004年	2005年	2006年	2007年
全市用电量	**67325**	**75122**	**87058**	**65673**	**71344**	**75658**
一、农林牧渔水利业	320	238	532	530	135	267
二、工业	33815	40602	44268	16867	21457	23944
轻工业	7594	7648	8922	8282	9917	11741
重工业	26221	32954	35346	8585	11540	12203
三、地质普查和勘探业	48	47	46	2	–	–
四、建筑业	1295	1251	1500	1025	1281	1058
五、交通运输、邮电业	1404	1619	1676	1803	743	807
1. 交通运输	354	415	465	602	611	711
2. 邮电通讯	1050	1204	1211	1201	132	96
六、商饮业、物资供销和仓储业	4861	5302	7729	9322	10490	10915
七、其他事项	9180	9160	11361	15626	14951	16438
八、城市居民生活用电	16402	16903	19946	20498	22422	22229
工业用电	**33815**	**40602**	**44268**	**16867**	**21457**	**23944**
1. 采掘业	303	423	483	420	410	465
2. 自来水生产和供应业	1091	881	1333	838	917	901
3. 食品饮料烟草业	2684	2661	2609	2774	2790	2823
4. 纺织业	3140	2794	2691	2516	2772	2695
5. 印刷业	226	175	206	199	223	287
6. 电力热水蒸气生产和供应	577	67	–	1286	2777	2972
7. 医药工业	220	276	309	1063	866	933
8. 塑料制品业	407	300	298	171	232	260
9. 建材及其他非金属矿物制	1788	1935	2604	2479	2164	2243
10. 金属制品业	173	200	232	341	412	193
11. 机械工业	257	161	155	78	77	160
12. 电子设备及交通运输设备	155	254	161	34	46	9
13. 有色金属冶练业	20691	29410	30356	1486	324	87
14. 造纸业	353	342	205	113	40	18
15. 其他	1750	723	2626	3069	7407	9898

11. 运输和邮电

CHAPTER 11 TRANSPORTATION, POSTAL AND TELECOMMUNICATIONS

机动车拥有量及运输量

CIVIL MOTOR VEHICLES AND TRAFFIC

11－1

指　　标	单位	1990年	1995年	2000年	2005年	2006年	2007年
年末机动车总计	**辆**	**8643**	**15522**	**30153**	**58358**	**68362**	**83441**
#私人	辆	–	–	–	–	53189	69887
汽车	**辆**	**5224**	**10604**	**16953**	**29515**	**36628**	**49720**
#私人	辆	–	–	–	–	23904	36166
载货汽车	辆	3240	3952	4307	6386	7147	7412
大型	辆	2239	2767	2310	2446	2645	2763
小型	辆	1001	1185	1997	3940	4502	4649
载客汽车	辆	1854	6334	12280	21615	27521	31535
大型	辆	315	808	605	744	824	654
小型	辆	1539	5526	11675	20871	26697	30881
特专汽车	辆	130	318	366	151	355	358
其它	辆	–	–	–	1363	1605	10415
摩托车	**辆**	**2466**	**3253**	**10463**	**26869**	**29353**	**31412**
拖拉机	**辆**	**953**	**1035**	**1528**	**1974**	**2381**	**2309**
客运量总计	**万人**	**709.4**	**565.59**	**867.96**	**926.75**	**960.73**	**1025.89**
铁路	万人	170.00	188.16	219.86	152.97	156.73	180.00
公路	万人	536.00	361.50	631.00	742.00	769.00	806.00
航空	万人	3.4	15.93	17.10	31.78	35.00	39.89
货运量总计	**万吨**	**436.00**	**480.62**	**558.16**	**647.83**	**678.83**	**717.67**
铁路	万吨	28.00	32.50	21.97	20.39	17.28	16.96
公路	万吨	408.00	448.00	536.00	627.00	661.00	700.00
航空	吨	284	1181	1928	4425	5510	7100
公路客运周转量	万人公里	–	17536	24647	28310	30800	33910
公路货运周转量	万吨公里	–	20932	23244	25929	28859	32446

邮电业务量

POWTAL AND TELECOMMUNICATIONS SERVICES

11－2

指　　标	单位	1990年	1995年	2000年	2005年	2006年	2007年
一、邮政电信局(所)	**处**	**7**	**25**	**47**	**23**	**36**	**36**
#邮电局	处	1	1	4	5	5	5
电信局	处	－	－	3	4	4	4
邮政局	处	－	－	1	1	1	1
能提供全功能服务	处	1	3	13	13	14	14
设在农村	处	2	4	7	4	3	3
二、其它邮电服务设施							
邮政储蓄点	处	7	24	28	31	31	31
信筒、信箱	处	61	88	54	56	62	62
公用电话	部	42	1208	4058	13163	14161	15405
三、电话交换机总容量	**门**	**26316**	**114355**	**189047**	**540246**	**587930**	**622375**
市话交换机容量	门	26166	113195	186919	511894	527930	622375
#程控	门	2000	108945	186919	511894	527930	622375
农话交换机容量	门	150	1160	2128	28352	60000	－
四、年末长话电路	**路**	**641**	**1681**	**4366**	**5923**	**5040**	**4681**
年末电报电路	路	18	12	8	－	－	－
五、邮电业务总量※	**万元**	**2651**	**17729**	**43253**	**61732**	**67744**	**75587**
1. 函件	万件	495	536	503	159.0	118.8	178.1
2. 机要文件	万件	2.7	2.0	1.4	1.6	1.5	1.4
3. 包件	万件	7.5	10.3	8.7	7.4	7.0	7.6
4. 汇票	万件	11.3	18.1	18.0	10.2	9.1	9.9
5. 报刊期发数	万份	14.0	256.3	33.3	18.6	19.4	14.3
报刊累计数	万份	677.7	1985.6	1619.2	1234.0	1407.7	1328.9
6. 电报	万份	17.9	8.5	2.5	－	0.24	－
7. 长途电话	万张	314.9	1545.1	1488.0	2822	1869	1378
六、年末电话总数	**户**	**10212**	**64766**	**143501**	**324139**	**312406**	**427635**
市话年末到达数	户	10115	64119	138796	318465	307673	422713
#住宅电话	户	－	52265	108098	272926	257232	365632
农话年末到达数	户	97	647	4705	5674	4733	4922
#住宅电话	户	－	－	4328	5042	4446	4461
年末移动电话用户	户	－	4190	116953	351460	440926	522066
百户居民电话拥有量	部	12.5	64.5	125.8	242.4	224.7	298.7
七、互联网业务用户	**户**	**－**	**－**	**－**	**148801**	**168273**	**192282**

※2000年以后为主营业务收入，邮政业务项目不包括私营、个体。

12. 贸易

CHAPTER 12 TRADE

历年社会消费品零售总额

TOTAL RETAIL SALES OF CONSUMER GOODS

12-1　　　　单位:万元

年份	社会消费品零售总额	一、按经济类型分				二、按行业分			发展速度(以上年为基数)(%)
		国有经济	集体经济	股份制经济	个体私营经济	批发零售贸易业	住宿和餐饮业	其它	
1949	512	172	187	-	153	379	23	110	-
1952	1251	465	516	-	34	1019	55	177	131.5
1957	2186	813	903	-	60	1871	102	199	94.4
1962	3593	1824	1523	-	85	3175	241	167	91.6
1965	3412	1809	1473	-	64	3091	194	118	82.3
1970	3313	1755	1424	-	-	2633	169	507	76.6
1975	5805	3076	2496	-	-	5163	379	232	117.6
1979	7298	6084	806	-	-	6604	513	304	114.1
1980	9457	6726	2004	-	201	7606	689	454	122.7
1981	11032	7118	3663	-	238	8642	796	892	114.4
1982	13338	7873	4317	-	706	10793	1109	800	117.4
1983	15266	8760	4728	-	1257	12331	1252	932	112.5
1984	18699	10453	5108	-	2364	15144	1405	986	119.4
1985	23433	10525	5291	-	5957	18056	2328	737	113.1
1986	31666	12848	5586	-	7438	25587	2394	1078	126.0
1987	37529	17455	7927	-	8836	29658	2532	1183	110.6
1988	51436	25397	9880	-	12687	41665	3495	1986	113.0
1989	60744	31725	9782	-	9942	46459	6112	2367	102.3
1990	66688	31341	9362	-	19756	50382	6436	1706	106.7
1991	83336	35405	6819	-	30860	61194	9016	3104	118.2
1992	107712	47680	8959	-	41362	81323	11081	3521	120.1
1993	158036	42083	5755	21402	62620	119163	15986	5784	131.5
1994	197268	30779	8913	41603	86426	141057	26589	6562	106.2
1995	257768	15543	5286	45564	119601	183775	27387	4111	115.5
1996	279015	33632	4425	46222	151502	204027	32886	4745	104.6
1997	302567	22729	4052	49052	166775	219376	31005	3997	106.5
1998	320213	16247	3816	43609	203208	237033	27027	4875	108.3
1999	333112	20526	4543	45894	205265	249899	25793	3188	107.9
2000	336541	21903	4537	52533	198455	249265	28229	2707	103.4
2001	346730	21916	4657	57502	207950	258292	33216	3390	102.5
2002	354015	22018	4077	56330	207962	252765	36333	5060	102.9
2003	365599	21526	4325	56709	214160	262553	29048	9103	103.9
2004	330243	21054	4214	57615	247360	293070	36871	302	105.7
2005	423400	734	3015	57817	361834	340743	82255	402	126.7
2006	544612	834	2871	92914	447993	444366	99824	422	127.0
2007	699310	742	321	123415	574832	570073	128703	534	124.1

注:本表中2004年以后数据为新口径。

社会消费品

TOTAL RETAIL SALES OF

12－2

（200

项　　目	合计	1月	2月	3月	4月
社会消费品零售总额	**699310**	**52951**	**49630**	**44419**	**47360**
一、按单位所在地分组:					
市属单位零售额	695197	52846	49440	44209	47119
县以下	4113	105	190	210	241
二、行业分组					
1. 批发零售贸易业	570073	43795	40815	36684	38930
限额以上企业	282958	20232	19040	17283	23420
限额以下企业及个体户	287115	23563	21775	19401	15510
2. 住宿和餐饮业	128703	9099	8761	7667	8362
星级(限额以上)企业	17272	1182	1263	1074	1096
星级以外(限额以下)企业及个体户	111431	7917	7498	6593	7266
3. 其他	534	57	54	68	68
三、各月消费品零售额占全年比重(%)	**100**	**7.57**	**7.10**	**6.35**	**6.77**
1. 批发零售贸易业	100	7.68	7.16	6.44	6.83
2. 住宿和餐饮业	100	7.07	6.81	5.96	6.50
3. 其他	100	10.68	10.11	12.73	12.73
占全州比重(%)	**49.1**	**40.8**	**54.9**	**43.0**	**45.1**

零售总额

CONSUMER GOODS(2007)

7 年)　　　　单位:万元

5 月	6 月	7 月	8 月	9 月	10 月	11 月	12 月
56890	**57410**	**57193**	**61054**	**57583**	**63531**	**68422**	**82867**
56596	57099	56889	60712	57220	63210	67739	82118
294	311	304	342	363	321	683	749
44435	44853	45801	49177	46035	51623	56410	71515
30549	29731	27957	24872	22109	22433	22051	23281
13886	15122	17844	24305	23926	29190	34359	48234
12405	12532	11365	11846	11515	11869	11971	11311
1314	1467	1394	1544	1548	1880	1995	1515
11091	11065	9971	10302	9967	9989	9976	9796
50	25	27	31	33	39	41	41
8.14	**8.21**	**8.18**	**8.73**	**8.23**	**9.08**	**9.79**	**11.85**
7.79	7.87	8.03	8.63	8.08	9.06	9.89	12.54
9.64	9.74	8.83	9.20	8.94	9.22	9.30	8.79
9.36	4.68	5.06	5.81	6.18	7.30	7.68	7.68
51.1	**54.4**	**52.1**	**54.3**	**47.2**	**46.7**	**46.3**	**54.2**

城乡集市贸易成交情况

FREE MARKETS IN URBAN AND RURAL AREAS

12－3 单位:万元

年份	城乡集市贸易成交额	工业品专业市场	农产品专业市场	其它专业市场
1949	62	–	62	–
1952	35	–	35	–
1965	194	–	194	–
1975	153	–	153	–
1980	389	–	380	9
1981	574	–	515	59
1982	629	13	583	33
1983	698	–	683	15
1984	2595	1580	1015	–
1985	4169	1958	2211	–
1986	6487	2307	3415	765
1987	12962	5074	6451	1437
1988	17705	8239	8192	1274
1989	20093	8133	11231	729
1990	23739	8247	14856	636
1991	32064	11857	17867	2340
1992	43037	17221	23675	2141
1993	59651	20634	34976	4041
1994	90313	26256	49352	14705
1995	133376	44144	82221	7011
1996	11419	8970	122833	9616
1997	174012	11061	154207	8744
1998	181320	19055	155932	6333
1999	205338	16367	182819	6152
2000	199218	16765	178725	3728
2001	217152	45550	168126	3476
2002	287584	64705	218604	4275
2003	277854	59950	213760	4198
2004	308637	74412	218123	16102
2005	268948	55014	178159	35775
2006	275554	28683	174992	71879
2007	308667	26280	228528	53859
发展速度(%)				
1980—1985	868.5	–	513.0	–
1986—1990	569.4	421.2	671.9	–
1991	135.1	143.8	120.3	367.9
1992	134.2	145.2	159.4	91.5
1993	138.6	119.8	147.7	188.7
1994	151.4	127.2	141.1	363.9
1995	147.7	168.1	166.6	47.7
1996	106.0	20.3	149.4	137.2
1997	123.0	123.3	125.5	90.9
1998	104.2	172.3	101.1	72.4
1999	113.2	85.9	117.2	97.1
2000	97.0	102.4	97.8	60.1
2001	109.0	101.7	94.1	106.8
2002	132.4	142.1	130.0	123.0
2003	96.6	92.7	97.8	98.2
2004	111.1	124.1	102.1	383.5
2005	87.1	73.9	81.7	222.2
2006	102.5	52.1	98.2	200.9
2007	112.0	91.6	130.6	74.9

亿元市场销售情况

THE SALES SITUATION FOR THE
MARKERS OVER HUNDRED MILLION YUAN(2007)

12－4

（2007 年）

名　　称	销售总额（万元）	零售额	摊位数（个）
总 计	**184047**	**184047**	**6615**
按商品类值分组			
食品、饮料、烟酒类	44741	44741	2292
粮油类	2757	2757	173
肉禽蛋类	6964	6964	269
其它食品类	25631	25631	1482
饮料类	3771	3771	226
烟酒类	5618	5618	142
服装鞋帽、针、纺织品类	35411	35411	3340
服装类	18954	18954	2746
鞋帽类	10123	10123	449
针、纺织品类	6334	6334	145
化妆品类	1415	1415	64
日用品类	2848	2848	84
电子出版物及音像制品类	5300	5300	24
中西药品类	609	609	74
#中草药及中成药类	565	565	74
文化办公用品类	173	173	17
家俱类	1680	1680	24
通信器材类	10411	10411	148
金属材料类	26333	26333	35
建筑及装潢材料类	36705	36705	154
汽车类	14639	14639	312
其它类	3782	3782	47

限额以上批发零售总额

TOTAL VOLUME OF WHOLESALE AND RETAIL SALES ABOVE NORM(2007)

12－5　　　　（2007年）　　　　单位:万元

指　　　标	销售总额	批发额	零售额
总计	**372804**	**89846**	**282958**
按国民经济行业分组			
食品、饮料、烟酒类	50762	29708	21054
食品类	16916	－	－
#粮油类	499	－	499
肉禽蛋类	57	－	57
饮料类	1686	－	1686
烟酒类	32159	29708	2451
服装鞋帽、针、纺织品类	34226	－	34226
服装类	26161	－	26161
鞋帽类	5513	－	5513
针、纺织品类	2552	－	2552
化装品类	5003	－	5003
金银珠宝类	3017	－	3017
日用品类	14902	－	14902
#洗涤用品类	4077	－	4077
儿童玩具类	705	－	705
五金、电料类	205	－	205
体育、娱乐用品类	913	－	913
书报杂志类	10723	7892	2831
电子出版物及音像制品类	226	－	226
家用电器及音像器材类	28369	－	28369
中西药品类	40514	35941	4573
#西药类	16783	15594	1189
中草药及中成药类	13215	12550	665
文化办公用品类	748	－	748
家俱类	2324	－	2324
通信器材类	3733	－	3733
石油及制品类	58729	13913	44816
金属材料类	4364	－	4364
汽车类	51873	－	51873
其他类	62173	2392	59781

限额以上单位数

NUMBER OF UNITS ABOVE NORM

12－6

序号	名　称	序号	名　称
1	安利(中国)日用品有限公司延边分公司	41	吉林敖东医药有限责任公司
2	北京同仁堂延边药店有限责任公司	42	延边国大旅游贸易有限公司
3	辽宁省大商集团股份有限公司延吉家电商场	43	吉林欣鑫药业有限公司
4	延边国际贸易大厦有限责任公司	44	吉林烟草公司延边州公司
5	延吉市雅马哈摩托车销售有限公司	45	延边未来文化发展有限公司
6	延边宏达科技有限公司	46	延边林业集团物资有限公司
7	延吉市远东新能源开发有限公司	47	延边白山大厦实业有限公司
8	延边长虹通信器材有限公司	48	延吉宾馆有限责任公司
9	延吉起亚汽车维修服务有限公司	49	延边民航翔宇大酒店
10	延边凯尔玛仓储超市有限公司	50	延边大洲房地产开发有限公司大洲酒店
11	延吉中诚汽车贸易有限公司	51	延边开元大酒店有限公司丽山假日酒店
12	延吉东大数码科技有限公司	52	延边开元大酒店有限公司
13	延边鑫兴汽车销售服务有限公司	53	延吉东北亚大酒店有限公司
14	延边嘉航汽车销售服务有限公司	54	延边成宝国际商务大厦有限公司
15	延吉市东山汽车贸易有限公司	55	延吉市德铭餐饮有限公司
16	延边瑞孚汽车销售有服务有限公司	56	延边绿园大酒店有限公司
17	延边东北机电设备有限公司	57	延吉市南海宾馆
18	延吉光明石油有限公司	58	延边黄金星酒店有限公司
19	吉林省新华书店集团延吉市有限责任公司	59	延边国际饭店有限公司
20	延吉百货大楼股份有限公司	60	延边银河大厦有限公司
21	延吉市兆源有限责任公司	61	延吉市友谊有限公司考世茂饭店
22	延边仁和商贸集团有限公司	62	延边恒基大厦有限公司罗京饭店
23	延边炜业医药有限公司	63	延边兴豆餐饮有限公司
24	延边保健大药房连锁有限公司	64	延边洲际商务酒店有限公司
25	延边善生堂大药房有限公司	65	延吉市河南饭店有限公司
26	中国石油天然气股份有限公司吉林延边销售分公司	66	延吉乐园餐饮有限公司
27	延边世达亚飞汽车连锁贸易有限公司	67	延吉考丽亚饭店有限公司
28	延边正道医药有限公司	68	延吉服务大楼饮食有限公司
29	延吉市理想数码科技有限公司	69	延吉市民族饭店有限公司
30	延边乐佰家居经营有限公司	70	延吉金达莱饭店有限责任公司
31	延吉诚信民族企业集团有限公司	71	百胜餐饮沈阳有限公司肯德基延吉分公司
32	延边新世纪购物广场有限公司	72	友谊饭店有限责任公司友谊饭店
33	吉林国美电器有限公司延吉时代电器商城	73	延吉聪明楼餐饮有限公司
34	延吉市庄园机电贸易有限公司	74	延吉韩城餐饮有限公司
35	延吉华荣工程机械有限公司	75	延边东方烧烤餐饮有限责任公司
36	延边恒亿汽车销售服务有限公司	76	延吉市丰茂餐饮有限公司
37	吉林省善生堂药业有限公司	77	延吉市纽考阿餐饮娱乐有限公司
38	延边同仁药业有限公司	78	延吉市鑫雅实业有限公司舟山海岛酒店
39	吉林省新华书店集团延边有限责任公司	79	百胜餐饮沈阳有限公司延吉肯德基河南分店
40	延边粮食局直属粮库		

亿元市场个数

NUMBER OF A HUNDRED MILLION YUAN MARKETS

12－7

序号	名　　称	序号	名　　称
1	延吉市西市场	7	延吉市钢材市场
2	延吉市东市场	8	延吉市陶瓷市场
3	延吉市河南市场	9	延吉市机动车交易市场
4	延吉市蔬菜批发市场	10	延吉城宝韩国商品批发中心
5	延边北大建筑材料批发市场	11	延吉市人防地下商场
6	延吉中关电子科技大厦	12	延边朝鲜族自治州人防地下商场

星级旅游饭店情况

SITUATION OF STAR－LEVEL TOURIST HOTEL(2007)

12－8

(2007年)

单位名称	年末客房数(间)	年末床位数(张)	年末职工人数(人)	营业额(万元)	星级
合计	**2361**	**3832**	**2091**	**17389**	–
延边国际饭店有限公司	426	650	243	2685	5
延边白山大厦实业有限公司	291	550	265	2989	4
延边民航翔宇大酒店	155	291	165	1534	4
延边开元大酒店有限公司丽山假日酒店	200	428	125	996	4
延边恒基大厦有限公司罗京饭店	62	86	160	620	4
延吉宾馆有限责任公司	86	149	185	1979	4
延边大洲房地产开发有限公司大洲酒店	236	423	305	939	4
延边黄金星酒店有限公司	275	82	27	405	4
延边开元大酒店有限公司	126	242	153	1192	3
延边成宝国际商务大厦有限公司	74	152	83	1645	3
延边绿园大酒店	90	164	139	679	3
延吉东北亚大酒店有限公司	135	265	40	201	3
延吉市德铭餐饮有限公司	80	120	89	581	3
延吉市友谊有限公司考世茂饭店	40	60	60	610	2
延边银河大厦有限公司	57	114	40	248	2
延吉市南海宾馆	28	56	12	86	2

13. 科技、教育和文化

CHAPTER 13 TECHNOLOGY, EDUCATION AND CULTURE

科技研究成果和科技获奖数

ACHIEVEMENTS IN SCIENTIFIC AND TECHNICAL RESEARCH

13－1　　单位:个

年份	合计	国家星火奖	省科技进步奖	省星火奖	州科技进步奖	州科技振兴奖	市科技进步奖
1990	1	–	1	–	–	–	–
1991	11	–	1	–	–	–	10
1992	1	–	1	–	–	–	–
1993	9	–	9	–	–	–	–
1994	32	–	9	–	23	–	–
1995	28	–	5	–	5	–	18
1996	20	–	5	–	15	–	–
1997	7	–	1	–	6	–	–
1998	14	–	2	–	12	–	–
1999	19	–	3	–	16	–	–
2000	13	–	3	–	10	–	–
2001	2	–	2	–	–	–	–
2002	1	–	1	–	–	–	–
2003	2	–	2	–	–	–	–
2004	5	–	5	–	–	–	–
2005	4	–	4	–	–	–	–
2006	5	–	5	–	–	–	–
2007	2	–	2	–	–	–	–

科技成果登记数

NUMBER OF ACHIEVEMENTS ENROLL IN TECHNOLOGY

13－2　　单位:个

年份	成果登记	年份	成果登记	年份	成果登记	年份	成果登记
1980	3	1987	28	1994	15	2001	11
1981	10	1988	13	1995	1	2002	2
1982	6	1989	8	1996	–	2003	6
1983	4	1990	8	1997	2	2004	5
1984	14	1991	11	1998	14	2005	–
1985	33	1992	6	1999	49	2006	–
1986	32	1993	16	2000	5	2007	–

1985 年以来三项专利受理情况

THREE TYPES OF PATENT APPLICATIONS EXAMINED IN SINCE,1985

13－3　　单位:项

受理	受权数		
	发明	外观设计	实用新型
1626	170	302	576

全市在岗职工专

NUMBER OF SCIENTIFIC AND TECHNICAL

13－4 （2007

行　　业	在岗职工技术人员总　计	#中级	#高级	农林技术人　员	#中 级
总计	**24214**	**10549**	**4638**	**350**	**146**
#市属	9426	4751	1477	178	88
按登记注册类型分组					
国有经济	18861	8117	4103	289	125
市属	6190	3298	1166	129	69
集体经济	430	178	74	19	9
市属	355	148	67	13	8
其他各种经济	4923	2254	461	42	12
市属	2881	1305	244	36	11
按企业、事业、机关分组					
企业	9029	4034	763	95	29
事业	14418	6130	3669	238	102
机关	767	385	206	17	15
在总计中：					
1. 农、林、牧、渔业	167	77	51	89	34
2. 采矿业	11	11	－	－	－
3. 制造业	1505	533	89	51	15
4. 电力、燃气及水的生产和供应业	854	374	103	1	1
5. 建筑业	1322	596	143	17	4
6. 交通运输、仓储和邮政业	416	203	42	－	－
7. 信息传输、计算机服务和软件业	891	270	58	1	1
8. 批发与零售业	732	380	38	15	6
9. 住宿和餐饮业	100	68	12	3	1
10. 金融业	1667	871	24	1	1
11. 房地产业	508	281	53	4	1
12. 租赁与商务服务业	579	293	63	5	4
13. 科学研究、技术服务与地质勘查业	1202	515	389	115	51
14. 水利、环境和公共设施管理业	208	83	20	24	8
15. 居民服务和其他服务业	53	40	5	－	－
16. 教育	8153	3262	2053	6	4
17. 卫生、社会保障和社会福利业	3319	1507	689	－	－
18. 文化、体育与娱乐业	1505	683	511	1	－
19. 公共管理与社会组织	1022	502	295	17	15

业技术人员情况

PERSONNEL (END OF 2007)

年末)

单位:人

	按学科领域划分								
#高 级	工程技术人员	#中级	#高级	其他自然科技人员	#中级	#高级	社会科学技术人员	#中级	#高级
97	**5770**	**2500**	**830**	**9602**	**4292**	**2272**	**8492**	**3611**	**1439**
35	2431	1097	274	4863	2568	947	1954	998	221
82	2823	1202	527	8899	3980	2153	6850	2810	1341
25	553	267	106	4339	2325	849	1169	637	186
6	65	24	9	224	93	58	122	52	1
1	43	17	8	224	93	58	75	30	–
9	2882	1274	294	479	219	61	1520	749	97
9	1835	813	160	300	150	40	710	331	35
15	4276	1802	451	746	396	82	3912	1807	215
81	1123	502	283	8783	3874	2184	4274	1652	1121
1	371	196	96	73	22	6	306	152	103
36	46	27	7	7	4	3	25	12	5
–	11	11	–	–	–	–	–	–	–
2	791	279	46	137	60	17	526	179	24
–	584	250	58	39	21	6	230	102	39
8	1099	510	117	60	21	4	146	61	14
–	100	44	14	3	–	–	313	159	28
–	743	216	52	–	–	–	147	53	6
3	73	31	9	104	82	3	540	261	23
–	28	19	–	40	30	6	29	18	6
–	76	44	1	134	121	1	1456	705	22
–	297	178	40	61	10	4	146	92	9
1	249	113	22	19	5	1	306	171	39
43	795	346	251	103	37	43	189	81	52
2	141	53	12	7	3	3	36	19	3
–	21	18	3	–	–	–	32	22	2
1	128	56	36	5453	2310	1396	2566	892	620
–	33	15	9	3011	1385	653	275	107	27
–	127	74	27	255	137	92	1122	472	392
1	428	216	126	169	66	40	408	205	128

历年在岗职工专业技术人员情况

NUMBER OF SCIENTIFIC AND TECHNICAL PERSONNEL

13－5　　单位:人

年份	技术人员合计	#中级以上	按学科领域划分							
			农林技术人员	#中级以上	工程技术人员	#中级以上	其他自然技术人员	#中级以上	社会科学技术人员	#中级以上
1985	8345	1683	524	150	2946	705	3087	620	1788	208
1986	9878	2311	433	179	3840	1028	3388	838	2217	266
1987	10660	2732	420	179	3982	1033	3570	1111	2688	409
1988	18467	8762	418	213	4790	1724	7022	4179	6237	2646
1989	27216	9865	695	340	5934	1869	8895	3548	11692	4108
1990	27995	11793	559	315	6296	2271	8995	4581	12145	4626
1991	28858	11735	719	407	6310	2326	9334	4459	12495	4543
1992	28120	10481	665	351	6506	2221	9351	3801	11590	4108
1993	27674	10917	732	380	6949	2459	9306	3883	10687	4195
1994	30858	14252	655	349	6913	2989	9953	4991	13337	5923
1995	31651	15361	587	364	6699	3234	11412	5760	12953	6103
1996	31983	15218	693	483	6597	3161	11830	5846	12863	5728
1997	32202	15608	770	436	7335	3465	12363	6453	11734	5254
1998	29322	14937	700	391	6290	3224	11716	5951	10616	5371
1999	27503	15128	861	602	5471	3050	11512	6237	9659	5239
2000	25730	13105	924	628	5900	3087	9711	4619	9195	4771
2001	27382	15093	927	343	6394	3493	10602	5815	9459	5442
2002	26291	15135	433	305	6188	3351	10745	6498	8925	4981
2003	26277	15701	563	395	5725	3223	10693	6660	9296	5423
2004	26299	15816	428	303	5719	3347	10665	7101	9487	5065
2005	26661	16638	571	393	5982	3489	10527	7101	9581	5655
2006	25758	16435	481	317	6019	3550	9608	6790	9650	5778
2007	24214	15187	350	243	5770	3330	9602	6564	8492	5050

科技人员民族构成

TECHNICAL PERSONNEL IN NATIONALITY AND ITS COMPOSITION (END OF 2007)

13－6　　(2007年末)　　单位:人

民族	在岗职工技术人员合计	#中级以上	按学科领域划分							
			农林技术人员	#中级以上	工程技术人员	#中级以上	其他自然科技人员	#中级以上	社会科学技术人员	#中级以上
合计	**24214**	**15187**	**350**	**243**	**5770**	**3330**	**9602**	**6564**	**8492**	**5050**
朝鲜族	13516	9053	233	169	2856	1808	5810	4236	4617	2840
汉族	10329	5901	111	70	2855	1496	3640	2227	3723	2108
满族	316	205	5	4	50	24	131	87	130	90
回族	31	18	1	–	7	2	12	10	11	6
其他少数民族及外侨	22	10	–	–	2	–	9	4	11	6

高等、中等普通专业学校基本情况

BASIC CONDITIONS ON HIGHER EDUCATION AND SPECIALIZE SECONDARG SCHOOLS(END OF 2007)

13－7

（2007年末）

学　　校	年末学校数（所）	毕业生数（人）	招生数（人）	年末在校学生数（人）	年末教职工数（人）	#专任教师
高等学校	**1**	**4223**	**4786**	**18503**	**3053**	**1483**
延边大学	1	4223	4786	18503	3053	1483
普通中等专业学校	**7**	**1853**	**2078**	**6398**	**794**	**462**
延边财经学校	1	326	441	1288	177	93
延边艺术学校	1	193	143	484	17	17
延边卫生学校	1	382	178	866	155	71
延边大学师范分院	1	274	269	762	147	94
延边体育运动学校	1	76	57	183	73	51
延边林业学校	1	181	363	855	89	50
延边工业学校	1	421	627	1960	136	86

13－7 续表

学　　校	年末学校占地面积（万平方米）	年末教学及辅助用房（平方米）	#教室	#实验室	#图书馆	年末图书馆藏书（万册）
高等学校	**228.59**	**241855**	**107675**	**82291**	**26512**	**257.6**
延边大学	228.59	241855	107675	82291	26512	257.6
普通中等专业学校	**25.24**	**56055**	**29915**	**15725**	**6211**	**45.2**
延边财经学校	3.60	12647	9314	－	1444	12.4
延边艺术学校	－	－	－	－	－	4.0
延边卫生学校	3.13	7621	2292	2827	1902	7.1
延边大学师范分院	4.20	6823	5690	510	623	6.4
延边体育运动学校	1.50	861	540	128	193	1.2
延边林业学校	7.11	16032	8147	5733	1285	8.5
延边工业学校	5.70	12071	3932	6527	764	5.6

中学、小学、幼儿园基本情况

BASIC CONDITIONS ON REGULAR SECONDARY AND PRIMARY SCHOOLS,KINDER－GARTENS(END OF 2007)

13－8

(2007年末)

学　　校	年末学校数(所)	毕业生数(人)	招生数(人)	年末在校学生数(人)	年末教职工数(人)	#专任教师
普通中学	**24**	**10142**	**9502**	**29425**	**2555**	**2180**
#朝鲜族学校	9	5086	4488	14222	1321	1102
初级中学	17	5313	5263	16190	－	1292
高级中学	7	4829	4239	13235	－	888
小学校	**29**	**4937**	**4563**	**26154**	**1881**	**1668**
#朝鲜族学校	9	2442	1897	10702	954	821
城市	17	4071	3965	22034	1525	1330
农村	12	866	598	4120	356	338
特殊教育	**1**	**－**	**－**	**127**	**59**	**42**
幼儿园	88	－	5086	11991	1206	770

13－8续表

学　　校	年末学校占地面积(万平方米)	年末教学及辅助用房\(万平方米)\	#教室	#实验室	#图书馆	年末图书馆藏书(万册)
普通中学	**90.10**	**131683**	**73105**	**18705**	**8759**	**57.42**
县镇	59.25	127860	71461	17759	8500	54.81
农村	30.85	3823	1644	946	259	2.61
小学	**43.20**	**82625**	**61393**	**3913**	**2973**	**61.46**
县镇	24.62	65350	49579	3065	2277	52.06
农村	18.58	17275	11814	848	696	9.40
特殊教育学校	**15.50**	**3796**	**2410**	**142**	**130**	**0.85**
幼儿园	**13.97**	**44222**	**32785**	**－**	**927**	**6.90**

注:学龄儿童入学率100%;小学毕业生升学率100.0%。

延边大学研究生情况

GRADUATE STUDENTS CONDITION OF YANBIAN UNIVERSITY(END OF 2007)

13－9

(2007年末)

专业	毕业生数(人)	授予学位数(人)	招生数(人)	年末在校学生数(人)	年末指导教师(人)	#女
延边大学研究生	**610**	**610**	**867**	**2601**	**428**	**126**
博士	**23**	**23**	**39**	**110**	**53**	**8**
世界史	3	3	2	6	－	－
生理学	3	3	1	8	－	－
亚非语言文学	3	3	2	11	－	－
硕士	**587**	**587**	**828**	**2491**	**375**	**118**
汉语言文字学	22	22	17	59	－	－
亚非语言文学	20	20	31	77	－	－
有机化学	10	10	12	48	－	－
内科学	11	11	28	66	－	－
外科学	21	21	24	67	－	－

中等职业学校、职业中学情况

SECONDARY VOCATIONAL SCHOOLS,VOCATIONAL HIGH SCHOOLS(END OF 2007)

13－10

(2007年末)

学校	年末学校数(所)	毕业生数(人)	招生数(人)	年末在校学生数(人)	年末教职工数(人)	#专任教师
中等职业学校	**6**	**1247**	**1614**	**4243**	**418**	**305**
#中等职业学校全日制学生	4	1130	1308	3562	400	291
职业高中学校	**4**	**1130**	**1308**	**3562**	**321**	**231**
延吉市职业高级中学	1	975	824	2641	243	174
延吉国际合作技术学校	1	155	255	605	47	34
延吉白山实验学校	1	－	175	262	15	13
延吉市外事外语职业高级中学	1	－	54	54	16	10

成人高等、中等学校基本情况

BASIC CONDITIONS FOR ADULT EDUCATION OF SCHOOLS(END OF 2007)

13－11 （2007年末） 单位:人

学校	毕业生数	招生数	年末在校学生数	年末教职工数	#专任教师
成人职工高等学校	**336**	**484**	**785**	**219**	**156**
延边广播电视大学	176	318	508	34	20
延边职工大学	160	166	277	80	50
延边教育学院	－	－	－	105	86
成人职工中等专业学校	**117**	**306**	**681**	**114**	**77**
延边农业职工中专	－	－	－	35	17
延吉市教师进修学校	－	－	－	79	60

文化事业机构和人员

CULTURAL INSTITUTIONS AND PERSONNEL(END OF 2007)

13－12 （2007年末）

项目	年末机构（个）	州属	市属	年末人员（人）	州属	市属
总计	**25**	**12**	**13**	**931**	**759**	**172**
电影事业	**1**	**1**	**－**	**14**	**14**	**－**
#发行及管理机构	1	1	－	14	14	－
出版事业	**3**	**3**	**－**	**206**	**206**	**－**
艺术事业	**5**	**4**	**1**	**472**	**377**	**95**
#艺术创作	1	1	－	16	16	－
艺术表演团体	3	2	1	429	334	95
艺术表演场所	1	1	－	27	27	－
文物事业	**3**	**2**	**1**	**66**	**60**	**6**
图书馆事业	**2**	**1**	**1**	**88**	**62**	**26**
群众文化事业	**11**	**1**	**10**	**85**	**40**	**45**

艺术表演团体演出情况

BASIC CONDITIONS ON PERFORMANCE OF ART TROUPES(2007)

13－13　　(2007年)

项目	合计	延边歌舞团	延边艺术剧团	延吉市朝鲜族艺术团
演出场次(场)	**434**	**130**	**122**	**182**
#农村演出	60	－	52	8
观众人数(千人次)	479	82	97	300
艺术团体收支(万元)				
国家补贴	2341	1412	545	384
收入	86	69	6	11
#演出收入	80	69	－	11
支出	2447	1418	612	417
#工资	1243	727	257	259
年末固定资产原值(万元)	**1650**	**1136**	**311**	**203**

公共图书馆及文化活动站

PUBLIC LIBRARIES AND CULTURAL CENTERS(2007)

13－14　　(2007年)

项目	单位	合计	州属	市属
年末图书馆建筑面积	**平方米**	**8136**	**6018**	**2118**
#书库	平方米	2934	2544	390
阅览室	平方米	2280	2100	180
年末阅览室座席数	席	870	510	360
年末藏书	**万册**	**73.50**	**47.00**	**26.50**
#本年新购图书	万册	2.15	2.00	0.15
经费支出	**万元**	**639**	**441**	**198**
#购书费	万元	49	42	7
文化站组织文艺活动次数	次	229	－	229
举办训练班数	班	210	－	210
结业人数	人	15000	－	15000
年末固定资产原值	万元	29	－	29

电影事业情况

CONDITIONS OF FILM PROJECTION(2007)

13－15

(2007 年)

单　　位	机构数(个)	年末座位数(席)	放映场次(场)	观众人数(万人)	放映总收入(万元)
总计	**2**	**2326**	**139**	**15.72**	**69.2**
一、影剧院	**1**	**1200**	**101**	**12.12**	**55.4**
延边艺术剧场	1	1200	101	12.12	55.4
二、对外经营俱乐部	**1**	**1126**	**38**	**3.6**	**13.8**
延边工人文化宫	1	1126	38	3.6	13.8

广播、电视基本情况

PRODUCTION OF BROADCASTIONG AND TV PROGRAMS(2007)

13－16

(2007 年)

项　　目	单位	电视台	州台	市台	广播电台	州台	市台
广播电视台单位数	**台**	**2**	**1**	**1**	**2**	**1**	**1**
本年制作节目	**小时**	**2755**	**2272**	**483**	**24529**	**16316**	**8213**
#新闻资迅类节目	小时	769	586	183	2549	1636	913
专题服务类节目	小时	1288	1141	147	7812	6352	1460
综艺类节目	小时	116	90	26	8174	3611	4563
影视剧、广播剧节目	小时	-	-	-	122	122	-
广告类节目	小时	257	185	72	5364	4087	1277
其他类节目	小时	325	270	55	508	508	-
全年播出时间	**时:分**	**27433:56**	**20315:56**	**7118:00**	**31162:13**	**22402:13**	**8760:00**
#新闻资迅类节目	时:分	2105:08	1466:08	639:00	4456:50	2996:50	1460:00
专题服务类节目	时:分	7110:07	6599:07	511:00	8505:18	7045:18	1460:00
综艺益智类节目	时:分	2524:20	2342:20	182:00	9532:29	4969:29	4563:00
影视剧、广播剧节目	时:分	9533:40	7678:40	1855:00	396:29	396:29	-
广告类节目	时:分	5531:43	1797:43	3734:00	6849:46	5572:46	1277:00
其他类节目	时:分	628:58	431:58	197:00	1421:21	1421:21	-
覆盖率	(%)	-	99.5	100	-	100	100

14. 卫生、体育和其他

CHAPTER 14 PUBLIC HEALTH, SPORTS AND OTHERS

卫生技术人员分类情况

PERSONNEL IN HEALTH CARE INWTITUYIONS
BY TYPE OF OCCUPATION(END OF 2007)

14－1　　(2007年末)　　单位:人

类别	总计	国有	集体	私营	其它
总计	**4333**	**2809**	**215**	**459**	**850**
一、医院合计	**2826**	**2143**	**215**	**251**	**217**
1. 综合医院	1779	1466	25	151	137
2. 中医院	165	–	165	–	–
3. 中西医结合医院	46	–	–	46	–
4. 民族医院	74	74	–	–	–
5. 专科医院	762	603	25	54	80
#肿瘤医院	200	200	–	–	–
耳鼻喉科医院	48	48	–	–	–
精神病医院	351	351	–	–	–
口腔医院	28	–	–	–	28
儿童医院	29	–	–	–	29
二、疗养院	**14**	**12**	**–**	**2**	**–**
三、卫生院	**78**	**78**	**–**	**–**	**–**
四、门诊部	**206**	**–**	**–**	**206**	**–**
五、急救中心(站)	**6**	**6**	**–**	**–**	**–**
六、采血机构	**28**	**28**	**–**	**–**	**–**
七、妇幼保健院(所、站)	**283**	**283**	**–**	**–**	**–**
#妇幼保健院	255	255	–	–	–
八、专科疾病防治院(所、站)	**82**	**82**	**–**	**–**	**–**
#专科病防治院	41	41	–	–	–
九、疾病预防控制中心	**158**	**158**	**–**	**–**	**–**
十、诊所、卫生所、医务室	**633**	**–**	**–**	**–**	**633**
十一、其他卫生机构	**19**	**19**	**–**	**–**	**–**

注:含个体诊所、卫生所、医务室。

卫生机构、床

NUMBER OF HEALTH CARE INWTITUTIONS

14－2

（2007

类别	机构数（个）	床位数（张）	卫生机构人员（人）	卫生技术人员（人）	执业医师
总计	**85**	**3596**	**4644**	**3700**	**1451**
一、医院合计	**30**	**3057**	**3549**	**2826**	**1027**
1. 综合医院	13	1565	2191	1779	665
2. 中医院	2	140	203	165	72
3. 中西医结合医院	1	30	56	46	29
4. 民族医院	1	84	84	74	28
5. 专科医院	13	1238	1015	762	233
#肿瘤医院	1	184	286	200	68
耳鼻喉科医院	1	40	62	48	17
精神病医院	2	840	450	351	73
口腔医院	1	–	40	28	12
儿童医院	1	25	38	29	12
二、疗养院	**3**	**181**	**39**	**14**	**5**
三、卫生院	**4**	**111**	**89**	**78**	**34**
四、门诊部	**38**	**87**	**235**	**206**	**114**
五、急救中心（站）	**1**	**–**	**20**	**6**	**2**
六、采血机构	**1**	**–**	**37**	**28**	**4**
七、妇幼保健院（所、站）	**2**	**110**	**339**	**283**	**116**
#妇幼保健院	1	110	306	255	98
八、专科疾病防治院（所、站）	**2**	**50**	**94**	**82**	**30**
#专科病防治院	1	20	53	41	16
九、疾病预防控制中心	**2**	**–**	**192**	**158**	**102**
十、其他卫生机构	**2**	**–**	**50**	**19**	**17**

注：不含个体诊所、卫生所、医务室。

位、人员数

BEDS AND PERSONNEL(END OF 2007)

年末)

执业助理医师	注册护士	药剂人员	技师(士)	其他	其他技术人员	管理人员	工勤人员
51	**1444**	**281**	**248**	**225**	**270**	**358**	**316**
30	**1222**	**222**	**170**	**155**	**224**	**239**	**260**
6	803	120	119	66	125	121	166
5	51	28	8	1	12	13	13
–	10	7	–	–	4	6	–
6	14	15	5	6	2	6	2
13	344	52	38	82	81	93	79
2	79	17	15	19	48	18	20
–	17	7	2	5	4	4	6
9	204	16	17	32	15	47	37
–	12	–	–	4	7	5	–
–	5	4	2	6	–	5	4
–	**7**	**2**	**–**	**–**	**9**	**8**	**8**
1	**24**	**8**	**2**	**9**	**–**	**10**	**1**
5	**44**	**23**	**11**	**9**	**5**	**24**	**–**
3	**–**	**–**	**–**	**1**	**2**	**1**	**11**
–	**11**	**–**	**9**	**4**	**3**	**4**	**2**
2	**107**	**15**	**19**	**24**	**6**	**34**	**16**
–	107	14	16	20	6	29	16
3	**17**	**11**	**10**	**11**	**1**	**8**	**3**
–	10	9	6	–	1	8	3
7	**12**	**–**	**27**	**10**	**7**	**18**	**9**
–	**–**	**–**	**–**	**2**	**13**	**12**	**6**

业余体校情况

SITUATION OF PART – TIME SPORTS TRAINING SCHOOL

14 – 3

项　　目	单位	2007 年	项　　目	单位	2007 年
一、职工总数	**人**	**15**	**三、延边州体育运动学校**	**人**	**207**
管理人员	人	2	足球	人	65
专职教练	人	6	**四、分项目业余休校学生**	**人**	158
其他人员	人	7	足球	人	100
二、经费收支情况			民族体育项目	人	**20**
收入总额	万元	130	速滑	人	20
#财政拨款	万元	126	射箭	人	18

体育场地分类情况

STADIUM ASSORT(END OF 2007)

14 – 4　　(2007 年末)　　单位:个

类　　别	合计	学校	体育系统	工矿	农村	其它
总计	**447**	**241**	**15**	**20**	**77**	**124**
篮球	130	92	2	8	17	11
排球	95	69	3	4	16	3
足球	11	1	5	–	–	5
门球	64	6	–	1	28	29
台球	26	–	–	–	–	26
网球	30	20	–	4	–	6
体育场	1	–	1	–	–	–
体育馆	1	–	1	–	–	–
运动场	88	53	3	–	16	16
游泳池	5	–	–	3	–	2
保龄球馆	2	–	–	–	–	2
高尔夫球场	1	–	–	–	–	1
健身房	10	–	–	–	–	10
乒乓球馆	9	–	–	–	–	9
田径场	4	–	–	–	–	4

注:网球与门球场地按片计算。

15. 2007年全省县(市)及朝阳川镇概况

CHAPTER 15 INTRODUCTION TO CITIES AND COUNTIES OF THE PROVINCE AND CHAOYANGCHUAN TOWN FOR THE YEAR 2007

延吉市社会经济主要指标占全州比重

PERCENTAGE IN THE AUTONOMOUS STATE OF YANJIS
MAIN ECONMIC INDICATORS

15－1

指　　标	单位	2007 年		占全州比重(%)			
		全州	延吉市	2004年	2005年	2006年	2007年
年末总人口	万人	218.0	43.6	19.0	19.3	19.7	20.0
#朝鲜族人口	万人	80.8	25.1	29.3	29.8	30.5	31.1
年末全部从业人员	万人	86.3	19.5	18.9	20.9	21.3	22.6
#在岗职工	万人	24.0	7.2	26.8	29.0	29.2	30.0
土地面积	平方公里	42700	1350.2	3.2	3.2	3.2	3.2
地区生产总值	亿元	307.4	115.2	32.2	35.2	37.2	37.5
第一产业	亿元	39.0	2.2	5.0	5.7	5.7	5.7
第二产业	亿元	137.7	48.1	34.3	35.7	36.9	35.0
#工业	亿元	117.1	42.5	32.9	35.8	37.3	36.3
第三产业	亿元	130.7	64.8	40.4	44.3	47.0	49.6
规模以上工业产值	亿元	259.8	85.3	29.7	32.9	34.2	32.8
规模以上工业企业利税总额	亿元	44.7	23.8	58.7	64.5	62.5	53.2
农业总产值	亿元	66.2	3.5	4.8	5.0	5.0	5.3
固定资产投资总额	亿元	284.6	85.0	27.8	27.7	27.5	29.9
年末固定电话用户	万户	101.9	42.8	32.1	32.3	33.5	42.0
公路货运量	万吨	3288	700	20.9	21.1	21.5	21.3
公路客运量	万人	3530	806	22.4	22.2	22.4	22.8
社会消费品零售总额	亿元	142.5	69.9	41.2	41.3	45.7	49.1
财政收入	亿元	54.3	25.8	27.2	26.0	25.4	47.5
财政支出	亿元	77.9	12.5	15.3	15.1	16.4	16.0
居民储蓄年末余额(人民币)	亿元	349.2	140.8	42.3	41.9	39.5	40.3
医疗卫生技术人员	人	10494	4333	31.8	33.6	34.6	41.3
#执业医师	人	4004	1451	30.5	31.9	35.9	36.2
医疗卫生床位数	张	8296	3592	38.9	41.0	42.2	43.3
高校在校生数	万人	2.1	1.9	100	100	100	90.5
中专在校生数	万人	0.6	0.6	85.7	100	100	100
普通中学在校生数	万人	11.4	2.9	24.4	24.8	25.4	25.4
小学在校生数	万人	10.4	2.6	21.1	22.4	23.9	25.0

2007年吉林省县(市)主要经济指标

2007 MAIN ECONOMIC INDEX OF COUNTIES(CITIES) OF JILIN PROVINCE

15－2 （初步统计数）

县(市)名	总人口(万人)	地区生产总值(万元)	#第二产业(万元)	#第三产业(万元)	财政总收入(万元)	#地方财政收入(万元)	社会消费品零售总额(万元)	在岗职工平均工资(元)	农民人均纯收入(元)
双阳区	38.6	710838	276653	316238	75705	9534	192201	15697	4378
农安县	108	1486540	375593	580756	136523	25533	379143	13869	4362
九台市	70.4	1204806	438487	535125	153502	35920	381024	13407	4354
榆树市	127.6	1493502	285955	697529	162891	25753	388967	14070	4487
德惠市	81.8	1484813	465374	555232	130610	22954	399391	12401	4525
永吉县	39.3	423047	115278	201989	66093	14283	27191	18875	4284
蛟河市	45.5	619382	195792	223305	92936	19805	46049	16158	4466
桦甸市	45.6	836371	375727	224824	97937	32829	59970	18254	4451
舒兰市	65.9	628320	96522	250656	113860	16373	7218	13970	4356
磐石市	54.1	1911161	1051689	584150	115914	45291	36262	18669	4488
梨树县	78.7	1028703	253790	245151	115149	11749	197760	12396	4339
伊通自治县	47.4	531798	106556	204304	75887	11327	158620	15275	4065
公主岭市	106.9	1425024	340852	494587	136204	30089	502172	13597	4382
双辽市	41.4	667024	293078	180280	85374	20102	207398	16010	4075
东丰县	40.2	460038	171128	136200	76267	10979	129030	14289	4301
东辽县	35.4	390928	169991	85399	74135	10177	72339	14856	4273
通化县	24.5	375350	220722	107565	61855	19456	96512	14018	4239
辉南县	35.8	399595	164330	138082	69687	18073	138285	12985	4500
柳河县	36.8	331901	130169	90993	69123	11226	132067	13189	3953
梅河口市	61.9	975985	394230	417086	116086	35861	358293	17809	4537
集安市	22.5	352713	167203	134809	60992	12824	108436	15725	4264
抚松县	30.2	487508	182966	175859	86159	19907	157455	15436	4955
靖宇县	14.5	184084	93725	58532	56126	7525	67658	16925	2279
长白自治县	8.4	131653	44797	54333	47881	7284	33974	17851	3961
江源县	25.4	445292	242126	155260	72299	16410	101180	16318	4479
临江市	17.6	300476	133160	120717	59426	12072	111740	15814	4474
前郭自治县	57.7	1706784	966088	378608	137850	51617	500513	20221	4388
长岭县	62.5	631206	176949	181655	104642	10200	277999	14188	3501
乾安县	30.3	601711	409261	118970	93041	36368	119443	17852	3508
扶余县	77.5	833174	233412	288762	86159	19907	311462	11860	3968
镇赉县	29.4	372860	198072	68381	83300	17900	83580	17204	2613
通榆县	36.5	289656	89092	103461	80411	8945	105665	11173	2274
洮南市	43.6	401209	135112	132131	82597	9854	120256	15242	3461
大安市	42.1	405922	176384	151141	104050	20634	126362	15541	2353
延吉市	43.6	1151927	481296	648378	257708	102848	699310	22601	6131
图们市	13.2	156732	78300	69188	49217	9088	59024	15723	3850
敦化市	48.3	625658	240907	233297	117790	38014	331665	12570	4918
珲春市	21.9	405376	253403	120473	80724	30054	119026	17870	4043
龙井市	24.1	189045	68260	80940	75613	18029	60211	16633	2300
和龙市	20.6	195024	81998	73576	65588	11879	54664	12748	2825
汪清县	24.7	207340	69300	83371	59317	9394	63917	11898	2332
安图县	21.6	231277	79031	106898	57216	11278	56995	13271	2890

2007年朝阳川镇主要经济指标

MAIN ECONOMIC INDEXES OF CHAOYANGCHUAN TOWN FOR YEAR(2007)

15－3

指　标	单位	2007年
一、乡镇基本情况		
乡镇行政区域面积	公顷	39300
乡镇总人口	人	52131
乡镇总户数	户	17496
居民委员会个数	个	5
村民委员会个数	个	20
年末常用耕地面积	公顷	8780
年末有效灌溉面积	公顷	2935
乡镇用电量	万千瓦时	5809
朝阳川生产总值	亿元	4
固定资产投资完成额	万元	4689
社会消费品零售额	万元	12946
二、农业生产情况		
农林牧渔服务业总产值	万元	15219
农作物总播种面积	公顷	10065
粮食总产量	吨	63368
肉类总产量	吨	2821
农村用电量	千瓦小时	4753
三、工业		
规模以上企业数	个	6
工业总产值	万元	39518
#村办个体	万元	493
工业增加值	万元	12913
利润总额	万元	2896
利税总额	万元	3712
资产合计	万元	18137
从业人员年平均人数	人	898
四、从业人员及工资		
纳入劳动工资统计的单位个数	个	41
单位从业人员	人	1531
#在岗职工	人	1392
#专业技术人员	人	672
从业人员劳动报酬总额	千元	23962
#在岗职工工资总额	千元	23193

15－3 续表

指　　标	单位	2007 年
从业人员年平均劳动报酬	元	15479
#在岗职工年平均工资	元	16426
五、基本单位情况		
法人单位数	个	159
产业活动单位数	个	199
2004 年经济普查个体户数	户	1254
六、财政收支与债务		
财政总收入	万元	3357
#一般预算收入	万元	1575
财政支出	万元	1376
年末资产总额	万元	311
年末债务总额	万元	285
#当年负债	万元	28
七、科技、文教、卫生		
农技推广服务机构	个	6
农技推广服务从业人员	人	53
小学校总数	个	4
小学在校学生总数	人	1742
小学教师总数	人	222
中学在校学生总数	人	1532
中学教师总数	人	203
幼儿园、托儿所	个	7
图书馆、文化站	个	1
医院、卫生院	个	3
医生数	人	55
病床数	床	50
八、生活质量、社会福利		
居民储蓄存款余额	万元	22300
农民人均纯收入	元	2048
刑事案件立案数	件	108
敬老院、福利院	个	3
#现收养人数	人	182
参加农村新型合作医疗	人	15647
享受居民最低生活保障	人	5786

三

附录

APPENDIX

主要统计指标解释

EXPLANATORY NOTES ON MAIN STATISTICAL INDICATORS

主要统计指标解释

行政区划及自然资源

行政区划 指国家对行政区域的划分。根据宪法规定，我国的行政区域划分如下：⑴全国分为省、自治区、直辖市；⑵省、自治区分为自治州、县、自治县、市；⑶自治州分为县、自治县、市；⑷县、自治县分为乡、民族乡、镇；⑸直辖市和较大的市分为区、县；⑹国家在必要时设立的特别行政区。

自然资源 指人类可以直接从自然界获得，并用于生产和生活的物质资源。自然资源一般可以分成可再生资源和非再生资源两大类。可再生资源指在较短时间内可以再生、可以循环利用的资源，包括土地资源、水资源、气候资源、生物资源和海洋资源等。非再生资源指在使用后不能再生的资源，包括矿产资源和地热能源。

耕地面积 指经过开垦用以种植农作物并经常进行耕耘的土地面积。包括种有作物的土地面积、休闲地、新开荒地和抛荒未满三年的土地面积。

草地面积 指牧区和农区用于放牧牲畜或割草，植被盖度在5%以上的草原、草坡、草山等面积。包括天然的和人工种植或改良的草地面积。

森林面积 指由乔木树种构成，郁闭度0.2以上（含0.2）的林地或冠幅宽度10米以上的林带的面积，即有林地面积。森林面积包括天然起源和人工起源的针叶林面积、阔叶林面积、针阔混交林面积和竹林面积，不包括灌木林地面积和疏林地面积。

森林蓄积量 指一定森林面积上存在着的林木树干部分的总材积。它是反映一个国家或地区森林资源总规模和水平的基本指标之一，也是反映森林资源的丰富程度、衡量森林生态环境优劣的重要依据。

森林覆盖率 指一个国家或地区森林面积占土地总面积的百分比。森林覆盖率是反映森林资源的丰富程度和生态平衡状况的重要指标。在计算森林覆盖率时，森林面积包括郁闭度0.2以上的乔木林地面积和竹林地面积，国家特别规定的灌木林地面积、农田林网以及四旁（村旁、路旁、水旁、宅旁）林木的覆盖面积。计算公式为：

森林覆盖率（%）= 森林面积/土地总面积×100%

水资源 水在自然界中以固体、液体和气态三种聚集状态存在，分布于海洋、陆地（包括土壤）以及大气之中，通过水循环形成水资源。水资源包括经人类控制并直接可供灌溉、发电、给水、航运、养殖等用途的地表水和地下水，以及江河、湖泊、井、泉、潮汐、港湾和养殖水域等。水资源是发展国民经济不可缺少的重要自然资源。

矿产资源 矿产指由地质作用形成，富集于地壳中或出露于地表达到工农业利用要求的有用矿物。矿产是一种重要的自然资源，是社会发展的重要物质基础。

矿产保有储量 指探明的矿产储量（包括工业储量和远景储量），扣除已开采部分和地下损失量后的年末实有储量。

相对湿度 指空气中实际所含水蒸气密度和同温度下饱和水蒸气密度的百分比值。

降水量 指从天空降落到地面的液态或固态（经融化后）水，未经蒸发、渗透、流失而在地面上积聚的深度。其统计计算方法为：

月降水量 是将全月各日的降水量累加而得。

年降水量 是将12个月的月降水量累加而得。

日照时数 指太阳实际照射地面的时间。其统计方法与降水量相同。

综 合

地区(国内)生产总值 指一个地区(国家)所有常住单位在一定时期内生产活动的最终成果。

地区(国内)生产总值有三种表现形态,即价值形态、收入形态和产品形态。从价值形态看,它是所有常住单位在一定时期内生产的全部货物和服务价值超过同期中间投入的全部非固定资产货物和服务价值的差额,即所有常住单位的增加值之和;从收入形态看,它是所有常住单位在一定时期内创造并分配给常住单位和非常住单位的初次收入分配之和;从产品形态看,它是所有常住单位在一定时期内最终使用的货物和服务价值与货物和服务净出口价值之和。在实际核算中,地区(国内)生产总值有三种计算方法,即生产法、收入法和支出法。三种方法分别从不同的方面反映地区生产总值及其构成。

三次产业 是根据社会生产活动历史发展的顺序对产业结构的划分,产品直接取自自然界的部门称为第一产业,对初级产品进行再加工的部门称为第二产业,为生产和消费提供各种服务的部门称为第三产业。它是世界上较为通用的产业结构分类,但各国的划分不尽一致。

我国的三次产业划分根据《国民经济行业分类》(GB/T4754—2002)规定:

第一产业 农林牧渔业(包括种植业、林业、牧业、渔业和农林牧渔服务业)。

第二产业 工业(包括采矿业,制造业,电力、燃气及水的生产和供应业)和建筑业。

第三产业 是指除第一、二产业以外的其他行业。第三产业包括:交通运输、仓储和邮政业,信息传输、计算机服务和软件业,批发和零售业,住宿和餐饮业,金融业,房地产业,租赁和商务服务业,科学研究、技术服务和地质勘查业,水利、环境和公共设施管理业,居民服务和其他服务业,教育,卫生、社会保障和社会福利业,文化、体育和娱乐业,公共管理和社会组织,国际组织。

最终消费 指常住单位在一定时期内对于货物和服务的全部最终消费支出,也就是常住单位为满足物质、文化和精神生活的需要,从本国经济领土和国外购买的货物和服务的支出;不包括非常住单位在本国经济领土内的消费支出。最终消费分为居民消费和政府消费。

劳动者报酬 指劳动者因从事生产活动所获得的全部报酬。包括劳动者获得的各种形式的工资、奖金和津贴,既包括货币形式的,也包括实物形式的;还包括劳动者所享受的公费医疗和医药卫生费、上下班交通补贴和单位支付的社会保险费等。对于个体经济来说,其所有者所获得的劳动报酬和经营利润不易区分,这两部分统一作为劳动者报酬处理。

当年价格(现价) 指报告期当年的实际价格,如:工业品的出厂价格、农产品的收购价格、商品的零售价格等。用当年价格计算的一些以货币表现的物量指标,如国内生产总值、工业总产值、农业总产值、农副产品收购总额和社会商品零售总额等,反映当年的实际情况,使国民经济指标互相衔接,便于考察社会经济效益,便于对生产、流通、分配、消费之间进行综合平衡。因此,当我们需要反映当年的实际收入情况时就应采用当年价格。可比价格 指计算各种总量指标所采用的扣除了价格变动因素的价格,可进行不同时期总量指标的对比。按可比价格计算总量指标有两种方法:一种是直接用产品产量乘某一年的不变价格计算;另一种是用价格指数进行缩减。

不变价格 指以同类产品某年的平均价格作为固定价格,用于计算各年的产品价值。按不变价格计算的产品价值消除了价格变动因素,不同时期对比可以反映生产的发展速度。新中国成立后,随着工农业产品价格水平的变化,国家统计局先后五次制定了全国统一的工业产品不变价格和农业产品不变价格。从1952

年到1957年使用1952年工(农)业产品不变价格,从1957年到1970年使用1957年不变价格,从1971年到1980年使用1970年不变价格,从1981年到1990年使用1980年不变价格,从1991年到2000年使用1990年不变价格,从2001年到2005年使用2000年不变价格,从2006年开始使用2005年不变价格。

平均增长速度 我国计算平均增长速度有两种方法:一种是习惯上经常使用的“水平法”,又称几何平均法,是以间隔期最后一年的水平同基期水平对比来计算平均每年增长(或下降)速度;另一种是“累计法”,又称代数平均法或方程法,是以间隔期内各年水平的总和同基期水平对比来计算平均每年增长(或下降)速度。在一般正常情况下,两种方法计算的平均每年增长速度比较接近;但在经济发展不平衡、出现大起大落时,两种方法计算的结果差别较大。

国有企业 指企业全部资产归国家所有,并按《中华人民共和国企业法人登记管理条例》规定登记注册的非公司制的经济组织。不包括有限责任公司中的国有独资公司。

集体企业 指企业资产归集体所有,并按《中华人民共和国企业法人登记管理条例》规定登记注册的经济组织。

股份合作企业 指以合作制为基础,由企业职工共同出资入股,吸收一定比例的社会资产投资组建,实行自主经营,自负盈亏,共同劳动,民主管理,按劳分配与按股分红相结合的一种集体经济组织。

联营企业 指两个及两个以上相同或不同所有制性质的企业法人或事业单位法人,按自愿、平等、互利的原则,共同投资组成的经济组织。联营企业包括国有联营企业、集体联营企业、国有与集体联营企业和其他联营企业。

有限责任公司 指根据《中华人民共和国公司登记管理条例》规定登记注册,由两个以上、五十个以下的股东共同出资,每个股东以其所认缴的出资额对公司承担有限责任,公司以其全部资产对其债务承担责任的经济组织。有限责任公司包括国有独资公司以及其他有限责任公司。

股份有限公司 指根据《中华人民共和国公司登记管理条例》规定登记注册,其全部注册资本由等额股份构成并通过发行股票筹集资本,股东以其认购的股份对公司承担有限责任,公司以其全部资产对其债务承担责任的经济组织。

私营企业 指由自然人投资设立或由自然人控股,以雇佣劳动为基础的营利性经济组织。包括按照《公司法》、《合伙企业法》、《私营企业暂行条例》规定登记注册的私营有限责任公司、私营股份有限公司、私营合伙企业和私营独资企业。

其他企业 指上述企业之外的其他内资经济组织。

中外合资经营企业 指外国企业或外国人与中国内地企业依照《中华人民共和国中外合资经营企业法》及有关法律的规定,按合同规定的比例投资设立、分享利润和分担风险的企业。

中外合作经营企业 指外国企业或外国人与中国内地企业依照《中华人民共和国中外合作经营企业法》及有关法律的规定,依照合作合同的约定进行投资或提供条件设立、分配利润和分担风险的企业。

外资企业 指依照《中华人民共和国外资企业法》及有关法律的规定,在中国内地由外国投资者全额投资设立的企业。

外商投资股份有限公司 指根据国家有关规定,经外经贸部依法批准设立,其中外资的股本占公司注册资本的比例达25%以上的股份有限公司。凡其中外资股本占公司注册资本的比例小于25%的,属于内资企业中的股份有限公司。

人口和职工工资

人口数 指一定时点、一定地区范围内的有生命的个人的总和。年度统计的年末人口数指每年12月31日24时的人口数。年度统计的全国人口总数内未包括台湾省和港澳同胞以及海外华侨人数。**城镇人口和乡村人口** 其定义有三种口径:

第一种口径(按行政建制)

城镇人口 是指市辖区内和县辖镇的全部人口;

乡村人口 是指县辖乡人口。

第二种口径(按常住人口划分)

城镇人口 是指设区的市的区人口和不设区的市所辖的街道人口以及不设区的市所辖镇的居民委员会人口和县辖镇的居民委员会人口;

乡村人口 是除上述两种人口以外的全部人口。

第三种口径

城乡人口的划分是按照国家统计局1999年发布的《关于统计上划分城乡的规定(试行)》计算的。

1952-1980年数据为第一种口径的数据,1982-1999年的数据为第二种口径的数据。2000年人口普查数据的城乡人口的划分是按照国家统计局1999年发布的《关于统计上划分城乡的规定(试行)》计算的。

出生率(又称粗出生率) 指在一定时期内(通常为一年)一定地区的出生人数与同期内平均人数(或期中人数)之比。一般用千分率表示。本资料中的出生率指年出生率,其计算公式为:

出生率=年出生人数/年平均人数×1000

式中:出生人数指活产婴儿,即胎儿脱离母体时(不管怀孕月数),有过呼吸或其他生命现象。年平均人数指年初、年底人口数的平均数,也可用年中人口数代替。

死亡率(又称粗死亡率) 指在一定时期内(通常为一年)一定地区的死亡人数与同期内平

均人数(或期中人数)之比,一般用千分率表示。本资料中的死亡率指年死亡率,其计算公式为:

死亡率=年死亡人数/年平均人数×1000

人口自然增长率 指在一定时期内(通常为一年)人口自然增加数(出生人数减死亡人数)与该时期内平均人数(或期中人数)之比,一般用千分率表示。计算公式为:

人口自然增长率=本年出生人数-本年死亡人数/年平均人数×1000

经济活动人口 指在16岁以上,有劳动能力,参加或要求参加社会经济活动的人口;包括就业人员和失业人员。

就业人员 指从事一定社会劳动并取得劳动报酬或经营收入的人员,包括在岗职工、再就业的离退休人员、私营业主、个体户主、私营和个体就业人员、乡镇企业就业人员、农村就业人员、其他就业人员(包括民办教师、宗教职业者、现役军人等)。这一指标反映了一定时期内全部劳动力资源的实际利用情况,是研究我国基本国情国力的重要指标。

各单位的就业人员 指在各级国家机关、政党机关、社会团体及企业、事业单位中工作,取得工资或其他形式的劳动报酬的全部人员。包括在岗职工、再就业的离退休人员、民办教师以及在各单位中工作的外方人员和港澳台方人员、兼职人员、借用的外单位人员和第二职业者。不包括离开本单位仍保留劳动关系的职工。各单位的就业人员反映了各单位实际参加生产或工作的全部劳动力。

城镇私营和个体就业人员 城镇私营就业人员指在工商管理部门注册登记,其经营地址设在县城关镇(含城关镇)以上的私营企业就业人员;包括私营企业投资者和雇工。城镇个体就业人员指在工商管理部门注册登记,并持有城镇户口或在城镇长期居住,经批准从事个体工商经营的就业人员;包括个体经营者和在个体工商户劳动的家庭帮工和雇工。

城镇登记失业人员 指有非农业户口,在一定的劳动年龄内,有劳动能力,无业而要求就业,并在当地就业服务机构进行求职登记的人员。

城镇登记失业率 指城镇登记失业人数同城镇单位就业人数、城镇私营企业及个体就业人数和城镇登记失业人数之和的比。计算公式为:

城镇登记失业率 = 城镇登记失业人数/城镇单位就业人数 + 城镇私营企业及个体就业人数 + 城镇登记失业人数 ×100%

职工 指在国有经济、城镇集体经济、联营经济、股份制经济、外商和港、澳、台投资经济、其他经济单位及其附属机构工作,并由其支付工资的各类人员,不包括返聘的离退休人员、民办教师、在国有经济单位工作的外方人员和港、澳、台人员(1998 年以后的数据均为在岗职工数据,其他相关指标如职工工资总额,职工平均工资等指标也从 1998 年按此口径进行了相应调整)。

国有单位职工 指在国有经济单位及其附属机构工作,并由其支付工资的各类人员。

城镇集体单位职工 指在城镇集体经济单位及其管理部门工作,并由其支付工资的各类人员。

其他单位职工 指在联营经济、股份制经济、外商投资经济、港、澳、台投资经济单位工作,并由其支付工资的各类人员。

在岗职工 指在本单位工作并由单位支付工资的人员,以及有工作岗位,但由于学习、病伤产假等原因暂未工作,仍由单位支付工资的人员。

职工工资总额 指各单位在一定时期内直接支付给本单位全部职工的劳动报酬总额。工资总额的计算原则应以直接支付给职工的全部劳动报酬为根据。各单位支付给职工的劳动报酬以及其他根据有关规定支付的工资,不论是计入成本的还是不计入成本的,不论是按国家规定列入计征奖金税项目的,还是未列入计征奖金税项目的,不论是以货币形式支付的还是以实物形式支付的,均包括在工资总额内。

职工平均工资 指企业、事业、机关单位的职工在一定时期内平均每人所得的货币工资额。它表明一定时期职工工资收入的高低程度,是反映职工工资水平的主要指标。计算公式为:

职工平均工资 = 报告期实际支付的全部职工工资总额/报告期全部职工平均人数

专业技术人员 指从事专业技术工作的人员以及从事专业技术管理工作且已在 1983 年以前评定了专业技术职称或在 1984 年以后聘任了专业技术职务的人员。

专业技术人员具体指工程技术人员、农业技术人员、科研人员(自然科学研究、社会科学研究及实验技术人员)、卫生技术人员、教学人员(含高等院校、中等专业学校、技工学校、中学、小学)、民用航空飞行技术人员、船舶技术人员、经济人员、会计人员、统计人员、翻译人员、图书资料、档案、文博人员、新闻、出版人员、律师、公证人员、广播电视播音人员、工艺美术人员、体育人员、艺术人员及政工人员。

专业技术管理人员 具体指企业、事业单位的领导;企业、事业单位下设的职能机构、企业的生产车间和辅助车间(或附属辅助生产单位)中从事生产、技术、经济管理和政治工作人员。

按照公务员管理或参照公务员管理的人员不统计为专业技术人员。

固定资产投资

全社会固定资产投资 即固定资产投资额是以货币表现的建造和购置固定资产活动的工作量,它是反映固定资产投资规模、速度、比例关系和使用方向的综合性指标。全社会固定资产投资按登记注册类型可分为国有、集体、个体、联营、股份制、外商、港澳台商、其他等。按照管理渠道,全社会固定资产投资总额分为基本建设、更新改造、房地产开发投资和其他固定资产投资四个部分。

基本建设投资 基本建设指企业、事业、行政单位以扩大生产能力或工程效益为主要目的的新建、扩建工程及有关活动。其综合范围为总投资50万元以上(含50万元,下同)的基本建设项目。具体包括:(1)列入中央和各级地方本年基本建设计划的建设项目,以及虽未列入本年基本建设计划,但使用以前年度基建计划内结转投资(包括利用基建库存设备材料)在本年继续施工的建设项目;(2)本年基本建设计划内投资与更新改造计划内投资结合安排的新建项目和新增生产能力(或工程效益)达到大中型项目标准的扩建项目,以及为改变生产力布局而进行的全厂性迁建项目;(3)国有单位既未列入基建计划,也未列入更新改造计划的总投资在50万元以上的新建、扩建、恢复项目和为改变生产力布局而进行的全厂性迁建项目,以及行政、事业单位增建业务用房和行政单位增建生活福利设施的项目。

更新改造投资 更新改造指企业、事业单位对原有设施进行固定资产更新和技术改造,以及相应配套的工程和有关活动(不包括大修理和维护工程)。其综合范围为总投资50万元以上的更新改造项目。具体包括:(1)列入中央和各级地方本年更新改造计划的投资单位(项目)和虽未列入本年更新改造计划,但使用上年更新改造计划内结转的投资在本年继续施工的项目;(2)本年更新改造计划内投资与基本建设计划内投资结合安排的对企、事业单位原有设施进行技术改造或更新的项目和增建主要生产车间、分厂等其新增生产能力(或工程效益)未达到大中型项目标准的项目,以及由于城市环境保护和安全生产的需要而进行的迁建工程;(3)国有企、事业单位既未列入基建计划也未列入更新改造计划,总投资在50万元以上的属于改建或更新改造性质的项目,以及由于城市环境保护和安全生产的需要而进行的迁建工程。

房地产开发投资 指房地产开发公司、商品房建设公司及其他房地产开发法人单位和附属于其他法人单位实际从事房地产开发或经营的活动单位统一开发的包括统代建、拆迁还建的住宅、厂房、仓库、饭店、宾馆、度假村、写字楼、办公楼等房屋建筑物和配套的服务设施,土地开发工程(如道路、给水、排水、供电、供热、通讯、平整场地等基础设施工程)的投资;不包括单纯的土地交易活动。

其他固定资产投资 指全社会固定资产投资中未列入基本建设、更新改造和房地产开发投资的建造和购置固定资产的活动。具体包括:

(1)国有单位按规定不纳入基本建设计划和更新改造计划管理,计划总投资(或实际需要总投资)在50万元以上的以下工程:①用油田维护费和石油开发基金进行的油田维护和开发工程;②煤炭、铁矿、森工等采掘采伐业用维简费进行的开拓延伸工程;③交通部门用公路养路费对原有公路、桥梁进行改建的工程;④商业部门用简易建筑费建造的仓库工程。

(2)城镇集体固定资产投资:指所有隶属城市、县城(城关镇)领导的集体单位(乡镇企业局管理的除外)建造和购置固定资产计划总投资(或实际需要总投资)在50万元及50万元以上,未列入基本建设和更新改造计划的单位(项目)投资。

(3)除上述以外的其他各种企、事业单位、个体建造和购置固定资产总投资在50万元及50万元以上的、未列入基本建设计划和更新改造计划的单位(项目)。

(4)城镇和工矿区私人建房投资:包括市、县城、城关镇、工矿区所辖范围内的全部私人建房,不论其房主是否系本地的常住户口均应包括。

(5)农村投资:包括农村区域范围内进行固定资产投资活动的企业及农村个人投资。

施工项目 指报告期内曾进行建筑或安装工程施工活动的建设项目,包括报告期内新开工项目、报告期以前开工跨入报告期继续施工的项目以及报告期施过工并在报告期内全部建成投产或停缓建的项目。

全部建成投产项目 工业项目是指设计文件规定形成生产能力的主体工程及其相应配套的辅助设施全部建成,经负荷试运转,证明具备生产设计规定合格产品的条件,并经过验收鉴定合格或达到竣工验收标准,与生产性工程配套的生活福利设施可以满足近期正常生产的需要,正式移交生产的建设项目。非工业项目是指设计文件规定的主体工程和相应的配套工程全部建成,能够发挥设计规定的全部效益,经验收鉴定合格或达到竣工验收标准,正式移交使用的建设项目。

新增生产能力 指通过固定资产投资活动而增加的设计能力或工程效益,它是用实物形态表示的固定资产投资的成果。新增生产能力的计算,是以能独立发挥生产能力或工程效益的单项工程(或项目)为对象。当单项工程(或项目)建成,经有关部门鉴定合格,正式移交投入生产,即可计算新增生产能力。

新增生产能力或工程效益有以下几种表现形式:

⑴以建设项目或单项工程建成后的年产能力表示,如煤炭开采、石油开采等。

⑵以建设项目或单项工程建成后处理原料的能力表示,如选矿工程的年处理矿石能力、洗煤厂年洗原煤能力等。

⑶以新增的主要设备数量或容量表示,如棉纺锭锭数、发电机组容量等。

⑷以建筑物容积、容量、面积或长度表示,如水库容量、铁路公路里程等。

新增生产能力的数量一般按设计能力计算。设计能力是指设计文件中规定的在正常情况下能够达到的生产能力,而不论投产后的实际产量如何。以设备数量、建筑物容积、面积、长度等表示的新增生产能力或工程效益,则按建成的实际数量计算。

房屋建筑面积 指从房屋外墙线算起的各层平面面积的总和,包括可供使用的有效面积和房屋结构(如柱、墙)占用的面积。多层建筑按各层(包括地下室)面积总和计算。

住宅建筑面积 指施工和竣工房屋建筑面积中供居住用的施工和竣工房屋建筑面积。

施工面积 指报告期内施工的全部房屋建筑面积。包括本期新开工的面积、上期跨入本期继续施工的房屋面积、上期停缓建在本期恢复施工的房屋面积、本期竣工的房屋面积及本期施工后又停缓建的房屋面积。

竣工面积 指在报告期内房屋建筑按照设计要求已全部完工,达到住人和使用条件,经验收鉴定合格,正式移交使用单位的建筑面积。

新增固定资产 指通过投资活动所形成的新的固定资产价值,包括已经建成投入生产或交付使用的工程价值和达到固定资产标准的设备、工具、器具的价值及有关应摊入的费用。它是以价值形式表示的固定资产投资成果的综合性指标,可以综合反映不同时期、不同部门、不同地区的固定资产投资成果。

固定资产交付使用率 指一定时期新增固定资产与同期完成投资额的比率。它是反映各个时期固定资产动用速度,衡量建设过程中投资效果的一个综合性指标。

能源生产和消费

能源生产总量 指一定时期内全国一次能源生产量的总和,是观察全国能源生产水平、规模、构成和发展速度的总量指标。一次能源生产量包括原煤,原油,天然气,水电、核能及其他动力能(如风能、地热能等)发电量,不包括低热值燃料生产量、生物质能、太阳能等的利用和由一次能源加工转换而成的二次能源产量。

能源消费总量 指一定时期内全国物质生产部门、非物质生产部门和生活消费的各种能源的总和,是观察能源消费水平、构成和增长速度的总量指标。能源消费总量包括原煤和原油及其制品、天然气、电力,不包括低热值燃料、生物质能和太阳能等的利用。能源消费总量分为终端能源消费量、能源加工转换损失量和损失量三部分。

(1)终端能源消费量:指一定时期内全国生产和生活消费的各种能源在扣除了用于加工转换二次能源消费量和损失量以后的数量。

(2)能源加工转换损失量:指一定时期内全国投入加工转换的各种能源数量之和与产出各种能源产品之和的差额,是观察能源在加工转换过程中损失量变化的指标。

(3)能源损失量:指一定时期内能源在输送、分配、储存过程中发生的损失和由客观原因造成的各种损失量,不包括各种气体能源放空、放散量。

能源加工转换效率 指一定时期内能源经过加工、转换后,产出的各种能源产品的数量与同期内投入加工转换的各种能源数量的比率。它是观察能源加工转换装置和生产工艺先进与落后、管理水平高低等的重要指标。计算公式为:

能源加工转换效率 = 能源加工、转换产出量/能源加工、转换投入量 ×100%

财政、金融、保险

财政收入 指国家财政参与社会产品分配所取得的收入,是实现国家职能的财力保证。财政收入所包括的内容几经变化,目前主要包括:

(1)各项税收:包括增值税、营业税、消费税、土地增值税、城市维护建设税、资源税、城市土地使用税、印花税、个人所得税、企业所得税、关税、农牧业税和耕地占用税等。

(2)专项收入:包括征收排污费收入、征收城市水资源费收入、教育费附加收入等。

(3)其他收入:包括基本建设贷款归还收入、基本建设收入、捐赠收入等。

(4)国有企业亏损补贴:这项为负收入,冲减财政收入。

财政支出 国家财政将筹集起来的资金进行分配使用,以满足经济建设和各项事业的需要,主要包括:

(1)基本建设支出:指按国家有关规定,属于基本建设范围内的基本建设有偿使用、拨款、资本金支出以及经国家批准对专项和政策性基建投资贷款,在部门的基建投资额中统筹支付的贴息支出。

(2)企业挖潜改造资金:指国家预算内拨给的用于企业挖潜、革新和改造方面的资金。包括各部门企业挖潜改造资金和企业挖潜改造贷款资金,为农业服务的县办"五小"企业技术改造补助,挖潜改造贷款利息支出。

(3)地质勘探费用:指国家预算用于地质勘探单位的勘探工作费用,包括地质勘探管理机构及其事业单位经费、地质勘探经费。

(4)科技三项费用：指国家预算用于科技支出的费用，包括新产品试制费、中间试验费、重要科学研究补助费。

(5)工业交通商业等部门的事业费：指国家预算支付给工交商各部门用于事业发展的经费，包括勘探设计费、中等专业学校经费、技术学校经费、干部训练费。

(6)文教科学卫生事业费：指国家预算用于文化、出版、文物、教育、卫生、中医、公费医疗、体育、档案、地震、海洋、通讯、电影电视、计划生育、党政群干部训练、自然科学、社会科学、科协等项事业的经费支出和高技术研究专项经费。主要包括工资、补助工资、福利费、离退休费、助学金、公务费、设备购置费、修缮费、业务费、差额补助费。

(7)抚恤和社会福利救济费：指国家预算用于抚恤和社会福利救济事业的经费。包括由民政部门开支的烈士家属和牺牲病残人员家属的一次性、定期抚恤金，革命伤残人员的抚恤金，各种伤残补助费，烈军属、复员退伍军人生活补助费，退伍军人安置费，优抚事业单位经费，烈士纪念建筑物管理、维修费，自然灾害救济事业费和特大自然灾害灾后重建补助费等。

(8)国防支出：指国家预算用于国防建设和保卫国家安全的支出，包括国防费、国防科研事业费、民兵建设以及专项工程支出等。

(9)行政管理费：包括行政管理支出，党派团体补助支出，外交支出，公安安全支出，司法支出，法院支出，检察院支出和公检法办案费用补助。

(10)价格补贴支出：指经国家批准，由国家财政拨给的政策性补贴支出。主要包括粮食加价款，粮、棉、油差价补贴，棉花收购价外奖励款，副食品风险基金，市镇居民的肉食价格补贴，平抑市价肉食、蔬菜价差补贴等以及经国家批准的教材课本、报刊新闻纸等价格补贴。

中央财政收入和地方财政收入 指按财政体制划分的中央本级收入和地方本级收入。1994 年分税制财政体制以后，属于中央财政的收入包括关税、海关代征消费税和增值税，消费税，中央企业所得税，地方银行和外资银行及非银行金融企业所得税，铁道、银行总行、保险总公司等集中缴纳的营业税、所得税、利润和城市维护建设税，增值税的75%部分，证券交易税(印花税)50%部分和海洋石油资源税。属于地方财政的收入包括营业税，地方企业所得税，个人所得税，城镇土地使用税，固定资产投资方向调节税，城镇维护建设税，房产税，车船使用税，印花税，屠宰税，农牧业税，农业特产税，耕地占用税，契税，增值税25%部分，证券交易税(印花税)50%部分和除海洋石油资源税以外的其他资源税。

中央财政支出和地方财政支出 指根据政府在经济和社会活动中的不同职责，划分中央和地方政府的责权，按照政府的责权划分确定的支出。中央财政支出包括国防支出，武装警察部队支出，中央级行政管理费和各项事业费，重点建设支出以及中央政府调整国民经济结构、协调地区发展、实施宏观调控的支出。地方财政支出主要包括地方行政管理和各项事业费，地方统筹的基本建设、技术改造支出，支援农村生产支出，城市维护和建设经费，价格补贴支出等。

预算外资金收支 预算外资金指国家机关、事业单位和社会团体为履行或代行政府职能，依据国家法律、法规和具有法律效力的规章而收取、提取和安排使用的未纳入国家预算管理的各种财政性资金。其范围主要包括：法律、法规规定的行政事业性收费、基金和附加收入等；国务院或省级人民政府及其财政、计划(物价)部门审批的行政事业性收费；国务院及财政部审批建立的基金、附加收入等；主管部门所属单位集中上缴资金；用于乡镇政府开支的乡自筹和乡统筹资金；其他未纳入预算管理的财政性资金。社会保障基金在国家财政尚未建立社会保障预算制度以前，先按预算外资金管理制度进行管理，专款专用。财政部门在银行开设统一的专户，用于预算外资金收入和支出管理。部门和单位的预算外收入必须上缴同级财政专户，支出由同级财政按预算外资金收支计划和单位财务收支计划统筹安排,从财政专户中拨付,实行收支两条线管理。

信贷资金 指金融机构以信用方式积聚和分配的货币资金。金融机构信贷资金的来源有各项存款、对国际金融机构负债、流通中货币、银行自有资金及当年结益等;信贷资金的运用有各项贷款、黄金占款、外汇占款、财政借款及在国际金融机构中的资产等。

存款 指企业、机关、团体或居民根据资金必须收回的原则,把货币资金存入银行或其他信用机构保管并取得一定利息的一种信用活动形式。根据存款对象的不同可划分为企业存款、财政存款、机关团体存款、基本建设存款、城镇储蓄存款、农村存款等科目。它是银行信贷资金的主要来源。

贷款 指银行或其他信用机构根据资金必须归还的原则,按一定利率,为企业、个人等提供资金的一种信用活动形式。我国银行贷款分为流动资金贷款、固定资产贷款、城乡个体工商户贷款以及农业贷款等科目。

保险公司 在中国境内的、经过保险监督部门批准设立,并依法登记注册的各类商业保险公司。

保险金额 指保险人承担赔偿或者给付保险金责任的最高限额。

保费 指投保人为取得保险人在约定范围内所承担赔偿责任而支付给保险人的费用。

赔款 指保险人根据保险合同的规定,向被保险人支付的赔偿保险责任损失的金额。

给付 包括死伤医疗给付和满期给付。死伤医疗给付是指保险人根据人寿保险及长期健康保险合同的规定,因被保险人在保险期内发生保险责任范围内的保险事故支付给被保险人(或受益人)的金额。满期给付是指被保险人生存期满,保险人按人寿保险合同规定支付给被保险人的满期保险金额。

物价指数

商品零售价格指数 是反映城乡商品零售价格变动趋势的一种经济指数。零售物价的调整变动直接影响到城乡居民的生活支出和国家的财政收入,影响居民购买力和市场供需平衡,影响消费与积累的比例。因此,计算零售价格指数,可以从一个侧面对上述经济活动进行观察和分析。

居民消费价格指数 是反映一定时期内城乡居民所购买的生活消费品价格和服务项目价格变动趋势和程度的相对数,是对城市居民消费价格指数和农村居民消费价格指数进行综合汇总计算的结果。利用居民消费价格指数,可以观察和分析消费品的零售价格和服务价格变动对城乡居民实际生活费支出的影响程度。

城市居民消费价格指数 是反映城市居民家庭所购买的生活消费品价格和服务项目价格变动趋势和程度的相对数。城市居民消费价格指数可以观察和分析消费品的零售价格和服务项目价格变动对职工货币工资的影响,作为研究职工生活和确定工资政策的依据。

农村居民消费价格指数 是反映农村居民家庭所购买的生活消费品价格和服务项目价格变动趋势和程度的相对数。农村居民消费价格指数可以观察农村消费品的零售价格和服务项目价格变动对农村居民生活消费支出的影响,直接反映农民生活水平的实际变化情况,为分析和研究农村居民生活问题提供依据。

工业品出厂价格指数 是反映全部工业产品出厂价格总水平的变动趋势和程度的相对数,包括工业企业售给本企业以外所有单位的各种产品和直接售给居民用于生活消费的产品。通过工业品出厂价格指数能观察出厂价格变动对工业总产值的影响。

固定资产投资价格指数 是反映固定资产投资价格变动趋势和程度的相对数。固定资产投资额是由建筑安装工程投资完成额、设备、工器具购置投资完成额和其他费用投资完成额三部分组成的。编制固定资产投资价格指数应首先分别编制上述三部分投资的价格指数，然后采用加权算术平均法求出固定资产投资价格总指数。

编制固定资产投资价格指数可以准确地反映固定资产投资中涉及的各类商品和取费项目价格变动趋势和变动幅度，消除按现价计算的固定资产投资指标中的价格变动因素，真实地反映固定资产投资的规模、速度、结构和效益，为国家科学地制定、检查固定资产投资计划并提高宏观调控水平，为完善国民经济核算体系提供科学的、可靠的依据。

房地产价格指数 包括房屋销售价格指数、房屋租赁价格指数和土地交易价格指数。这三套指数的计算方法相似，均采用由下到上逐级汇总的方法。即由细项到小类，由小类到中类，再由中类到大类，最后由大类汇出总指数。对没有细项或小类的部分，其起始类就是小类或中类。中类以下（含中类）指数采用样本资料作权数的加权调和平均公式计算，大类和总指数采用固定权数加权的算术平均公式计算。

人民生活

城市居民家庭全部收入 指被调查城市居民家庭全部的实际收入，包括经常或固定得到的收入和一次性收入。不包括周转性收入，如提取银行存款、向亲友借款、收回借出款以及其他各种暂收款。

城市居民家庭可支配收入 指被调查的城市居民家庭在支付个人所得税、记帐补贴、家庭副业生产支出后所余下的实际收入。

城市居民家庭消费性 指被调查的城市居民家庭用于日常生活的全部支出，包括购买商品支出和文化生活、服务等非商品性支出。不包括罚没、丢失款和缴纳的各种税款（如个人所得税、牌照税、房产税等），也不包括个体劳动者生产经营过程中发生的各项费用。

城市居民家庭购买商品支出 指被调查的城市居民家庭购买商品的全部支出，包括从商店、工厂、饮食业、工作单位食堂、集市以及直接从农民手中购买各种商品的开支。商品支出分为以下八类：食品；衣着；家庭设备用品及服务；医疗保健；交通与通信；娱乐、教育、文化服务；居住；杂项商品和服务。

农村居民家庭纯收入 指农村常住居民家庭总收入中，扣除从事生产和非生产经营费用支出、缴纳税款和上交承包集体任务金额以后剩余的，可直接用于进行生产性、非生产性建设投资、生活消费和积蓄的那一部分收入。农村居民家庭纯收入包括从事生产性和非生产性的经营收入，在外人口寄回带回和国家财政救济、各种补贴等非经营性收入；既包括货币收入，又包括自产自用的实物收入。但不包括向银行、信用社和向亲友借款等属于借贷性的收入。

农村居民家庭生活消费支出 指农村常住居民家庭用于日常生活的全部开支，是反映和研究农民家庭实际生活消费水平高低的重要指标。

全国城乡居民储蓄存款余额 指某一时点城乡居民存入银行及农村信用社的储蓄金额，包括城镇居民储蓄存款和农民个人储蓄存款，不包括居民的手存现金和工矿企业、部队、机关、团体等单位存款。

农　业

农林牧渔业总产值 指以货币表现的农、林、牧、渔业全部产品的总量，它反映一定时期内农业生产总规模和总成果。农林牧渔业总产值的计算方法通常是按农、林、牧、渔业产品及其副产品的产量分别乘以各自单位产品价格求得；少数生产周期较长，当年没有产品或产品产量不易统计的，则采用间接方法匡算其产值；然后将各项产值相加即为农林牧渔业总产值。1957年以前的农林牧渔业总产值中包括了厩肥和农民自给性手工业（如农民自制衣服、鞋、袜，自己从事粮食初步加工等）。1958年及以后，林业中增加了村及村以下竹木采伐产值；牧业中取消了厩肥产值；副业中取消了农民自给性手工业产值，增加了村及村以下办的工业产值；渔业中增加了海洋捕捞水产品产值。1980年及以后，在副业中增加了农民家庭兼营工业商品部分的产值。从1984年起村及村以下工业产值划归工业。从1993年起取消副业，将野生动物的捕猎划入牧业、野生植物采集和农民家庭兼营商品性工业划归农业。1996年第一次农业普查以后，由于畜牧业产品年报数据与普查数据之间存在一定的差距，国家统计局农调总队对畜牧业年报数据与普查数据进行衔接，相应的畜牧业产值进行调整。

粮食产量 指全社会的产量。包括国有经济经营的、集体统一经营的和农民家庭经营的粮食产量，还包括工矿企业办的农场和其他生产单位的产量。粮食除包括稻谷、小麦、玉米、高粱、谷子及其他杂粮外，还包括薯类和豆类。其产量计算方法，豆类按去豆荚后的干豆计算；薯类（包括甘薯和马铃薯，不包括芋头和木薯）1963年以前按每4公斤鲜薯折1公斤粮食计算，从1964年开始改为按5公斤鲜薯折1公斤粮食计算。城市郊区作为蔬菜的薯类（如马铃薯等）按鲜品计算，并且不作粮食统计。其他粮食一律按脱粒后的原粮计算。

期初（末）畜禽存栏头（只）数 指报告期初（末）农村各种合作经济组织和国营农场、农民个人、机关、团体、学校、工矿企业、部队等单位以及城镇居民饲养的大牲畜、猪、羊、家禽等畜禽的存栏数。

年末耕地总资源 指能够种植农作物的田地。包括当年实际耕种的熟地；新开荒且已种植的地；“沿海”、“沿湖”地区已围垦利用三年以上的“海涂”、“湖田”；弃耕、休闲不满三年，随时可以复耕的地；因灾害或其他因素，虽然当年内未种植农作物但仍可复耕的地；以种植农作物为主，附带种植桑树、果树和其他地；年年进行耕耘种草的地；南方小于1米、北方小于2米宽的沟、渠、路、田埂。不包括因灾害或其他因素，已不能复耕的地；弃耕、休闲满三年的地，或者虽不满三年，但已经成为荒地的土地；不进行耕耘，种植牧草已成为永久性草地的土地；专业性的桑园、茶园、果园、果木苗圃地、芦苇地、天然草场等；以混凝土等铺设的温室、玻璃室，导致栽培的植物体与地面隔绝的基地。

常用耕地 是指耕地总资源中专门种植农作物并经常进行耕种、能够正常收获的土地。包括当年实际耕种的熟地；弃耕、休闲不满三年，随时可以复耕的地；开荒利用三年以上的地。不包括临时种植农作物的坡度在25度以上的陡坡地；在河套、湖畔、库区临时开发的成片或零星土地；也不包括已列为国家和省（区、市）退耕计划但临时耕种的土地。常用耕地分为基本农田和零星可用耕地。

水田 指筑有田埂（坎），可以经常蓄水，用来种植水稻、莲藕、席草等水生作物的耕地。因天旱暂时没有蓄水而改种旱地作物的，或实行水稻和旱地作物轮种的（如水稻和油菜、蚕豆等轮种），仍计为水田。

水浇地 指旱地中有一定水源和灌溉设施，在一般年景下能够进行正常灌溉的耕地。由于雨水充足在当年暂时没有进行灌溉的水浇地，也应包括在内。没有灌溉设施的引洪淤灌地耕地，不算水浇地。

农作物播种面积 指实际播种或移植有农作物的面积。凡是实际种植有农作物的面积，不论种植在耕地上还是种植在非耕地上，均包括在农作物播种面积中。在播种季节基本结束后，因遭灾而重新改种和补种的农作物面积，也包括在内。

有效灌溉面积 指具有一定的水源，地块比较平整，灌溉工程或设备已经配套，在一般年景下当年能够进行正常灌溉的耕地面积。在一般情况下，有效灌溉面积应等于灌溉工程或设备已经配备，能够进行正常灌溉的水田和水浇地面积之和。

农用化肥施用量 指本年内实际用于农业生产的化肥数量,包括氮肥、磷肥、钾肥和复合肥。化肥施用量要求按折纯量计算数量。折纯量是指把氮肥、磷肥、钾肥分别按含氮、含五氧化二磷、含氧化钾的百分之一百成份进行折算后的数量。复合肥按其所含主要成分折算。

农业机械总动力 指主要用于农、林、牧、渔业的各种动力机械的动力总和。包括耕作机械、排灌机械、收获机械、农用运输机械、植物保护机械、牧业机械、林业机械、渔业机械和其他农业机械〔内燃机按引擎马力折成瓦(特)计算、电动机按功率折成瓦(特)计算〕。不包括专门用于乡、镇、村、组办工业、基本建设、非农业运输、科学试验和教学等非农业生产方面用的动力机械与作业机械。

农林牧渔业劳动力 指全社会直接参加农林牧渔业生产活动的劳动力。

工 业

工业 指从事自然资源的开采,对采掘品和农产品进行加工和再加工的物质生产部门。具体包括:(1)对自然资源的开采,如采矿、晒盐、森林采伐等(但不包括禽兽捕猎和水产捕捞);(2)对农副产品的加工、再加工,如粮油加工、食品加工、轧花、缫丝、纺织、制革等;(3)对采掘品的加工、再加工,如炼铁、炼钢、化工生产、石油加工、机器制造、木材加工等,以及电力、自来水、煤气的生产和供应等;(4)对工业品的修理、翻新,如机器设备的修理、交通运输工具(包括小卧车)的修理等。

1984 年以前农村的村及村以下办工业归属农业,1984 年以后划归工业。

工业统计调查单位 工业统计调查单位分为两类:独立核算法人工业企业和工业活动单位。

(1)独立核算法人工业企业是指从事工业生产经营活动的单位。独立核算法人工业企业应同时具备以下条件:①依法成立,有自己的名称、组织机构和场所,能够承担民事责任;②独立拥有和使用资产,承担负债,有权与其他单位签订合同;③独立核算盈亏,并能够编制资产负债表。

(2)工业活动单位是指在一个场所从事一种或主要从事一种工业生产活动的经济单位。它包括独立核算工业企业按主营业务活动(即工业生产活动)划分的主营业务活动单位和非工业企业所属的工业生产活动单位(即原非独立核算工业生产单位)。工业活动单位,一般应同时具备以下三个条件:①具有一个场所,从事一种或主要从事一种工业活动;②单独组织工业生产、经营或业务活动;③单独核算收入和支出。

本年鉴中涉及的企业登记注册类型:

(1)国有及国有控股企业指国有企业加上国有控股企业。国有企业(即过去的全民所有制工业或国营工业)是指企业全部资产归国家所有,并按《中华人民共和国企业法人登记管理条例》规定登记注册的非公司制的经济组织。包括国有企业、国有独资公司和国有联营企业。1957 年以前的公私合营和私营工业,后均改造为国营工业,1992 年改为国有工业,这部分工业的资料不单独分列时,均包括在国有企业内。国有控股企业是对混合所有制经济的企业进行的“国有控股”分类。它是指这些企业的全部资产中国有资产(股份)相对其他所有者中的任何一个所有者占资(股)最多的企业。该分组反映了国有经济控股情况。

(2)集体企业指企业资产归集体所有,并按《中华人民共和国企业法人登记管理条例》规定登记注册的经济组织。是社会主义公有制经济的组成部分。包括城乡所有使用集体投资举办的企业,以及部分个人通过集资自愿放弃所有权并依法经工商行政管理机关认定为集体所有制的企业。

(3)股份合作企业指以合作制为基础,由企业职工共同出资入股,吸收一定比例的社会资产投资组建,实行自主经营,自负盈亏,共同劳动,民主管理,按劳分配与按股分红相结合的一种集体经济组织。

(4)联营企业指两个及两个以上相同或不同所有制性质的企业法人或事业单位法人,按自愿、平等、互

利的原则,共同投资组成的经济组织。联营企业包括:

国有联营企业指国有企业与国有企业间的联营;

集体联营企业指集体企业与集体企业间的联营;

国有与集体联营企业指国有企业与集体企业间的联营。

(5)有限责任公司指根据《中华人民共和国公司登记管理条例》规定登记注册,由两个以上,五十个以下的股东共同出资,每个股东以其所认缴的出资额对公司承担有限责任,公司以其全部资产对其债务承担责任的经济组织。

有限责任公司包括国有独资公司以及其他有限责任公司。

(6)股份有限公司指根据《中华人民共和国企业法人登记管理条例》规定登记注册,其全部注册资本由等额股份构成并通过发行股票筹集资本,股东以其认购的股份对公司承担有限责任,公司以其全部资产对其债务承担责任的经济组织。

(7)私营企业指由自然人投资设立或由自然人控股,以雇佣劳动为基础的营利性经济组织。包括按照《公司法》、《合伙企业法》、《私营企业暂行条例》规定登记注册的私营有限责任公司、私营股份有限公司、私营合伙企业和私营独资企业。

(8)港、澳、台商投资企业指企业注册登记类型中的港、澳、台资合资、合作、独资经营企业和股份有限公司之和。

(9)外商投资企业指企业注册登记类型中的中外合资、合作经营企业、外资企业和外商投资股份有限公司之和。

"三资"企业系指港、澳、台商投资企业和外资企业的简称。

轻工业 指主要提供生活消费品和制作手工工具的工业。按其所使用的原料不同,可分为两大类:(1)以农产品为原料的轻工业,是指直接或间接以农产品为基本原料的轻工业。主要包括食品制造、饮料制造、烟草加工、纺织、缝纫、皮革和毛皮制作、造纸以及印刷等工业;(2)以非农产品为原料的轻工业,是指以工业品为原料的轻工业。主要包括文教体育用品、化学药品制造、合成纤维制造、日用化学制品、日用玻璃制品、日用金属制品、手工工具制造、医疗器械制造、文化和办公用机械制造等工业。

重工业 是指为国民经济各部门提供物质技术基础的主要生产资料的工业。按其生产性质和产品用途,可以分为下列三类:(1)采掘(伐)工业,是指对自然资源的开采,包括石油开采、煤炭开采、金属矿开采、非金属矿开采和木材采伐等工业;(2)原材料工业,指向国民经济各部门提供基本材料、动力和燃料的工业。包括金属冶炼及加工、炼焦及焦炭、化学、化工原料、水泥、人造板以及电力、石油和煤炭加工等工业;(3)加工工业,是指对工业原材料进行再加工制造的工业。包括装备国民经济各部门的机械设备制造工业、金属结构、水泥制品等工业,以及为农业提供的生产资料如化肥、农药等工业。

根据上述划分原则,修理业中以重工业产品为修理作业对象的划为重工业,反之划为轻工业。

工业总产值 是以货币表现的工业企业在一定时期内生产的已出售或可供出售工业产品总量,它反映一定时间内工业生产的总规模和总水平。它包括:在本企业内不再进行加工,经检验、包装入库(规定不需包装的产品除外)的成品价值,对外加工费收入,自制半成品、在产品期末初差额价值。工业总产值采用"工厂法"计算,即以工业企业作为一个整体,按企业工业生产活动的最终成果来计算,企业内部不允许重复计算,不能把企业内部各个车间(分厂)生产的成果相加。但在企业之间、行业之间、地区之间存在着重复计算。

轻重工业总产值的划分是按"工厂法"计算的,即一个工业企业生产的主要产品性质属于轻工业,则该企业的全部总产值作为轻工业总产值；如它的主要产品性质属于重工业，则该企业的全部总产值作为重工业总产值。

工业增加值　是指工业行业在报告期内以货币表现的工业生产活动的最终成果。

实收资本　指企业实际收到的投资人投入的资本。按投资主体可分为国家资本、集体资本、法人资本、个人资本、港澳台资本和外商资本等。

资产合计　指企业拥有或控制的能以货币计量的经济资源。包括各种财产、债权和其他权利。

资产按其流动性划分为流动资产、长期投资、固定资产、无形及递延资产和其他资产。

(1)流动资产指企业可以在一年内或者超过一年的一个生产周期内变现或耗用的资产合计。包括现金及各种存款、短期投资、应收及预付款项、存货等。

(2)固定资产指企业固定资产净值、固定资产清理、在建工程、待处理固定资产损失所占用的资金合计。

(3)无形资产指企业长期使用而没有实物形态的资产。包括专利权、非专利技术、商标权、著作权、土地使用权、商誉等。

负债合计　指企业承担的能以货币计量，将以资产或劳务偿付的债务。负债一般按偿还期长短分为流动负债和长期负债、递延税项等。

(1)流动负债指企业在一年内或者超过一年的一个营业周期内需要偿还的债务合计，其中包括短期借款、应付及预收款项、应付工资、应交税金和应交利润等。

(2)长期负债指企业在一年以上或者超过一年的一个营业周期以上需要偿还的债务合计，其中包括长期借款、应付债务、长期应付款项等。

所有者权益　指企业投资人对企业净资产的所有权。企业净资产等于企业全部资产减去全部负债后的余额，其中包括投资者对企业的最初投入，以及资本公积金、盈余公积金和未分配利润，对股份制企业即为股东权益。

流动资产　是指可以在一年或者超过一年的一个营业周期内变现或者耗用的资产，包括现金及各种存款、短期投资、应收及预付货款、存货等。

产品销售收入　指企业销售产品和提供劳务等主要经营业务取得的收入总额。

产品销售成本　指企业销售产品和提供劳务等主要经营业务的实际成本。

产品销售税金及附加　指企业销售产品和提供工业性劳务等主要经营业务应负担的城市维护建设税、消费税、资源税和教育费附加。

产品销售利润　指企业销售产品和提供工业性劳务等主要经营业务收入扣除其成本、费用、税金后的利润。

利润总额　指企业实现的利润。

应交增值税　指企业在报告期内应交纳的增值税额。

总资产贡献率　反映企业全部资产的获利能力，是企业经营业绩和管理水平的集中体现，是评价和考核企业盈利能力的核心指标。计算公式为：

总资产贡献率 = 利润总额 + 税金总额 + 利息支出/平均资产总额 ×100%

资产负债率　该指标既反映企业经营风险的大小，也反映企业利用债权人提供的资金从事经营活动的能力。计算公式为：

资产负债率 = 负债总额/资产总额 ×100%

工业成本费用利润率　指在一定时期内实现的利润与成本费用之比，是反映工业生产成本及费用投入的经济效益指标，同时也是反映降低成本的经济效益的指标。计算公式为：

工业成本费用利润率(%)=利润总额/成本及费用总额×100%

工业增加值率 指在一定时期内工业增加值占同期工业总产值的比重，反映降低中间消耗的经济效益。计算公式为：

工业增加值率(%)=工业增加值(现价)/工业总产值×100%

流动资产周转次数 指在一定时期内流动资产完成的周转次数，反映流动资产的周转速度。计算公式为：

流动资产周转次数=产品销售收入/全部流动资产平均余额

产品销售率 指报告期工业销售产值与同期全部工业总产值之比，是反映工业产品已实现销售的程度，分析工业产销衔接情况，研究工业产品满足社会需求程度的指标。计算公式为：

产品销售率(%)=工业销售产值/工业总产值×100%

全员劳动生产率 指根据产品的价值量指标计算的平均每一个就业人员在单位时间内的产品生产量。是考核企业经济活动的重要指标，是企业生产技术水平、经营管理水平、职工技术熟练程度和劳动积极性的综合表现。目前我国的全员劳动生产率是将工业企业的工业增加值除以同一时期全部就业人员的平均人数来计算的。计算公式为：

全员劳动生产率(%)=工业增加值/全部就业人员平均人数×100%

建 筑 业

建筑业统计单位 指从事房屋、构筑物建造和设备安装活动的法人企业。建筑业法人企业应同时具备的条件是：①依法成立，有自己的名称、组织机构和场所，能够承担民事责任；②独立拥有和使用资产，承担负债，有权与其他单位签订合同；③独立核算盈亏，能够编制资产负债表。

建筑业总产值(即自行完成施工产值) 是以货币表现的建筑安装企业在一定时期内生产的建筑业产品的总和。建筑业总产值包括：

(1)建筑工程产值指列入建筑工程预算内的各种工程价值。

(2)设备安装工程产值 指设备安装工程价值，不包括被安装设备本身价值。

(3)房屋、构筑物修理产值 指房屋、构筑物修理所完成的价值，但不包括被修理房屋、构筑物本身的价值和生产设备的修理价值。

(4)非标准设备制造产值指加工制造没有定型的、非标准的生产设备的加工费和原材料价值，以及附属加工厂为本企业承建工程制作的非标准设备的价值。

建筑业增加值 指建筑业企业在报告期内以货币表现的建筑业生产经营活动的最终成果。目前建筑业增加值采用分配法(收入法)计算，即从收入的角度出发，根据生产要素在生产过程中应得的收入份额计算。具体计算公式为：

建筑业增加值=本年提取的固定资产折旧+应付工资+应付福利费+管理费用中的劳动待业保险金、税金+工程结算税金及附加+工程结算利润

房屋建筑施工面积 指在报告期内施工的全部房屋建筑面积，包括本期新开工的房屋面积、上期施工跨入本期继续施工的房屋面积、上期停缓建在本期恢复施工的房屋面积、本期竣工的房屋面积及本期施工后又停缓建的房屋面积。

房屋建筑竣工面积　指在报告期内房屋建筑按照设计要求全部完工，达到了住人和使用条件，经验收鉴定合格，正式移交使用单位的房屋建筑面积。

工程结算收入　指企业承包工程实现的工程价款结算收入，以及向发包单位收取的除工程价款以外的按规定列作营业收入的各种款项，如临时设施费、劳动保险费、施工机械调迁费等以及向发包单位收取的各种索赔款。

工程结算利润　指已结算工程实现的利润，如亏损以“－”号表示。计算公式为：

工程结算利润＝工程结算收入－工程结算成本－工程结算税金及附加

企业总收入　指与企业生产经营直接有关的各项收入，包括工程结算收入和其他业务收入。计算公式为：

企业总收入＝工程结算收入＋其他业务收入

运输和邮电

铁路营业里程　又称营业长度（包括正式营业和临时营业里程），指办理客货运输业务的铁路正线总长度。凡是全线或部分建成双线及以上的线路，以第一线的实际长度计算；复线、站线、段管线、岔线和特殊用途线以及不计算运费的联络线都不计算营业里程。铁路营业里程是反映铁路运输业基础设施发展水平的重要指标，也是计算客货周转量、运输密度和机车车辆运用效率等指标的基础资料。

公路里程　指在一定时期内实际达到《公路工程技术标准 JTJ01－88》规定的等级公路，并经公路主管部门正式验收交付使用的公路里程数。包括大中城市的郊区公路以及通过小城镇街道部分的公路里程和桥梁、渡口的长度，不包括大中城市的街道、厂矿、林区生产用道和农业生产用道的里程。两条或多条公路共同经由同一路段，只计算一次，不得重复计算里程长度。它是反映公路建设发展规模的重要指标，也是计算运输网密度等指标的基础资料。

内河航道里程　也称内河通航里程，指在一定时期内，能通航运输船舶及排筏的天然河流、湖泊水库、运河及通航渠道的长度。包括全年季节性通航累计三个月以上的航道，不包括仅供零散流放竹、木排的河道。它是反映内河水运网规模、水平和发展情况的主要指标。

民用航空航线里程　指民航运输定期班机飞行的航线长度的总和。航线长度按机场之间的距离计算，通常有两种计算方法：一是将每条航线长度相加称为重复计算航线里程；一是将两线或两条以上航线经过同一区段里程，只计算一次航线长度称为不重复计算航线里程。一般常用的是后者，它能确切反映民航运输网的规模，是表明民航事业为国民经济服务和方便人民生活程度的主要指标。

货（客）运量　指在一定时期内，各种运输工具实际运送的货物（旅客）数量。它是反映运输业为国民经济和人民生活服务的数量指标，也是制定和检查运输生产计划、研究运输发展规模和速度的重要指标。货运按吨计算，客运按人计算。货物不论运输距离长短、货物类别，均按实际重量统计。旅客不论行程远近或票价多少，均按一人一次客运量统计；半价票、小孩票也按一人统计。

货物（旅客）周转量　指在一定时期内，由各种运输工具运送的货物（旅客）数量与其相应运输距离的乘积之总和。它是反映运输业生产总成果的重要指标，也是编制和检查运输生产计划，计算运输效率、劳动生产率以及核算运输单位成本的主要基础资料。计算货物周转量通常按发出站与到达站之间的最短距离，也就是计费距离计算。计算公式为：

货物（旅客）周转量＝$\sum$货物（旅客）运输量×运输距离

邮电业务总 指以价值量形式表现的邮电通信企业为社会提供各类邮电通信服务的总数量。邮电业务量按专业分类包括函件、包件、汇票、报刊发行、邮政快件、特快专递、邮政储蓄、集邮、公众电报、用户电报、传真、长途电话、出租电路、无线寻呼、移动电话、分组交换数据通信、出租代维等。计算方法为各类产品乘以相应的平均单价(不变价)之和,再加上出租电路和设备、代用户维护电话交换机和线路等的服务收入。它综合反映了一定时期邮电业务发展的总成果,是研究邮电业务量构成和发展趋势的重要指标。计算公式为:

邮电业务总量 = $\sum$(各类邮电业务量 × 不变单价) + 出租代维及其他业务收入

移动电话用户 是指通过移动电话交换机进入移动电话网、占用移动电话号码的电话用户。用户数量以报告期末在移动电话营业部门实际办理登记手续进入移动电话网的户数进行计算,一部移动电话统计为一户。

电话用户 指接入国家公众固定电话网,并按固定电话业务进行经营管理的电话用户。1997 年以前,电话用户分为市内电话用户和农村电话用户。“市内电话用户”是指接入县城及县以上城市的电话网上的电话用户;“农村电话用户”是指接入县邮电局农话台及县以下农村电话交换点,以县城为中心(除市话用户外)联通县、乡(镇)、行政村、村民小组的用户。从 1997 年起,电话用户数分组调整为以用户所在区域划分为“城市电话用户”和“乡村电话用户”,与过去的按市内电话和农村电话划分方法不同。而电话用户总数、电话机总部数统计范围不变。

城市电话用户 指直辖市、省辖市、地级市、县级市的市区、市郊区及县城(包括县人民政府所在地的县城关区或行政建制相当于县人民政府所在地的镇)范围内接入局用交换机的电话用户数,包括分布在农村地区的独立工矿区、林区、驻军等接入局用交换机的电话用户数。

乡村电话用户 指县城关区以下的集镇和农村接入局用交换机的电话用户数。

住宅电话用户 是指安装在居民住宅或农民家里并按照住宅电话用户登记注册和收费的电话用户。包括私人付费、单位付费和按规定免费安装的住宅电话用户。

局用交换机容量 是指安装在本地电信运营商内用于接续本地固定电话的电话交换机容量,有倍增设备按倍增后的数量计数。包括现用和备用的人工或自动交换机的全部容量。

国内贸易

社会消费品零售总额 指国民经济各行业直接售给城乡居民和社会集团的消费品总额。它是反映各行业通过多种商品流通渠道向居民和社会集团供应的生活消费品总量,是研究国内零售市场变动情况、反映经济景气程度的重要指标。

社会消费品零售总额包括:⑴售给城乡居民作为生活用的商品和修建房屋用的建筑材料;⑵售给社会集团的各种办公用品和公用消费品;⑶售给机关、团体、学校、部队、企业、事业单位的职工食堂和旅店(招待所)附设专门供本店旅客食用,不对外营业的食堂的各种食品、燃料;企业、单位和国营农场直接售给本单位职工和职工食堂的自己生产的产品;⑷售给部队干部、战士生活用的粮食、副食品、衣着品、日用品、燃料;⑸售给来华的外国人、华侨、港澳台同胞的消费品;⑹居民自费购买的中、西药品、中药材及医疗用品;⑺报社、出版社直接售给居民和社会集团的报纸、图书、杂志,集邮公司出售的新、旧纪念邮票、特种邮票、首日封、集邮册、集邮工具等;⑻旧货寄售商店自购、自销部分的商品;⑼煤气公司、液化石油气站售给居民和社会集团的煤气灶具和罐装液化石油气。

批发零售贸易业商品购、销、存总额 指各种登记注册类型的批发、零售贸易业企业(单位)以本企业

(单位)为总体的商品购进、销售、库存总额。

商品购进总额 指从本企业(单位)以外的单位和个人购进(包括从境外直接进口)作为转卖或加工后转卖的商品总额。它反映批发零售贸易业从国内、国外市场上购进商品的总量。商品购进总额包括:(1)从工农业生产者购进的商品;(2)从出版社、报社的出版发行部门购进的图书、杂志和报纸;(3)从各种登记注册类型的批发零售贸易企业(单位)购进的商品;(4)从其他单位购进的商品,如从机关、团体、企业等单位购进的剩余物资,从餐饮业、服务业购进的商品,从海关、市场管理部门购进的缉私和没收的商品,从居民手中收购的废旧商品等;(5)从国(境)外直接进口的商品。不包括企业(单位)为自身经营用和未通过买卖行为而收入的商品以及销售退回、商品升溢等。

商品销售总额 指对本企业(单位)以外的单位和个人出售(包括对境外直接出口)的商品总额。它反映批发零售贸易业在国内市场上销售商品以及出口商品的总量。商品销售总额包括:(1)售给城乡居民和社会集团消费用的商品;(2)售给工业、农业、建筑业、运输邮电业、批发零售贸易业、餐饮业、服务业等作为生产、经营使用的商品;(3)售给批发零售贸易业作为转卖或加工后转卖的商品;(4)对国(境)外直接出口的商品。不包括出售本企业(单位)自用的废旧包装用品;未通过买卖行为付出的商品;经本单位介绍,由买卖双方直接结算,本单位只收取手续费的业务;购货退出的商品以及商品损耗和损失等。

消费品市场成交额 指从事消费品交易的商品市场的全部商品成交金额。消费品市场包括农副产品市场和工业消费品市场。

对外贸易

进出口总额 海关进出口总额指实际进出我国国境的货物总金额。包括对外贸易实际进出口货物,来料加工装配进出口货物,国家间、联合国及国际组织无偿援助物资和赠送品,华侨、港澳台同胞和外籍华人捐赠品,租赁期满归承租人所有的租赁货物,进料加工进出口货物,边境地方贸易及边境地区小额贸易进出口货物(边民互市贸易除外),中外合资企业、中外合作经营企业、外商独资经营企业进出口货物和公用物品,到、离岸价格在规定限额以上的进出口货样和广告品(无商业价值、无使用价值和免费提供出口的除外),从保税仓库提取在中国境内销售的进口货物,以及其他进出口货物。进出口总额用以观察一个国家在对外贸易方面的总规模。我国规定出口货物按离岸价格统计,进口货物按到岸价格统计。

利用外资 指我国各级政府、部门、企业和其他经济组织通过对外借款、吸收外商直接投资以及用其他方式筹措的境外现汇、设备、技术等。

对外借款 是我国利用外资的重要部分。指通过对外正式签订借款协议,从境外筹措的资金,包括外国政府贷款、国际金融组织贷款、外国银行商业贷款、出口信贷以及对外发行债券等。1996 年及以前还包括对外发行股票。

外商直接投资 指外国企业和经济组织或个人(包括华侨、港澳台胞以及我国在境外注册的企业)按我国有关政策、法规,用现汇、实物、技术等在我国境内开办外商独资企业、与我国境内的企业或经济组织共同举办中外合资经营企业、合作经营企业或合作开发资源的投资(包括外商投资收益的再投资),以及经政府有关部门批准的项目投资总额内企业从境外借入的资金。

外商其他投资 指除对外借款和外商直接投资以外的各种利用外资的形式。包括企业在境内外股票市场公开发行的以外币计价的股票(目前主要是在香港证券市场发行的 H 股和在境内证券市场发行的 B 股)发行价总额,国际租赁进口设备的应付款,补偿贸易中外商提供的进口设备、技术、物料的价款,加工装配贸易中外商提供的进口设备、物料的价款。

对外劳务合作　指以收取工资的形式向业主或承包商提供技术和劳动服务的活动。我国对外承包公司在境外开办的合营企业，中国公司同时又提供劳务的，其劳务部分也纳入劳务合作统计。劳务合作营业额按报告期内向雇主提交的结算数(包括工资、加班费和奖金等)统计。

教育和科技

普通高等学校　指按照国家规定的设置标准和审批程序批准举办，通过国家统一招生考试，招收高中毕业生为主要培养对象，实施高等教育的全日制大学、独立设置的学院和高等专科学校、短期职业大学。

成人高等学校　指按照国家有关规定审批，招收通过全国成人高教统一招生考试的具有高中毕业或同等学历的在职从业人员，利用脱产、半脱产、业余或函授等多种形式对其实施高等学历教育，培养高等教育专科或本科毕业水平的专门人才，修业年限、课程设置和总学时数均按高等学历教育要求付诸实施的学校。包括广播电视大学、职工高等学校、农民高等学校、管理干部学院、教育学院、独立设置的函授学院等。

小学学龄儿童入学率　指调查范围内已入小学学习的学龄儿童占校内外学龄儿童总数(包括弱智儿童，不包括盲聋哑儿童)的比重。计算公式为：

小学学龄儿童入学率＝已入学的小学学龄儿童数/校内外小学学龄儿童总数×100%

科技活动　指在自然科学、农业科学、医药科学、工程与技术科学、人文与社会科学领域(简称科学技术领域)中，与科技知识的产生、发展、传播和应用密切相关的有组织的活动。可分为研究与试验发展(R&D)、研究与试验发展成果应用及相关的科技服务三类活动。

科技活动人员　指直接从事科技活动、以及专门从事科技活动管理和为科技活动提供直接服务的人员。累计从事科技活动的实际工作时间占全年制度工作时间10%及以上的人员。(1)直接从事科技活动的人员包括：在独立核算的科学研究与技术开发机构、高等学校、各类企业及其他事业单位内设的研究室、实验室、技术开发中心及中试车间(基地)等机构中从事科技活动的研究人员、工程技术人员、技术工人及其它人员；虽不在上述机构工作，但编入科技活动项目(课题)组的人员；科技信息与文献机构中的专业技术人员；从事论文设计的研究生等。(2)专门从事科技活动管理和为科技活动提供直接服务的人员包括：独立核算的科学研究与技术开发机构、科技信息与文献机构、高等学校、各类企业及其他事业单位主管科技工作的负责人，专门从事科技活动的计划、行政、人事、财务、物资供应、设备维护、图书资料管理等工作的各类人员，但不包括保卫、医疗保健人员、司机、食堂人员、茶炉工、水暖工、清洁工等为科技活动提供间接服务的人员。

研究与试验发展(R&D)　指在科学技术领域，为增加知识总量、以及运用这些知识去创造新的应用而进行的系统的创造性的活动，包括基础研究、应用研究、试验发展三类活动。

研究与试验发展人员　指参与研究与试验发展项目研究、管理和辅助工作的人员，包括项目(课题)组人员，企业科技行政管理人员和直接为项目(课题)活动提供服务的辅助人员。专业技术人员 指从事专业技术工作和专业技术管理工作的人员，即企事业单位中已经聘任专业技术职务从事专业技术工作和专业技术管理工作的人员，以及未聘任专业技术职务，现在专业技术岗位上工作的人员。包括工程技术人员，农业技术人员，科学研究人员，卫生技术人员，教学人员，经济人员，会计人员，统计人员，翻译人员，图书资料、档案、文博人员，新闻出版人员，律师、公证人员，广播电视播音人员，工艺美术人员，体育人员，艺术人员及企业政治思想工作人员，共十七个专业技术职务类别。

专利　是专利权的简称，是对发明人的发明创造经审查合格后，由专利局依据专利法授予发明人和设计人对该项发明创造享有的专有权。包括发明、实用新型和外观设计。

发明 指对产品、方法或者其改进所提出的新的技术方案。

实用新型 指对产品的形状、构造或者其结合所提出的适于实用的新的技术方案。

外观设计 指对产品的形状、图案、色彩或者其结合所作出的富有美感并适于工业上应用的新设计。

文化、体育和卫生

文化事业机构 指从事专业文化工作和为专业文化工作服务的独立建制的单位。不包括这些单位另外举办独立核算的其他机构和各部门的业余文化组织。

艺术表演团体 指从事戏曲、音乐、舞蹈、杂技等专业艺术表演,有独立帐户的单位,不包括半工半艺、半农半艺和民间职业剧团。

电影放映单位 指具有放映机器设备、固定或不固定的放映场所与专职或兼职的放映技术人员,经有关部门登记批准,经常为一定的观众对象放映电影的机构。包括经批准对外开放进行营业,并与电影发行放映管理机构分帐的专用放映单位和军委系统租片单位。

艺术表演观众人数(人次) 指售票、包场演出或民族地区免费演出的艺术表演观众人次数,不包括彩排审查和内部观摩演出的观看人次数。

等级运动员 指经考核正式批准授予等级运动员称号的人数。运动员等级分为国际级运动健将、运动健将、一级运动员、二级运动员、三级运动员、少年级运动员。

等级裁判员人数 指经考核正式批准授予等级裁判员称号的人数。裁判员等级分为国际裁判、国家级裁判、一级裁判、二级裁判、三级裁判。

体育场 指有400米跑道(中心含足球场),有固定道牙,跑道6条以上,并有固定看台的室外田径场地。体育场按看台容纳观众人数分为:甲级25000人以上,乙级15000－25000人,丙级5000－15000人,丁级5000人以下。

体育馆 指有固定看台,可供篮球、排球、羽毛球、乒乓球、体操等项目训练比赛活动用的室内运动场地。体育馆按看台容纳观众人数分为:甲级6000人以上,乙级4000－6000人,丙级2000－4000人,丁级2000人以下。

医院 指设有固定床位,能收容病人住院并能为病人提供医疗、护理服务的医疗机构,包括县及县以上医院、农村乡卫生院和其他医院三部分。医院按所属性质不同分为卫生部门、工业及其他部门和集体经济单位三类。县及县以上医院按业务性质不同分为综合医院和专科医院。

卫生服务总费用 反映全国当年用于医疗卫生保健服务所消耗的资金总额,用筹资来源法测算。政府预算卫生支出指各级政府用于卫生事业的财政预算拨款。社会卫生支出指政府预算外的卫生资金投入,主要表现为社会医疗保险。其中包括如企事业单位和乡村集体经济单位举办医疗卫生机构设施建设费,企业职工医疗卫生费,行政事业单位负担的职工公费医疗超支部分等。居民个人卫生支出指城乡居民用自己可支配的经济收入支付的各项医疗卫生费用和医疗保险费用。

中国统计出版社最新资料书简目

（仅供参考，以最后出书为准）

中国统计年鉴－2008
中国统计摘要－2008
国际统计年鉴－2008
2008 中国发展报告
中国区域经济统计年鉴－2008
长江和珠江三角洲及港澳特别行政区统计年鉴－2008
中国社会统计年鉴－2008
中国第三产业统计年鉴－2008
中国城市统计年鉴－2007
中国劳动统计年鉴－2008
中国人口和就业统计年鉴－2008
中国工业经济统计年鉴－2008
中国建筑业统计年鉴－2008
中国房地产统计年鉴－2008
中国城市(镇)生活与价格年鉴－2008
中国商品交易市场统计年鉴－2008
中国零售和餐饮业连锁经营统计年鉴－2008
中国能源统计年鉴－2008
全国农产品成本收益资料汇编－2008
中国贸易外经统计年鉴－2008
中国基本单位统计年鉴－2008
中国民政统计年鉴－2008
中国农村统计年鉴－2008
中国农村住户调查年鉴－2008(中文)
中国农村住户调查年鉴－2008(英文)
中国县(市)社会经济调查年鉴－2008
中国农产品价格调查年鉴－2008
中国经济普查年鉴－2004
中国百强县(市)发展年鉴－2008
中国教育经费统计年鉴－2007
中国农村全面建设小康监测报告－2008
中国农村贫困监测报告－2008
中国国内生产总值核算历史资料(1952—2004)
中国季度国内生产总值核算历史资料(1992—2005)
中国高技术产业统计年鉴－2008
中国科学技术协会统计年鉴－2008
工业企业科技活动资料－2008
中国棉花年鉴－2006/2007
2004 年经济普查年鉴系列
2005 年中国 1% 人口抽样调查系列资料
第二次全国残疾人抽样调查资料系列
北京统计年鉴－2008
天津统计年鉴－2008
河北经济年鉴－2008
山西统计年鉴－2008
内蒙古统计年鉴－2008
辽宁统计年鉴－2008
吉林统计年鉴—2008

黑龙江统计年鉴－2008
上海统计年鉴－2008
江苏统计年鉴－2008
浙江统计年鉴－2008
安徽统计年鉴－2008
福建统计年鉴－2008
江西统计年鉴－2008
山东统计年鉴－2008
河南统计年鉴－2008
湖北统计年鉴－2008
湖南统计年鉴－2008
广东统计年鉴－2008
广西统计年鉴－2008
海南统计年鉴－2008
重庆统计年鉴－2008
四川统计年鉴－2008
贵州统计年鉴－2008
云南统计年鉴－2008
西藏统计年鉴－2008
陕西统计年鉴－2008
甘肃年鉴－2008
青海统计年鉴－2008
宁夏统计年鉴－2008
新疆统计年鉴－2008
新疆生产建设兵团统计年鉴－2008
石家庄统计年鉴－2008
唐山统计年鉴－2008
邯郸统计年鉴－2008
呼和浩特经济统计年鉴－2008
包头统计年鉴－2008
沈阳年鉴－2008
大连统计年鉴－2008
长春统计年鉴－2008
吉林市社会经济统计年鉴－2008
平统计年鉴－2008
延吉统计年鉴－2008
哈尔滨统计年鉴－2008
齐齐哈尔经济统计年鉴－2008
黑龙江垦区统计年鉴－2008
上海浦东新区统计年鉴－2008
苏州统计年鉴－2008
无锡统计年鉴－2008
常州统计年鉴－2008
徐州统计年鉴－2008
南通统计年鉴－2008
盐城统计年鉴—2008
镇江统计年鉴－2008
江阴统计年鉴－2008
丹阳统计年鉴－2008

杭州统计年鉴－2008
宁波统计年鉴－2008
绍兴统计年鉴－2008
台州统计年鉴－2008
舟山统计年鉴－2008
温州统计年鉴－2008
金华统计年鉴－2008
嘉兴统计年鉴－2008
湖州统计年鉴－2008
衢州统计年鉴－2008
安庆统计年鉴－2008
福州统计年鉴－2008
福州经济技术开发区年鉴－2008
厦门经济特区年鉴－2008
南昌统计年鉴－2008
上饶经济社会统计年鉴－2008
九江统计年鉴－2008
济南统计年鉴－2008
青岛统计年鉴－2008
潍坊统计年鉴－2008
东营统计年鉴－2008
郑州统计年鉴－2008
洛阳统计年鉴－2008
三门峡统计年鉴－2008
南阳统计年鉴－2008
武汉统计年鉴－2008
宜昌统计年鉴－2008
十堰统计年鉴－2008
荆州统计年鉴－2008
黄冈统计年鉴－2008
长沙统计年鉴－2008
广州统计年鉴－2008
东莞统计年鉴－2008
惠州统计年鉴－2008
深圳统计年鉴－2008
桂林经济社会统计年鉴－2008
南宁统计年鉴－2008
柳州经济统计年鉴－2008
来宾市统计年鉴－2008
河池统计年鉴－2008
海口统计年鉴－2008
成都统计年鉴－2008
贵阳统计年鉴－2008
昆明统计年鉴－2008
西安统计年鉴－2008
庆阳年鉴—2008
银川统计年鉴－2008
乌鲁木齐统计年鉴－2008
吐鲁番统计年鉴—2008